LES PLATS UNIQUES

1001 recettes

SOLAR
EDITIONS

SUR LE POUCE

BÔ BUN

Préparation : 15 min • **Cuisson** : 10 min • **Pour 4 personnes**

250 g de vermicelles de soja • 2 carottes • 6 feuilles de laitue
3 tiges de ciboule • 4 brins de menthe • 4 c. à s. de cacahuètes • 12 nems

- Faites tremper les vermicelles pendant 15 min dans de l'eau chaude. Égouttez-les.
- Préchauffez le four à 180 °C.
- Pelez les carottes et découpez-les en fins bâtonnets de 4 cm.
- Lavez les feuilles de laitue et coupez-les en bandes de 0,5 cm.
- Lavez la ciboule et coupez-la en petites rondelles.
- Lavez la menthe, essuyez les feuilles et hachez-les.
- Concassez grossièrement les cacahuètes.
- Répartissez les vermicelles, la salade, la menthe et les carottes émincées dans 4 bols.
- Réchauffez les nems au four. Coupez-les en 3 et répartissez les morceaux sur les bols garnis. Parsemez de ciboule et de cacahuètes concassées.
- Servez aussitôt.

Sauce pour bô bun

Mélangez 2 petits piments frais épépinés et hachés avec 1 c. à s. de sucre, 5 cl de sauce soja claire, 5 cl de jus de citron et 5 cl d'eau. Arrosez les bô bun de cette sauce.

Bô bun parfumé

Ajoutez à la préparation 1/2 bouquet de coriandre hachée et 1 gousse d'ail écrasée.

Bô bun aux crevettes

Faites mariner pendant 1 h 300 g de crevettes cuites décortiquées dans 2 c. à s. de sauce soja et 2 c. à s. d'huile d'olive avec 1 gousse d'ail hachée. Agrémentez-en les bô bun.

Bô bun à l'émincé de boeuf

Faites mariner pendant 1 h 300 g de lamelles de filet de boeuf dans un mélange d'1 c. à s. de sauce soja, 2 c. à c. de vin de riz, 1/2 c. à c. de sucre et 2 tiges de citronnelle taillées en tronçons. Faites revenir les lamelles au wok et agrémentez-en les bô bun.

BOUCHÉES AUX FRUITS DE MER

Préparation : 10 min • **Cuisson** : 12 min • **Pour 2 personnes**

4 croûtes pour vol-au-vent • 1 noix de beurre
1 barquette de crevettes roses cuites décortiquées • 1 sachet de moules cuites décortiquées • 2 petites boîtes de champignons de Paris
20 cl de vin blanc sec • 20 cl de béchamel • 1 c. à c. de concentré de tomate • 4 ou 5 brins de persil plat • baies roses • sel et poivre

- Préchauffez le four à 120 °C.
- Déposez les croûtes pour vol-au-vent sur une plaque à four et réchauffez-les pendant 5 min.
- Faites fondre le beurre dans une sauteuse. Ajoutez les crevettes, les moules et les champignons. Laissez cuire pendant 2 min.
- Incorporez le vin blanc, la béchamel et le concentré de tomate. Salez et poivrez. Mélangez bien. Laissez cuire à feu moyen pendant 5 min.
- Lavez le persil, égouttez-le et hachez-le finement.
- Retirez les bouchées du four.
- Garnissez-les de la préparation. Parsemez-les de persil haché et de baies roses.
- Servez aussitôt.

Bouchées aux fruits de mer et aux asperges

Faites cuire 4 asperges blanches épluchées pendant 5 min à la vapeur puis coupez-les en tronçons. Ajoutez-les dans la sauteuse avec les fruits de mer et les champignons.

Bouchées à la bisque de homard

Pour une version festive, remplacez la béchamel et le concentré de tomate par la même quantité de bisque de homard mélangée à 2 c. à s. de crème fraîche épaisse.

Bouchées aux langoustines et aux pétoncles

Remplacez les crevettes par des langoustines et les moules par des pétoncles. Vous pouvez également utiliser des dés de chair de crabe, de langouste ou de homard.

Bouchées aux lardons

Remplacez les crevettes par 2 barquettes de lardons fumés. Faites-les cuire à la poêle sans matière grasse pendant 5 min puis ajoutez les autres ingrédients. Supprimez le beurre.

BRICKS AU BŒUF

Préparation : 15 min • **Cuisson :** 15 min • **Pour 4 personnes**

Pour la farce : 1 oignon • 1 c. à s. d'huile • 150 g de bœuf haché
1 brin de thym • 2 c. à s. de graines de sésame
1 c. à c. de cari • sel et poivre
Pour la pâte : 250 g de farine • sel
Pour la cuisson : huile de friture

- Préchauffez le four à 150 °C.
- Préparez la farce : épluchez l'oignon et hachez-le.
- Faites chauffer l'huile dans une poêle et faites-y revenir l'oignon. Ajoutez la viande, le thym effeuillé, les graines de sésame et le cari. Salez, poivrez et laissez cuire pendant 5 min.
- Préparez la pâte : dans une terrine, mélangez 1 pincée de sel, la farine, en en réservant 1 cuillerée, et 1 l d'eau froide, en la versant petit à petit.
- Étalez la pâte et coupez-la en 16 carrés. Faites-les précuire sur une plaque sèche, au four, sans les laisser colorer.
- Disposez un peu de farce sur chaque carré de pâte et repliez-les de façon à former des petits chaussons triangulaires. Mélangez le reste de farine avec un peu d'eau pour souder les bords de pâte.
- Faites chauffer l'huile de friture. Faites-y dorer les bricks, par 3 ou 4 à la fois, et laissez-les gonfler, puis retirez-les à l'aide d'une écumoire.
- Servez chaud ou froid.

Bricks à l'agneau

Remplacez la viande de bœuf par la même quantité de viande d'agneau hachée. Choisissez de préférence de l'épaule d'agneau.

Bricks aux herbes

Remplacez le thym et le cari par 10 feuilles de menthe et 10 brins de coriandre effeuillés et hachés. Vous pouvez également ajouter du persil.

Bricks au thon

Remplacez le bœuf haché par 200 g de miettes de thon à l'huile d'olive. Faites-les revenir à la poêle avec l'oignon pendant 5 min. Remplacez le thym, les graines de sésame et le cari par 10 cl de crème fraîche semi-épaisse et 10 brins de ciboulette ciselée.

Bricks au fromage de chèvre

Pour une version végétarienne, remplacez le bœuf haché par 2 crottins de chavignol émiettés mélangés avec 50 g de fromage frais de type carré frais. Remplacez le thym par de la coriandre.

BROUILLADE AUX CHAMPIGNONS ET AU JAMBON

Préparation : 10 min • **Cuisson** : 15 min • **Pour 4 personnes**

300 g de champignons de Paris • 1 c. à s. d'huile d'olive
8 œufs • 4 c. à s. de crème fraîche • 20 g de beurre
4 tranches de jambon de pays • sel et poivre

- Coupez la partie dure des champignons et rincez-les.
- Dans une sauteuse, faites-les revenir dans l'huile d'olive à feu vif pendant 10 min environ. Salez et poivrez.
- Cassez les œufs dans une terrine et fouettez-les avec la crème fraîche.
- Retirez les champignons de la sauteuse et nettoyez celle-ci. Faites-y fondre le beurre. Ajoutez le mélange aux œufs et remuez sans cesse sur feu doux à l'aide d'une cuillère en bois. Arrêtez la cuisson dès obtention d'une crème épaisse. Salez et poivrez.
- Incorporez la brouillade à la compotée de champignons.
- Coupez les tranches de jambon en lamelles et répartissez-les sur la brouillade.
- Servez sans attendre.

Brouillade aux épinards et au cantal
Remplacez les champignons par 300 g d'épinards frais cuits à la vapeur de 6 à 8 min. Utilisez 150 g de cantal taillé en copeaux à la place du jambon.

Brouillade aux tomates et aux poivrons
Remplacez les champignons et le jambon par 3 tomates et 1 poivron vert épépinés, taillés en dés et revenus à la poêle de 10 à 15 min avec de l'huile d'olive. Ajoutez 2 c. à s. de concentré de tomate à la préparation.

Brouillade aux petits pois et au chorizo
Remplacez les champignons par 300 g de petits pois surgelés cuits. Remplacez le jambon par 100 g de chorizo pelé et coupé en dés.

Brouillade aux courgettes et aux lardons
Remplacez les champignons par 200 g de rondelles de courgette revenues à la poêle pendant 10 min avec de l'huile. Remplacez le jambon par 100 g de lardons fumés revenus à la poêle pendant 5 min.

BRUSCHETTAS AU JAMBON

Préparation : 10 min • **Cuisson** : 12 min • **Pour 2 personnes**

1 gousse d'ail • 4 tranches épaisses de pain de campagne
3 c. à s. d'huile d'olive • 2 tomates • 1 barquette de tomates cerises
4 tranches de jambon de Parme
1 boule de mozzarella • 10 brins de basilic

- Préchauffez le four en position gril.
- Épluchez l'ail puis frottez-en les tranches de pain. Arrosez-les de 2 c. à s. d'huile d'olive.
- Disposez-les sur une plaque recouverte de papier sulfurisé et faites-les griller sous le gril du four.
- Coupez les tomates en dés et taillez les tomates cerises en 2.
- Répartissez les tomates cerises et les dés de tomate sur les tranches de pain. Salez et poivrez puis déposez 1 tranche de jambon de Parme sur chaque bruschetta.
- Coupez la mozzarella en morceaux et placez-les sur les tartines.
- Arrosez d'un filet d'huile d'olive.
- Remettez les bruschettas sur la plaque de cuisson et faites-les dorer sous le gril du four de 5 à 7 min.
- Effeuillez le basilic et décorez-en les tartines.
- Servez aussitôt.

Variez les pains

Vous pouvez remplacer le pain de campagne par du pain de seigle aux noix ou du pain complet. Pour rester dans une ambiance italienne, utilisez de la ciabatta.

Bruschettas à la tapenade verte

Mixez 50 g d'olives vertes dénoyautées avec 20 g de filets d'anchois, 30 g de câpres, 1 filet de jus de citron et 1 c. à s. d'huile d'olive. Tartinez les bruschettas de tapenade avant d'ajouter les autres ingrédients.

Bruschettas aux crevettes et au gorgonzola

Remplacez la garniture des bruschettas par 80 g de gorgonzola écrasé et 400 g de crevettes roses décortiquées et revenues rapidement à la poêle avec 1 c. à s. d'huile d'olive puis flambées avec 5 cl de whisky.

Bruschettas aux légumes grillés

Remplacez le jambon et les tomates fraîches par des poivrons, des courgettes, des aubergines ou des artichauts grillés. Vous pouvez également utiliser des tomates séchées à l'huile.

BURGERS AU THON

Préparation : 15 min • **Cuisson** : 7 min • **Pour 4 personnes**

*500 g de filet de thon • 10 brins de coriandre • 1 gousse d'ail
1 pincée de piment doux • 4 feuilles de laitue • 2 belles tomates
1 oignon doux • 2 gros cornichons russes • 2 c. à s. d'huile végétale
4 pains pour hamburger • 4 c. à c. de ketchup
2 c. à c. de sauce Worcestershire • sel et poivre*

- Coupez le thon en morceaux et hachez-les grossièrement. Lavez la coriandre, essuyez-la et hachez-la finement. Épluchez l'ail et écrasez-le.
- Mélangez le thon avec l'ail, la coriandre et le piment. Salez et poivrez.
- Lavez les feuilles de laitue et séchez-les. Lavez les tomates et coupez-les en rondelles.
- Épluchez l'oignon et coupez-le en rondelles.
- Coupez les cornichons en rondelles.
- Divisez le thon en quatre portions. Façonnez-les en steaks.
- Faites chauffer l'huile dans une poêle et saisissez-y les steaks de thon sur les deux faces, d'abord à feu vif puis à feu moyen, pendant 5 min en tout. Ils doivent rester rosés à l'intérieur.
- Coupez les pains pour hamburger en 2. Déposez sur chaque partie inférieure 1 feuille de laitue, 1 steak de thon, 1 c. à c. de ketchup, 1/2 c. à c. de sauce Worcestershire et quelques rondelles d'oignon, de tomate et de cornichon. Terminez par le chapeau du pain.
- Servez aussitôt.

Burgers de thon aux poivres
Écrasez ensemble 1/2 c. à c. de poivre blanc, 1/2 c. à c. de poivre du Sichouan, 1/2 c. à c. de poivre long, 1/2 c. à c. de baies roses, 2 c. à s. de graines de sésame et 1 c. à c. de fleur de sel. Passez les steaks de thon dans ce mélange avant de les faire cuire.

Burgers de thon mi-cuit
Faites cuire les steaks de thon pendant 30 s sur chaque face, de façon qu'ils restent mi-cuits.

Burgers de thon à l'italienne
Ajoutez 1 rondelle de mozzarella dans le burger. Remplacez la laitue par des feuilles de roquette et la sauce Worcestershire par du vinaigre balsamique.

Burgers de saumon
Remplacez le thon par la même quantité de pavés de saumon, que vous pourrez préparer bien cuits ou mi-cuits.

CHAUSSONS AUX ÉPINARDS ET À LA RICOTTA

Préparation : 20 min • **Cuisson** : 20 min • **Pour 4 personnes**

200 g de pousses d'épinards • 10 brins de persil • 1 brin de menthe
1 gros oignon • 1 c. à s. d'huile d'olive • 100 g de ricotta
1 petit œuf • 2 pincées de paprika • 50 g de parmesan râpé
1 rouleau de pâte brisée

- Retirez la tige des épinards, lavez-les, égouttez-les et coupez-les en lanières de 1 cm. Lavez les herbes, essuyez-les puis ciselez-les. Épluchez l'oignon et émincez-le finement.
- Dans une sauteuse, faites revenir l'oignon avec l'huile, de 3 à 4 min, en remuant souvent. Ajoutez les épinards, les herbes, salez, poivrez et mélangez. Faites cuire pendant encore 2 min puis retirez du feu et laissez refroidir.
- Écrasez la ricotta à la fourchette, ajoutez l'œuf, le paprika et le parmesan. Ajoutez cette préparation aux épinards et mélangez.
- Préchauffez le four à 180 °C.
- Étalez la pâte brisée sur le plan de travail et découpez-y 12 disques à l'aide d'un emporte-pièce ou d'un verre.
- Posez au centre de chacun une noix de farce, pliez-les en 2 et appuyez sur les bords pour les souder et enfermer la farce.
- Posez les chaussons sur une plaque recouverte de papier sulfurisé, puis faites-les cuire au four pendant 15 min.
- Retirez du four et laissez tiédir.
- Servez tiède ou froid.

Chaussons aux tomates et aux herbes

Remplacez les épinards par 200 g de tomates coupées en dés, revenues à la poêle pendant 5 min avec l'oignon. Remplacez le paprika par 1/2 bouquet de coriandre ou 1/2 bouquet de basilic ciselé.

Chaussons à la brousse et aux courgettes

Remplacez la ricotta par la même quantité de brousse et les épinards par 200 g de courgettes coupées en rondelles revenues à la poêle avec l'oignon. Utilisez du cumin à la place du paprika.

Chaussons aux girolles

Remplacez les épinards par 150 g de girolles surgelées cuites à la poêle avec l'oignon pendant 5 min. Vous pouvez également utiliser des champignons de Paris frais ou en boîte.

Coulis de tomate

Passez 1 boîte de pulpe de tomates au chinois et versez-la dans un bol. Ajoutez 1 gousse d'ail hachée et 3 c. à s. d'huile d'olive. Salez, poivrez et mélangez. Servez froid, avec les chaussons.

CHOU-FLEUR FAÇON TABOULÉ

Préparation : 20 min • **Cuisson** : aucune • **Pour 4 personnes**

1 petit chou-fleur • 1 gousse d'ail • 1 petit oignon rouge • 2 tomates
1 concombre • 1 pomme verte • 1 petit bouquet de coriandre
quelques branches de menthe • le jus d'1/2 citron jaune
le jus d'1/2 citron vert • 3 c. à s. d'huile d'olive • sel et poivre

- Lavez le chou-fleur. Détachez les bouquets et râpez-les, en éliminant les pieds.
- Épluchez l'ail et l'oignon et hachez-les.
- Ébouillantez les tomates pendant 30 s puis pelez-les et coupez-les en dés.
- Pelez le concombre et coupez-le en dés en éliminant les graines.
- Pelez la pomme et coupez-la en dés.
- Lavez les herbes, essuyez-les puis ciselez-les.
- Mélangez les jus de citron, l'huile d'olive et l'ail. Salez et poivrez.
- Réunissez tous les ingrédients dans un saladier et mélangez-les avec la sauce.
- Servez sans attendre.

Chou-fleur aux herbes frites

Plongez les feuilles de coriandre et de menthe non ciselées dans l'eau bouillante pendant 15 s. Égouttez-les et placez-les dans un bol d'eau glacée. Ciselez-les et faites-les frire pendant quelques secondes à la poêle avec de l'huile. Parsemez-en la salade.

Chou-fleur au basilic et aux tomates séchées

Remplacez la coriandre par 1 bouquet de basilic, et la pomme par 8 pétales de tomates séchées.

Chou-fleur au pamplemousse

Remplacez 1 tomate et la pomme par la pulpe d'1 pamplemousse rose. Ajoutez 200 g de petites crevettes roses décortiquées à la préparation.

Chou-fleur aux asperges et au saumon fumé

Remplacez le concombre et la pomme par 400 g de pointes d'asperges vertes. Ajoutez 200 g de tranches de saumon fumé effilochées à la préparation.

CIABATTA AU JAMBON ET AUX CRUDITÉS

Préparation : 10 min • **Cuisson :** 5 min • **Pour 4 ciabatti**

2 pains ciabatta • 2 c. à s. d'huile d'olive • 2 tomates
50 g de roquette • 6 c. à s. de moutarde à l'ancienne
8 tranches de fromage fondu pour croque-monsieur
8 tranches de jambon blanc fumé

- Préchauffez le gril du four.
- Coupez les pains ciabatta en 2 et arrosez-les d'huile d'olive.
- Déposez-les, face coupée vers le haut, sur une plaque recouverte de papier sulfurisé et faites-les dorer sous le gril du four pendant 5 min.
- Lavez les tomates puis coupez-les en rondelles.
- Lavez la roquette et égouttez-la.
- Sortez les pains ciabatta du four et nappez-les généreusement de moutarde à l'ancienne.
- Répartissez ensuite, par-dessus, les feuilles de roquette, les rondelles de tomate, les tranches de fromage fondu et terminez par le jambon blanc fumé.
- Servez.

Ciabatta au poulet fumé et aux pommes
Remplacez le jambon par 8 tranches de poulet fumé et les tomates par 2 pommes coupées en fines lamelles ou par 3 pommes taillées en lamelles et revenues à la poêle pendant 15 min avec 1 noix de beurre.

Ciabatta au pesto
Mixez ensemble les feuilles d'1 bouquet de basilic, 2 gousses d'ail, 50 g de pignons de pin, 120 g de parmesan râpé, 1 c. à c. de gros sel et 15 cl d'huile d'olive. Remplacez la moutarde par 6 à 8 c. à s. de pesto.

Ciabatta au caviar de légumes
Remplacez la moutarde par 6 à 8 c. à s. de caviar d'aubergine, de caviar de tomate, ou de caviar de courgette.

Ciabatta au saumon fumé et à l'avocat
Remplacez le jambon par 8 tranches de saumon fumé. Remplacez les tomates par la chair de 2 avocats coupée en lamelles.

CLAFOUTIS AUX CAROTTES

Préparation : 15 min • **Cuisson :** 33 min • **Pour 6 miniclafoutis**

250 g de carottes • 1 morceau de gingembre de 1 cm
1 bouquet de coriandre • 4 œufs • 70 g de farine + supplément pour le plat • 25 cl de crème liquide • 20 cl de lait de coco
1 poignée de cacahuètes salées • 20 g de beurre • sel et poivre

- Préchauffez le four à 180 °C.
- Pelez les carottes, rincez-les et taillez-les en petits dés.
- Faites-les cuire à la vapeur pendant 8 min.
- Pelez le gingembre et râpez-le.
- Lavez la coriandre, essuyez-la et hachez-la.
- Dans un saladier, battez les œufs, ajoutez la farine petit à petit et mélangez bien. Incorporez ensuite la crème liquide et le lait de coco. Ajoutez les cacahuètes, le gingembre râpé et la coriandre. Salez et poivrez.
- Beurrez et farinez 6 moules à clafoutis individuels. Répartissez-y les dés de carotte et recouvrez du mélange au lait de coco.
- Faire cuire au four de 20 à 25 min. Les clafoutis sont cuits lorsque le centre est pris et le dessus doré. Laissez refroidir dans le four.
- Dégustez tiède ou froid.

Clafoutis géant aux carottes

Répartissez tous les ingrédients dans un moule à manqué. Faites cuire au four de 40 à 45 min.

Clafoutis de courgette à la feta

Remplacez les carottes par 250 g de rondelles de courgette revenues à la poêle. Remplacez le lait de coco et les cacahuètes par 100 g de feta émiettée. Utilisez 10 feuilles de menthe à la place du gingembre et de la coriandre.

Clafoutis au thon et aux tomates cerises

Remplacez les carottes par 150 g de tomates cerises crues, le gingembre et la coriandre par du persil plat, le lait de coco et les cacahuètes par 200 g de thon au naturel émietté.

Clafoutis aux cerises

Remplacez les carottes, la coriandre, le gingembre et le lait de coco par 750 g de cerises, dénoyautées ou non. Remplacez les cacahuètes par des pistaches. Ajoutez 1 sachet de sucre vanillé. Servez en dessert lors d'un repas tout clafoutis.

CROISSANTS AU JAMBON ET AU ROQUEFORT

Préparation : 10 min • **Cuisson** : 8 min • **Pour 4 personnes**

200 g de roquefort • 8 croissants • 120 g de beurre
8 tranches de jambon blanc • 100 g de gruyère râpé

- Préchauffez le four à 180 °C.
- Écrasez le roquefort à la fourchette.
- Ouvrez les croissants en 2 sans les séparer complètement.
- Beurrez chaque côté interne puis ajoutez dans chaque croissant 1 tranche de jambon blanc, 1/8 du roquefort écrasé et un peu de gruyère râpé.
- Refermez les croissants.
- Déposez-les sur une plaque à four recouverte de papier sulfurisé et faites cuire au four de 7 à 8 min.
- Laissez refroidir pendant 2 min puis servez.

Croissants aux tomates cerises

Coupez 100 g de tomates cerises lavées en 2 et ajoutez-les dans les croissants, sur le roquefort. Vous pouvez également les servir à part, salées et poivrées et parsemées de persil haché.

Croissants aux poires et au roquefort

Remplacez le jambon par 2 belles poires pelées et coupées en fines lamelles. Vous pouvez utiliser du bleu d'Auvergne ou du gorgonzola à la place du roquefort.

Croissants aux magrets et aux abricots secs

Remplacez chaque tranche de jambon par 4 ou 5 tranches de magret séché. Remplacez le roquefort par 32 abricots secs préalablement trempés dans de l'eau pendant 15 min puis revenus à la poêle.

Croissants aux quatre fromages

Pour cette variante, n'utilisez que 100 g de roquefort. Remplacez le jambon par 100 g de cantal et 100 g de fromage de chèvre en bûche.

CROQUE-MONSIEUR

Préparation : 15 min • **Cuisson** : 20 min • **Pour 2 personnes**

8 tranches de pain de mie épaisses • 125 g de beurre ramolli
120 g de gruyère • 4 tranches de jambon blanc

- Faites dorer les tranches de pain de mie au grille-pain.
- Beurrez ensuite chacune sur 1 face. Réservez 1 noix de beurre.
- Détaillez le fromage en lamelles. Répartissez-les sur 4 tranches de pain beurrées et déposez par-dessus 1 tranche de jambon pliée en 2. Recouvrez d'1 autre tranche de pain, côté beurré contre le jambon.
- Faites fondre le beurre réservé dans une grande poêle et posez-y 2 croque-monsieur. Faites-les dorer pendant environ 5 min sur chaque face, à feu doux, en rajoutant du beurre si nécessaire. Ils doivent être bien croustillants et dorés, sans être brûlés. Retirez-les de la poêle et maintenez-les au chaud dans le four pendant la cuisson des 2 autres.
- Servez chaud.

Croque-monsieur à la béchamel

Déposez les croque-monsieur dans un plat à four et nappez-les de 15 cl de béchamel. Parsemez-les de gruyère râpé ou de parmesan. Faites-les ensuite cuire au four, pendant 20 min, à 150 °C.

Croque à cheval

Faites cuire à part 4 œufs sur le plat et déposez-en 1 sur chaque croque-monsieur juste avant de servir.

Croque strasbourgeois

Remplacez le jambon par 8 saucisses de type knack coupées en 2 dans la largeur puis taillées en 2 dans l'épaisseur. Remplacez le beurre à l'intérieur des croque-monsieur par de la moutarde.

Salade à l'huile de noix

Pour un repas plus équilibré, servez 1 croque-monsieur par personne et accompagnez-les d'une salade composée de feuilles de laitue, de roquette, et de tomates cerises. Salez, poivrez et assaisonnez d'1 à 2 c. à s. d'huile de noix.

FAJITAS AU BŒUF

Préparation : 10 min • **Cuisson :** 15 min • **Pour 6 personnes**

1 poivron rouge • 1 poivron vert • 200 g de viande de bœuf
3 c. à s. d'huile d'olive • 300 g de maïs en boîte • 15 g de beurre
2 avocats • le jus d'1 citron • 6 tortillas • sel et poivre

- Coupez les poivrons en 2. Épépinez-les et taillez-les en lamelles.
- Tranchez le bœuf en fines lamelles.
- Faites chauffer l'huile dans une poêle et faites-y revenir les lamelles de poivron et de viande pendant 10 min, à feu doux, en remuant régulièrement. Salez et poivrez. Réservez au chaud.
- Égouttez le maïs. Faites fondre le beurre dans une casserole et faites-y chauffer le maïs pendant 5 min, à feu doux, en remuant régulièrement. Salez et poivrez.
- Pelez les avocats et coupez-les en dés. Arrosez-les de jus de citron pour qu'ils ne noircissent pas, salez et poivrez.
- Étalez les tortillas sur le plan de travail. Garnissez-les du mélange poivrons/viande, puis ajoutez le maïs et l'avocat.
- Roulez les tortillas sur elles-mêmes de façon à former des cônes.
- Servez immédiatement.

Fajitas au poulet
Remplacez la viande de bœuf par la même quantité de filet de poulet taillé en lamelles.

Tortillas maison
Mélangez 200 g de farine T65, 1/2 c. à s. de sel, 1/2 sachet de levure chimique dans un saladier. Incorporez 12,5 cl d'eau tiède et 4 c. à s. d'huile. Pétrissez puis laissez reposer pendant 1 h. Étalez la pâte en 6 disques très fins. Faites-les cuire à la poêle pendant 1 min sur chaque face.

Sauce pour fajitas
Mixez 4 tomates, 1/2 concombre et 1/2 poivron vert avec 1 gousse d'ail et 1 échalote. Ajoutez 1 pincée de cumin, de ras-el-hanout, de paprika, de chili et du sel. Servez avec les fajitas.

Milk-shake mexicain (pour 2 personnes)
La veille, faites chauffer 50 cl de lait avec 200 g de sucre en poudre et 1 gousse de vanille fendue en 2. Laissez infuser. Le jour même, retirez la gousse de vanille, mixez le lait avec 1 banane, 1 mangue et 10 glaçons. Servez avec les fajitas.

FARANDOLE DE PENNE AUX ANTIPASTI

Préparation : 15 min • **Cuisson :** 10 min • **Pour 4 personnes**

500 g de penne • 3 c. à s. d'huile d'olive • 3 fines tranches de mortadelle
4 petites tomates jaunes • 4 petits fonds d'artichauts à l'huile
10 feuilles de basilic • 16 pétales de tomates confites
1 c. à s. de vinaigre balsamique • 1 c. à s. de jus de citron
150 g d'olives noires artisanales • 2 c. à s. de câpres • sel et poivre

- Faites cuire les penne *al dente* dans une grande quantité d'eau bouillante salée. Égouttez-les et rincez-les à l'eau froide. Versez-les dans un saladier et mélangez-les à 1 c. à s. d'huile d'olive.
- Coupez la mortadelle en lamelles.
- Lavez les tomates et coupez-les en 8.
- Égouttez les fonds d'artichauts et coupez-les en morceaux.
- Lavez le basilic, essuyez-le et ciselez-le.
- Utilisez l'huile des tomates confites et ajoutez le reste d'huile d'olive pour obtenir 3 c. à s. Ajoutez le vinaigre balsamique et le jus de citron, salez et poivrez. Versez cette vinaigrette sur les pâtes, ajoutez tous les autres ingrédients de la salade et mélangez.

Farandole de penne à la charcuterie italienne
Remplacez la mortadelle par des lamelles de jambon de Parme, de coppa ou de pancetta.

Farandole de penne aux légumes grillés
Remplacez les tomates et les artichauts par un assortiment de légumes grillés, en boîte ou surgelés : poivrons, courgettes ou aubergines grillées.

Farandole de penne aux légumes poêlés
Faites dorer les morceaux de tomate et d'artichaut à la poêle avec 2 c. à s. d'huile d'olive avant de les ajouter à la salade.

Farandole de penne et sauce au yaourt
Mélangez 1 yaourt brassé nature avec 2 c. à s. de jus de citron et 5 brins de basilic ciselés. Remplacez la vinaigrette par ce mélange.

FEUILLETÉ À L'AGNEAU CONFIT, AUX PRUNEAUX ET AUX FIGUES

Préparation : 30 min • **Cuisson :** 2 h • **Pour 6 personnes**

600 g d'épaule d'agneau • 7 c. à s. d'huile d'olive • 2 gousses d'ail
4 oignons nouveaux • 6 figues • 150 g de pruneaux dénoyautés
2 c. à s. de miel • 1 poignée de pignons de pin
1 c. à c. de cannelle en poudre • 1 c. à s. de sucre de canne
3 œufs • 8 feuilles de brick • 1 jaune d'œuf • sel et poivre

- Faites revenir l'agneau à feu vif dans une grande cocotte avec 4 c. à s. d'huile. Baissez le feu et laissez cuire pendant 1 h. Retirez la viande du feu et hachez-la.

- Épluchez l'ail et les oignons puis hachez-les. Lavez les figues et les pruneaux et coupez-les en 4.

- Versez ces ingrédients dans la cocotte avec le miel. Ajoutez 5 cl d'eau et faites chauffer à feu doux pendant 20 min. Ajoutez l'agneau et poursuivez la cuisson pendant 20 min.

- Préchauffez le four à 180 °C.

- Faites revenir les pignons dans le reste d'huile puis hachez-les. Mélangez-les dans un saladier avec la cannelle et le sucre de canne.

- Battez les œufs puis ajoutez-les dans la cocotte. Salez, poivrez, puis versez le tout dans le saladier. Mélangez.

- Superposez 4 feuilles de brick dans un plat à tarte. Ajoutez la farce puis déposez le reste des feuilles de brick par-dessus. Badigeonnez le dessus de jaune d'œuf.

- Faites cuire au four de 15 à 20 min, jusqu'à ce que le feuilleté soit bien doré. Servez chaud.

Feuilleté à l'agneau et aux aubergines
Remplacez les figues et les pruneaux par 2 aubergines coupées en très fines lamelles puis revenues à la poêle pendant 3 min avec 2 c. à s. d'huile d'olive.

Feuilleté aux raisins secs et aux dattes
Remplacez les figues par 120 g de raisins blonds secs préalablement trempés dans de l'eau pendant 15 min. Remplacez les pruneaux par 20 dattes dénoyautées.

Tourte à l'agneau confit
Supprimez les feuilles de brick. Étalez 1 pâte feuilletée au fond d'un plat à tarte, garnissez-la de la préparation puis recouvrez d'1 autre pâte feuilletée. Faites cuire au four pendant 30 min.

Salade aux raisins secs
Pour un repas équilibré, servez des parts plus petites de feuilleté avec une salade de mesclun agrémentée de 50 g de raisins secs préalablement trempés dans de l'eau pendant 15 min. Ajoutez 1 filet d'huile d'argan.

FRITTATA DE COURGETTES AU COLIN

Préparation : 20 min • **Cuisson** : 40 min • **Pour 6 personnes**

2 ou 3 petits filets de colin • 1 oignon • 3 courgettes
3 c. à s. d'huile de tournesol + supplément pour le moule
12 œufs • 2 c. à s. de bisque de homard • sel et poivre

- Faites cuire les filets de colin pendant 10 min à la vapeur.
- Épluchez l'oignon et émincez-le.
- Lavez les courgettes et râpez-les.
- Émiettez grossièrement le colin cuit.
- Faites chauffer l'huile dans une sauteuse et faites-y revenir l'oignon. Ajoutez les courgettes et le colin puis poursuivez la cuisson pendant 2 min en remuant. Salez et poivrez.
- Préchauffez le four à 180 °C.
- Battez les œufs en omelette avec la bisque de homard. Ajoutez la préparation de courgettes et de colin. Salez et poivrez.
- Versez la préparation dans un moule rond préalablement huilé.
- Faites cuire au four pendant 20 min.
- Sortez la frittata du four, laissez-la reposer pendant 5 min puis démoulez-la et coupez-la en petits triangles.
- Servez aussitôt.

Frittata de courgettes aux langoustines

Remplacez les filets de colin par 18 queues de langoustines cuites décortiquées et coupées en fines rondelles.

Frittata aux échalotes confites

Remplacez les courgettes par 450 g d'échalotes épluchées, émincées et revenues à la poêle avec 3 c. à s. d'huile de 15 à 20 min à feu très doux.

Frittata au porc et à la patate douce

Remplacez les courgettes par 1 patate douce pelée, coupée en cubes et revenue à la poêle de 10 à 15 min avec 2 c. à s. d'huile. Remplacez le colin par 250 g de chair à saucisse revenue à la poêle pendant 10 min.

Frittata à la courge et au bacon

Remplacez les courgettes par 300 g de courge musquée coupée en cubes et cuite à la vapeur pendant 10 min, puis revenue à la poêle avec 250 g de bacon taillé en lamelles.

Galettes au bacon et aux champignons
Remplacez le saumon par 24 tranches de bacon grillées à la poêle, sans matière grasse.

Galettes au jambon et au roquefort
Remplacez le saumon par 8 tranches de jambon blanc. Remplacez les épinards par 150 g de roquefort émietté. Supprimez la noix muscade.

Galettes à l'andouillette
Remplacez le saumon par 2 andouillettes coupées en rondelles. Ajoutez à la préparation 2 oignons émincés revenus à la poêle avec 2 c. à s. d'huile d'olive.

Chaussons au saumon et aux champignons
Supprimez les crêpes. Découpez 8 cercles dans 2 rouleaux de pâte brisée. Garnissez-les de la préparation puis refermez-les pour former des chaussons. Faites cuire au four préchauffé à 180 °C pendant 20 min.

GALETTES AU SAUMON ET AUX CHAMPIGNONS

Préparation : 20 min • **Cuisson :** 55 min • **Pour 4 personnes**

Pour les galettes : 125 g de farine • 2 œufs
25 cl de lait • 1 c. à s. d'huile • 1 pincée de sel
Pour la garniture : 4 dos de saumon • 200 g d'épinards en boîte
20 g de beurre • 50 g de farine • 10 cl de lait • 1 pincée de noix muscade râpée • 200 g de champignons de Paris en boîte • sel et poivre
Pour la poêle : 40 g de beurre

- Pour les galettes, versez la farine dans un saladier et creusez-y un puits. Incorporez-y les œufs, le lait, l'huile et le sel. Mélangez puis laissez reposer, recouvert d'un torchon, pendant 1 h.
- Pour la garniture, coupez le saumon en gros dés et faites-les cuire à la vapeur de 8 à 10 min.
- Réchauffez les épinards dans une casserole.
- Dans une casserole, mélangez le beurre et la farine et faites chauffer à feu doux. Ajoutez le lait, la noix muscade, du sel et du poivre. Mélangez puis ajoutez les champignons et les épinards égouttés. Faites chauffer pendant encore 5 min en remuant puis incorporez les dés de saumon. Retirez du feu.
- Préparez les galettes : versez 1 petite louche de pâte dans une poêle beurrée et faites cuire pendant 3 min en retournant la crêpe à mi-cuisson. Préparez 7 autres galettes de la même façon.
- Préchauffez le four à 180 °C.
- Garnissez les galettes de la préparation aux champignons, aux épinards et au saumon. Roulez-les et disposez-les dans un plat à four. Faites cuire au four pendant 15 min puis servez aussitôt.

GALETTES COMPLÈTES

Préparation : 15 min • **Cuisson** : 6 min par galette • **Pour 20 galettes**

Pour la pâte : 1 œuf entier + 1 jaune • 30 g de beurre
+ supplément pour la cuisson • 400 g de farine de sarrasin
100 g de farine de froment • 1 l de lait • 1/2 c. à c. de sel
Pour la garniture de chaque galette :
1 noisette de beurre • 30 g d'emmental râpé
1 fine tranche de jambon • 1 œuf • sel et poivre

- Préparez la pâte : battez l'œuf entier et le jaune à la fourchette.
- Faites fondre le beurre.
- Mélangez les deux farines et le sel. Incorporez petit à petit le lait, les œufs et le beurre fondu. Ajoutez un peu d'eau si la pâte n'est pas assez fluide. Laissez reposer la pâte pendant 2 h.
- Faites chauffer 1 noisette de beurre dans une poêle à crêpes, à feu assez fort. Versez 1 louche de pâte et étalez-la en inclinant la poêle. Retournez la galette dès qu'elle se décolle (au bout d'environ 2 min) et faites-la cuire pendant encore 1 min.
- Ajoutez ensuite la noisette de beurre, parsemez d'emmental râpé et déposez par-dessus la tranche de jambon. Cassez l'œuf au centre et salez. Poivrez généreusement. Lorsque le blanc d'œuf a figé, repliez la galette vers le centre pour former un carré en laissant apparaître le jaune d'œuf.
- Préparez les autres galettes de la même manière.
- Servez aussitôt.

Galettes complètes façon raclette
Remplacez l'emmental par 2 tranches de fromage à raclette et l'œuf par 3 ou 4 rondelles de pomme de terre cuite à l'eau.

Galettes américaines
Remplacez le jambon par 50 g de viande hachée grillée à la poêle, l'œuf par 3 cornichons taillés en rondelles et l'emmental par du cheddar.

Galettes complètes végétariennes
Remplacez le jambon par 1 ou 2 tranches d'aubergine grillée ou de courgette grillée.

Galettes colorées
Ajoutez 10 cl de coulis de tomate et 1 pincée de cumin lors de la préparation de la pâte à crêpes. Vous pouvez aussi ajouter 80 g d'épinards hachés à la pâte.

HAMBURGERS

Préparation : 15 min • **Cuisson** : 15 min • **Pour 4 hamburgers**

1 oignon • 12 feuilles de laitue • 1 tomate • 1/2 concombre
500 g de bœuf haché • 1 c. à s. de moutarde • 4 pains individuels pour hamburger • 4 tranches de cheddar • 4 tranches de bacon
4 c. à s. de ketchup • sel et poivre

- Allumez le barbecue ou le gril. Préchauffez le gril du four.
- Épluchez l'oignon et hachez-le finement. Lavez la salade, la tomate et le demi-concombre. Coupez les deux derniers en rondelles.
- Dans un saladier, mélangez l'oignon avec la viande hachée et la moutarde. Salez et poivrez. Divisez la préparation en 4 et formez des galettes de 2 cm d'épaisseur environ.
- Faites-les cuire au barbecue ou au gril pendant 3 min de chaque côté.
- Coupez les pains pour hamburger en 2 dans l'épaisseur et faites-les dorer sous le gril du four, mie vers le haut.
- Disposez 1 tranche de cheddar sur chaque morceau de viande et laissez fondre avant de retirer les galettes du feu.
- Faites cuire les tranches de bacon à la poêle pendant 5 min, sans matière grasse.
- Garnissez 4 demi-pains en superposant les différents ingrédients, ajoutez le ketchup, puis refermez avec les autres moitiés de pain.
- Servez sans attendre.

Ketchup de betterave
Mixez 2 petites betteraves cuites et pelées avec le jus de 4 clémentines, du poivre et du sel. Ajoutez 1 c. à s. de cette préparation dans les hamburgers, en guise de ketchup.

Hamburgers à l'agneau
Remplacez le bœuf haché par la même quantité d'épaule d'agneau hachée.

Fishburgers
Remplacez le mélange à la viande hachée par 4 petits filets de colin. Trempez-les dans 1 œuf battu puis dans de la chapelure et faites-les cuire à la poêle avec 2 c. à s. d'huile d'olive pendant 4 min de chaque côté.

Tofuburgers
Remplacez le mélange à la viande hachée par 4 parts de tofu nature enrobées de 1 c. à c. de moutarde et de 1 c. à c. de ketchup chacune. Faites-les dorer à la poêle pendant 2 min de chaque côté. Supprimez le bacon.

NEMS

Préparation : 30 min • **Cuisson :** 1 h 20 • **Pour 40 nems**

5 champignons noirs • 50 g de crevettes séchées
100 g de vermicelle de soja • 200 g de pousses de soja • 3 carottes
2 oignons • 600 g d'échine de porc hachée • 1 l d'huile d'arachide + 2 c. à s.
2 c. à c. de sucre roux • 3 c. à s. de nuoc-mâm • 1 c. à s. de Maïzena
10 grandes galettes de riz • 2 c. à c. de sel

- Faites tremper, séparément, dans de l'eau tiède, les champignons noirs, les crevettes séchées et le vermicelle. Coupez les champignons en morceaux et le vermicelle en tronçons.

- Rincez les pousses de soja et égouttez-les. Pelez les carottes et les oignons puis hachez-les.

- Faites revenir le porc à la poêle avec 1 c. à s. d'huile. Incorporez les crevettes, le sel, le sucre roux et le nuoc-mâm. Faites rissoler pendant 1 min. Retirez de la poêle.

- Dans la même poêle, faites revenir les oignons et les carottes avec 1 c. à s. d'huile. Ajoutez les pousses de soja, les champignons et le vermicelle. Laissez cuire pendant 1 min.

- Incorporez le mélange de porc et de crevettes ainsi que la Maïzena délayée dans 2 c. à s. d'eau et mélangez jusqu'à ce que le liquide épaississe. Laissez refroidir.

- Coupez chaque galette de riz en 4 quartiers. Trempez 1 quartier dans de l'eau, égouttez-le et étalez-le sur une assiette ; déposez 1 c. à s. de farce dessus, puis formez des nems. Renouvelez l'opération jusqu'à épuisement de la farce.

- Faites chauffer l'huile dans une friteuse. Faites frire 10 nems à la fois pendant 20 min.

Nems au poulet
Remplacez l'échine de porc par 4 escalopes de poulet hachées.

Nems au crabe
Remplacez 100 g d'échine de porc par 100 g de chair de crabe, que vous ajouterez dans la poêle en même temps que les crevettes.

Sauce pour nems
Mélangez 5 c. à s. de nuoc-mâm avec 1 c. à s. de jus de citron, 1 c. à c. de sucre en poudre, 1 c. à c. d'ail pressé et 1 c. à c. de purée de piment. Servez avec les nems.

Nems à la banane et au chocolat
Faites dorer 2 bananes pelées et coupées en dés avec 1 c. à s. de sucre roux. Préparez 12 demi-feuilles de brick et déposez 1 c. à s. de banane cuite sur chacune. Formez des nems et faites-les cuire sous le gril pendant 8 min. Faites fondre 50 g de chocolat noir dans 10 cl de lait. Servez les nems en dessert, nappés de sauce au chocolat.

Omelette aux légumes grillés express

Utilisez un mélange de légumes grillés surgelés et décongelés. Utilisez des pommes de terre cuites prêtes à l'emploi de type Lunor®.

Omelette au cresson et au cantal

Remplacez les légumes grillés par 1,5 botte de cresson ciselé cru. Ajoutez 100 g de cantal coupé en copeaux et 20 cl de crème fraîche liquide à la préparation.

Omelette au poulet et aux légumes grillés

Remplacez les pommes de terre par 200 g de filet de poulet coupé en dés et revenu à la poêle sans matière grasse.

Omelette aux légumes d'hiver

Remplacez les poivrons, la courgette et l'aubergine par 300 g de blancs de poireaux et 300 g de carottes taillés en rondelles. Faites cuire les premiers à la vapeur pendant 7 min et les secondes pendant 10 min.

OMELETTE AUX LÉGUMES GRILLÉS

Préparation : 20 min • **Cuisson** : 50 min • **Pour 4 personnes**

120 g de poivron jaune • 120 g de poivron rouge
120 g d'aubergine • 120 g de courgette • 4 c. à s. d'huile d'olive
8 pommes de terre • 8 œufs • sel et poivre

- Préchauffez le gril du four.
- Lavez les légumes, à l'exception des pommes de terre. Coupez les poivrons en 2 puis épépinez-les. Taillez l'aubergine et la courgette en tranches, dans la longueur.
- Couvrez la plaque du four de papier d'aluminium. Disposez tous ces légumes sur la grille et arrosez-les d'un filet d'huile d'olive. Salez et poivrez. Enfournez la grille assez haut dans le four, en plaçant la plaque en dessous, et faites griller les légumes pendant 20 min environ, en les retournant à mi-cuisson.
- Pendant ce temps, épluchez les pommes de terre, coupez-les en rondelles puis faites-les cuire dans de l'eau bouillante salée pendant 20 min environ.
- Sortez les légumes du four et laissez-les refroidir. Coupez-les ensuite en petits morceaux.
- Battez les œufs en omelette dans un saladier. Ajoutez les légumes et les pommes de terre. Salez et poivrez.
- Versez la préparation dans une grande poêle antiadhésive et faites cuire jusqu'à ce que les bords de l'omelette soient pris. Retournez l'omelette et poursuivez la cuisson pendant 3 min.
- Faites glisser l'omelette dans un plat et servez aussitôt.

Pastilla au poulet et aux olives
Remplacez le riz par 150 g d'olives vertes dénoyautées, que vous ferez cuire dans de l'eau bouillante pendant 3 min avant de les ajouter à la préparation.

Pastilla au poulet et aux champignons
Supprimez le riz. Versez 400 g de pleurotes rincés dans la cocotte en même temps que le poulet. Ajoutez 2 gousses d'ail hachées à la préparation.

Pastilla au pigeon et aux abricots
Remplacez le poulet par la chair hachée de 4 pigeons. Ajoutez 10 abricots secs taillés en morceaux et 150 g de marmelade d'abricot dans la cocotte, en même temps que le persil.

Pastilla au poulet, au curry et à la coriandre
Remplacez la cannelle et le safran par 2 c. à s. de curry. Utilisez 1 bouquet de coriandre à la place du persil. Ajoutez 20 cl de lait de coco à la préparation.

PASTILLA AU POULET

Préparation : 30 min • **Cuisson** : 1 h • **Pour 4 personnes**

4 escalopes de poulet • 3 oignons • 1,5 cm de racine de gingembre frais
2 c. à c. de cannelle en poudre • 1 dose de safran en poudre
30 g de sucre roux • 50 g de beurre + supplément pour la cuisson
100 g de riz • 5 brins de persil • 3 œufs
50 g d'amandes effilées • 6 feuilles de brick

- Coupez le poulet en dés. Épluchez les oignons et hachez-les. Râpez le gingembre. Versez le tout dans une sauteuse avec la cannelle, le safran, le sucre, la moitié du beurre et 35 cl d'eau. Laissez mijoter pendant 15 min à feu doux.

- Préchauffez le four à 210 °C.

- Faites cuire le riz en suivant les indications sur le paquet.

- Retirez les dés de poulet de la sauteuse et mixez-les. Laissez mijoter le reste.

- Lavez le persil, essuyez-le et détachez les feuilles. Ajoutez-les dans la sauteuse et laissez réduire le mélange de moitié puis incorporez les œufs battus en fouettant. Laissez cuire pendant 5 min. Ajoutez le poulet réservé, le riz et les amandes.

- Faites fondre le reste du beurre. Badigeonnez-en un moule rond et les feuilles de brick. Superposez 3 feuilles de brick au fond du moule, en les laissant dépasser de celui-ci. Versez la préparation par-dessus puis rabattez les feuilles de brick sur le mélange. Recouvrez le tout des feuilles de brick restantes en glissant les bords sous la pastilla. Faites cuire au four pendant 30 min en arrosant régulièrement de beurre.

- Démoulez et servez chaud.

PISSALADIÈRE

Préparation : 15 min • **Cuisson :** 40 min • **Pour 4 personnes**

10 anchois au sel • 8 beaux oignons doux • 2 c. à s. d'huile d'olive
400 g de pâte à pain de boulanger • quelques olives noires • poivre

- Lavez les anchois pour en retirer le sel. Levez les filets et mettez-les à tremper dans un bol d'eau.
- Épluchez les oignons et coupez-les en fins quartiers.
- Faites chauffer l'huile dans une sauteuse et faites-y revenir les oignons de 10 à 15 min en remuant régulièrement, jusqu'à ce qu'ils soient fondants mais à peine blonds. Poivrez.
- Égouttez les filets d'anchois et séchez-les sur du papier absorbant.
- Préchauffez le four à 220 °C.
- Abaissez la pâte sur une plaque recouverte de papier sulfurisé. Étalez la compotée d'oignons sur la pâte. Disposez par-dessus les filets d'anchois en quadrillage et parsemez d'olives noires.
- Faites cuire au four de 20 à 25 min.
- Dégustez chaud ou froid.

Pissaladière aux oignons classiques
Si vous n'utilisez pas d'oignons doux, ajoutez 1 c. à c. de sucre de canne dans la sauteuse pour préparer la compotée.

Pissaladière aux sardines
Remplacez les anchois par la même quantité de sardines marinées à l'huile. Vous pouvez également utiliser les 2 ingrédients à parts égales.

Pissaladière rouge
Ajoutez 1 c. à c. de piment d'Espelette en poudre dans la sauteuse en même temps que les oignons. Ils prendront ainsi une teinte rouge et seront plus relevés.

Pissaladière à la tapenade
Étalez 2 à 3 c. à s. de tapenade noire sur la pâte à pain avant d'ajouter la compotée d'oignons. Dans ce cas, supprimez les olives. Vous pouvez aussi utiliser de la tapenade verte.

PITA À LA RATATOUILLE

Préparation : 15 min • **Cuisson :** 1 h • **Pour 4 personnes**

1 oignon • 2 c. à s. d'huile d'olive • 1 aubergine • 1 poivron vert
1 poivron rouge • 2 courgettes • 2 belles tomates bien mûres
4 pains pita • sel et poivre

- Épluchez l'oignon et émincez-le grossièrement.
- Faites chauffer l'huile dans une sauteuse et faites-y revenir l'oignon de 3 à 4 min à feu moyen.
- Pelez l'aubergine et coupez-la en cubes de 2 cm. Mettez-les dans la sauteuse avec l'oignon, baissez le feu et remuez.
- Lavez les poivrons et épépinez-les, puis coupez-les en morceaux. Mettez le poivron vert dans la sauteuse et laissez cuire pendant quelques minutes avant d'ajouter le poivron rouge.
- Lavez les courgettes puis pelez-les en alternant bandes avec peau et bandes sans peau. Coupez-les en rondelles épaisses et ajoutez-les dans la sauteuse.
- Lavez les tomates, coupez-les en morceaux puis mettez-les dans la sauteuse. Salez, poivrez, remuez et couvrez. Laissez mijoter pendant environ 40 min, jusqu'à ce que les légumes soient fondants.
- Préchauffez le gril du four.
- Fendez les pains pita puis faites-les tiédir sous le gril du four. Garnissez-les de ratatouille et servez sans attendre.

Ratatouille aux herbes
Ajoutez 1 gousse d'ail hachée, 1 feuille de laurier, 2 branches de thym, 2 branches d'estragon et 1 petite branche de romarin dans la sauteuse en même temps que les tomates.

Ratatouille au miel
Ajoutez 1 c. à s. de miel 5 min avant la fin de la cuisson de la ratatouille et poivrez.

Ratatouille à la feta
Ajoutez 200 g de feta émiettée à la ratatouille 5 min avant la fin de la cuisson. Mélangez bien.

Pizza pita
Coupez chaque pain pita en 2 dans l'épaisseur. Nappez chaque moitié de ratatouille, parsemez d'emmental et de parmesan râpé. Ajoutez quelques olives noires. Faites dorer sous le gril du four.

PIZZA À LA PANCETTA

Préparation : 30 min • **Cuisson** : 20 min • **Pour 4 personnes**

3 belles tomates • 1 boule de mozzarella • 1 rouleau de pâte à pizza
300 g de coulis de tomates épais • 70 g d'emmental râpé
2 c. à s. de parmesan râpé • 8 tranches très fines de pancetta ronde
1 c. à s. de câpres • quelques olives noires • 1 c. à c. d'origan
1 c. à s. d'huile d'olive • sel

- Coupez les tomates en rondelles et mettez-les à dégorger dans une passoire avec un peu de sel.
- Égouttez la mozzarella et coupez-la en tranches fines.
- Préchauffez le four à 240 °C.
- Abaissez la pâte à pizza sur une plaque recouverte de papier sulfurisé. Badigeonnez la pâte de coulis de tomate puis disposez les rondelles de tomate par-dessus. Recouvrez avec les tranches de mozzarella, l'emmental et le parmesan. Ajoutez les tranches de pancetta, ornez de câpres et d'olives et parsemez d'origan. Arrosez d'huile d'olive en filet.
- Faites cuire au four de 15 à 20 min.
- Dégustez chaud.

Pâte à pizza maison

Mélangez 20 g de levure de boulanger délayée dans 15 cl d'eau tiède avec 400 g de farine, 10 cl d'huile d'olive et 1 pincée de sel, jusqu'à ce que la pâte soit lisse. Laissez-la lever, recouverte d'un torchon, pendant 1 h à température ambiante.

Pizza au chorizo et aux poivrons

Remplacez la pancetta par 1/2 chorizo fort taillé en rondelles et ajoutez sur la pizza des lanières de poivron jaune et de poivron vert revenues à la poêle avec 2 c. à s. d'huile d'olive pendant 10 min.

Pizza au chèvre et au miel

Complétez l'emmental par 5 rondelles épaisses de bûche de chèvre et ajoutez 1 filet de miel sur la pizza avant d'enfourner.

Pizza aux lardons et à l'oignon

Remplacez le coulis de tomate par de la crème fraîche, la pancetta par 200 g de lardons fumés revenus à la poêle et ajoutez 1 gros oignon coupé en rondelles sur la pizza avant d'enfourner.

POUSSES D'ÉPINARD ET LAITUE AUX ANCHOIS

Préparation : 10 min • **Cuisson** : 15 min • **Pour 2 personnes**

2 œufs • 2 tranches de pain de campagne • 1 gousse d'ail
250 g de pousses d'épinard • 250 g de laitue • 8 filets d'anchois
4 c. à s. de parmesan râpé • 2 c. à s. de vinaigre de xérès
2 c. à s. d'huile d'olive • sel

- Préchauffez le gril du four.
- Faites cuire les œufs dans de l'eau bouillante. Laissez-les refroidir, puis écalez-les et coupez-les en morceaux.
- Détaillez les tranches de pain en dés et faites-les dorer sous le gril du four pendant 5 min.
- Épluchez la gousse d'ail. Frottez-en les croûtons.
- Lavez la salade et les pousses d'épinard, puis égouttez-les. Versez-les dans un saladier.
- Ajoutez-y les morceaux d'œufs durs, les croûtons, les anchois et le parmesan.
- Préparez une vinaigrette en mélangeant le vinaigre, l'huile et du sel.
- Servez avec la salade.

Salade au poulet et aux anchois

Pour réaliser une salade « César », ajoutez à la préparation 1 filet de poulet coupé en dés et grillé à la poêle. Utilisez de la salade romaine à la place des pousses d'épinard et de la laitue.

Pousses d'épinard à l'italienne

Remplacez la laitue par 250 g de roquette. Ajoutez 150 g de tomates cerises, 70 g de tomates séchées à l'huile et 4 feuilles de basilic. Utilisez du vinaigre balsamique.

Pousses d'épinard aux lardons et à l'avocat

Remplacez les œufs et les anchois par 200 g de lardons fumés revenus à la poêle sans matière grasse. Ajoutez la chair d'1 avocat coupée en dés et 2 tomates coupées en rondelles.

Pousses d'épinard à la betterave et au saumon

Remplacez les œufs et les anchois par 2 filets de saumon cuits à la poêle avec 1 filet d'huile d'olive. Ajoutez 1 betterave cuite pelée et râpée à la salade.

QUICHE AU SAUMON ET AUX LÉGUMES VERTS

Préparation : 30 min • **Cuisson** : 1 h • **Pour 4 personnes**

500 g d'épinards frais • 20 g de beurre • 1 petite botte d'asperges vertes
1 blanc de poireau • 1 rouleau de pâte brisée • 300 g de pavé de saumon
2 œufs • 150 g de crème fraîche épaisse • 20 cl de lait • sel et poivre

- Lavez soigneusement les épinards. Ôtez les tiges et les grosses nervures. Émincez les feuilles et faites-les revenir dans une sauteuse avec 10 g de beurre pendant 10 min environ. Égouttez-les, pressez-les, puis hachez-les.

- Lavez les asperges et faites-les blanchir pendant quelques minutes dans de l'eau bouillante salée, puis égouttez-les.

- Lavez le blanc de poireau, émincez-le finement et faites-le suer pendant 5 min dans le reste de beurre.

- Préchauffez le four à 200 °C.

- Étalez la pâte dans un moule, piquez-la à la fourchette et faites-la cuire à blanc pendant 15 min.

- Taillez le saumon en petits cubes.

- Battez les œufs avec la crème et le lait. Salez et poivrez.

- Étalez la fondue de poireau sur le fond de tarte. Garnissez avec les cubes de saumon et les épinards. Versez l'appareil à quiche. Disposez par-dessus les asperges en rosace ou en quadrillage.

- Faites cuire au four de 35 à 40 min et servez sans attendre.

Pâte sablée maison
Mélangez 250 g de farine et 1/2 c. à c. de sel fin avec 125 g de beurre coupé en parcelles. Sablez entre les doigts. Incorporez 1 œuf battu et malaxez puis roulez en boule. Laissez reposer au frais pendant au moins 1 h.

Quiche au saumon et au brocoli
Remplacez les asperges et le blanc de poireau par 1 petite tête de brocoli, dont vous ferez cuire les bouquets pendant 10 min.

Quiche au saumon et au chèvre frais
Ajoutez 100 g de fromage de chèvre frais à l'appareil à quiche. Vous pouvez aussi parsemer la quiche de copeaux de crottin de Chavignol.

Quiche au poulet et aux légumes verts
Remplacez le saumon par 300 g de filet de poulet, que vous ferez mariner dans 2 c. à s. de jus de citron, 1 c. à s. d'huile d'olive et 1 c. à c. de paprika, avant de l'incorporer à la quiche.

QUICHE PAYSANNE AU POTIRON

Préparation : 15 min • **Cuisson :** 25 min • **Pour 4 personnes**

450 g de chair de potiron • 1 gousse d'ail • 30 g de beurre + supplément pour le moule • 1 pincée de noix muscade 3 échalotes • 2 c. à c. de sucre en poudre • 100 g de lardons 1 œuf entier + 1 jaune • 5 cl de lait entier • 10 cl de crème liquide 1 rouleau de pâte brisée • 50 g de gruyère râpé • sel et poivre

- Coupez le potiron en dés. Épluchez l'ail. Faites-les cuire dans une casserole avec 20 g de beurre, à couvert, pendant 25 min. Poivrez, salez légèrement, et ajoutez la noix muscade râpée.
- Mixez la préparation et laissez refroidir.
- Pelez les échalotes et émincez-les. Faites-les suer dans le reste de beurre jusqu'à ce qu'elles soient transparentes, saupoudrez-les de sucre et faites caraméliser.
- Faites revenir les lardons à sec dans une poêle.
- Battez l'œuf entier et le jaune. Salez et poivrez. Incorporez le lait et la crème puis la chair de potiron.
- Préchauffez le four à 210 °C.
- Étalez la pâte dans un moule puis faites-la cuire à blanc, pendant 15 min.
- Garnissez le fond de tarte du gruyère râpé, des lardons et des échalotes caramélisées, puis versez le mélange au potiron. Faites cuire pendant 25 min.
- Dégustez chaud.

Quiche à la patate douce
Remplacez le potiron par la même quantité de patate douce.
Si vous n'aimez pas les saveurs trop sucrées, préférez de la courge musquée.

Quiche aux carottes express
Remplacez la chair de potiron cuite par la même quantité de purée de carottes surgelée et décongelée.

Quiche lorraine
Supprimez le potiron et les échalotes caramélisées. Utilisez 200 g de lardons fumés et 120 g de gruyère râpé pour la garniture. Pour l'appareil à quiche, utilisez 3 œufs et 20 cl de crème liquide.

Salade de roquette
Accompagnez la quiche d'1 salade de roquette agrémentée de quelques noisettes. Assaisonnez d'1 vinaigrette à l'huile de noix.

ROULEAUX DE PRINTEMPS AUX CREVETTES

Préparation : 20 min • **Cuisson** : 5 min • **Pour 4 personnes**

100 g de pousses de soja • 40 g de vermicelle de riz • 1 carotte
50 g de cœur de laitue • 8 grosses crevettes cuites • 8 feuilles de menthe
8 tiges de coriandre • 8 petites galettes de riz • sel et poivre

- Lavez les pousses de soja et faites-les blanchir pendant 1 min dans de l'eau bouillante salée.
- Faites cuire le vermicelle pendant 3 min dans de l'eau bouillante salée. Égouttez-le et rafraîchissez-le.
- Épluchez la carotte puis râpez-la. Lavez le cœur de laitue, taillez-le en chiffonnade. Décortiquez les crevettes. Lavez les herbes et essuyez-les soigneusement.
- Mouillez légèrement une galette de riz dans un bol d'eau tiède. Posez-la sur un torchon sec. Disposez sur un bord quelques pousses de soja, du vermicelle, quelques lanières de laitue, 1 c. à c. de carotte râpée, 1 feuille de menthe et 1 feuille de coriandre. Salez et poivrez.
- Roulez la galette sur elle-même en ajoutant une queue de crevette à une extrémité. Fermez le rouleau en poussant vers l'intérieur les extrémités de la feuille de riz. Réalisez les rouleaux un par un et posez-les au fur et à mesure sur un plat.
- Servez frais.

Rouleaux de printemps aux langoustines

Pour une version plus festive, remplacez les crevettes par la même quantité de langoustines cuites décortiquées.

Rouleaux de printemps à la dinde

Faites revenir 2 blancs de dinde hachés avec 2 c. à s. d'huile d'olive. Ajoutez 2 c. à s. de cacahuètes concassées, 3 feuilles de menthe hachées et 1 pincée de safran. Remplacez les crevettes par ce mélange.

Sauce au nuoc-mâm

Mélangez 3 c. à s. de nuoc-mâm, 1 c. à s. de vinaigre de riz, le jus d'1 citron vert, 1/2 c. à c. de sucre en poudre, 20 g de piment rouge, du sel et du poivre. Servez avec les rouleaux de printemps.

Sauce au gingembre

Mélangez 1 c. à c. de gingembre frais haché, 2 c. à s. d'huile de pépins de raisin, 2 c. à s. de sauce soja, 2 c. à s. de vinaigre de riz et 15 g de carotte râpée. Servez avec les rouleaux de printemps.

Salade au poisson tandoori
Remplacez le poulet par 500 g de filets de bar ou d'espadon.

Salade de riz au poulet tandoori
Remplacez la salade par 250 g de riz long cuit à l'eau pendant 20 min puis refroidi.

Salade au poulet pané aux épices
Supprimez la préparation pour tandoori. Passez les aiguillettes de poulet dans de l'œuf battu puis dans un mélange de 12 c. à s. de chapelure croustillante, 2 c. à c. de paprika, 4 c. à c. de cumin et 1 pointe de poivre de Cayenne. Faites cuire à la poêle avec 2 c. à s. d'huile.

Salade au poulet et raïta
Supprimez la préparation pour tandoori. Faites griller le poulet à la poêle. Mélangez 2 yaourts brassés nature, 1 c. à c. de jus de citron, 1 c. à c. de cumin, 1 oignon haché, 1 concombre pelé et râpé et 2 tomates épépinées et coupées en dés. Servez le raïta en assaisonnement pour la salade.

SALADE AU POULET TANDOORI

Préparation : 15 min • **Cuisson :** 25 min • **Pour 4 personnes**

500 g de filets de poulet • le jus d'1 citron • 1 gousse d'ail • 1 yaourt
2 c. à s. de pâte tandoori • 1/2 c. à c. de gingembre râpé
1/2 c. à c. de paprika fort • 1 petite salade de mâche
2 c. à s. de câpres • sel

- Taillez les filets de poulet en aiguillettes. Mettez-les dans une assiette avec le jus de citron et laissez-les mariner pendant 1 h.
- Épluchez l'ail et hachez-le.
- Dans un bol, mélangez le yaourt, l'ail haché, la pâte tandoori, le gingembre, le paprika et un peu de sel.
- Enduisez bien le poulet de ce mélange et laissez-le mariner pendant 24 h, en le retournant de temps en temps.
- Préchauffez le four à 240 °C.
- Faites cuire le poulet au four pendant 25 min.
- Pendant ce temps, lavez la mâche et égouttez-la. Versez-la dans un saladier.
- Répartissez le poulet tandoori sur la salade puis parsemez-la de câpres.
- Servez sans attendre. (Il n'est pas nécessaire d'ajouter de la vinaigrette, la sauce du poulet suffit à assaisonner la salade.)

SALADE DE LUMACHE NORDIQUE

Préparation : 15 min • **Cuisson** : 12 min • **Pour 4 personnes**

500 g de lumache • 2 c. à s. d'huile d'olive • 1 oignon rouge
1/2 bouquet d'aneth • 3 gros cornichons russes
350 g de filet de saumon fumé • 1 c. à c. de sucre de canne
3 c. à s. de vinaigre de cidre • 2 c. à s. de crème fleurette • sel et poivre

- Faites cuire les pâtes *al dente* dans une grande quantité d'eau bouillante salée. Égouttez-les, rincez-les à l'eau froide. Mélangez-les avec un peu d'huile d'olive et laissez refroidir.
- Épluchez l'oignon et taillez-le en fins quartiers.
- Lavez l'aneth, essuyez-le et ciselez-le.
- Coupez les cornichons en fines rondelles.
- Détaillez le saumon en lamelles de 3 cm.
- Dissolvez le sucre dans le vinaigre. Ajoutez 1 c. à s. d'huile et la crème fleurette. Poivrez généreusement et salez. Mélangez à l'aneth ciselé.
- Versez la sauce sur les pâtes refroidies. Ajoutez l'oignon, les cornichons et le saumon. Mélangez.
- Servez sans attendre.

Salade de lumache aux câpres
Remplacez les cornichons par 2 c. à s. de câpres au vinaigre.

Salade de lumache marine
N'utilisez que 150 g de saumon fumé et ajoutez à la préparation 150 g de crevettes cuites décortiquées et 1 boîte de chair de crabe.

Salade de lumache au haddock
Remplacez le saumon fumé par 350 g de haddock pelé et coupé en morceaux. Placez ceux-ci dans une casserole, couvrez de lait et portez à ébullition. Laissez refroidir dans le lait avant d'utiliser.

Crème aux anchois
Mixez 40 cl de crème liquide avec le contenu égoutté de 2 petites boîtes d'anchois à l'huile. Remplacez la sauce par cette crème.

SALADE DE RIZ À L'ANANAS ET AU CRABE

Préparation : 25 min • **Cuisson** : 20 min • **Pour 4 personnes**

140 g de riz thaï • 1 ananas moyen, bien mûr • 1 gousse d'ail
2 petits piments rouges frais • 8 grandes feuilles de menthe
1/2 bouquet de coriandre • 4 brins de citronnelle
2 échalotes • 3 c. à s. de sauce de poisson thaïlandaise
le jus d'1 citron vert • 1 c. à s. d'huile d'arachide
1 boîte de chair de crabe • 1 petite boîte de maïs

- Faites cuire le riz à la vapeur ou dans un *rice-cooker.* Laissez-le refroidir complètement.
- Coupez l'ananas en morceaux en retirant la partie centrale ferme.
- Épluchez l'ail et écrasez-le.
- Fendez les piments, retirez les pépins puis hachez-les très finement.
- Lavez la menthe, la coriandre et la citronnelle et essuyez-les. Hachez séparément la menthe et la citronnelle, effeuillez la coriandre.
- Épluchez les échalotes et coupez-les en fines rondelles.
- Dans un bol, mélangez la sauce de poisson, le jus de citron vert et l'huile d'arachide. Ajoutez la citronnelle, les piments, l'ail et la menthe.
- Émiettez la chair de crabe dans un saladier. Ajoutez le riz, le maïs égoutté, les morceaux d'ananas et les échalotes. Assaisonnez avec la sauce et mélangez. Ajoutez les feuilles de coriandre.
- Servez sans attendre.

Salade de riz au thon
Remplacez la chair de crabe par la même quantité de thon au naturel.

Salade de riz à la mayonnaise
Pour une version plus classique, remplacez la sauce thaïe par 4 c. à s. de mayonnaise au citron.

Salade de riz aux poivrons et aux germes de soja
Remplacez l'ananas par 1 poivron rouge et 1 poivron vert épépinés et coupés en dés. Remplacez le maïs par 100 g de germes de soja rincés à l'eau.

Salade de riz aux carottes et au pamplemousse
Remplacez l'ananas par 3 belles carottes râpées et le maïs par la pulpe de 2 pamplemousses.

Salade niçoise aux pommes de terre
Remplacez le riz par 3 pommes de terre cuites à l'eau pendant 20 min, pelées et taillées en cubes. Laissez refroidir avant de préparer la salade.

Vinaigrette aux herbes
Mélangez 1 c. à s. de vinaigre balsamique, 3 c. à s. d'huile d'olive, 1 oignon émincé, 1 c. à s. de ciboulette ciselée, 1 c. à s. de persil haché, 1 c. à s. de basilic ciselé, du sel et du poivre. Servez la salade avec cette vinaigrette.

Salade niçoise au blé gourmand
Remplacez le riz par la même quantité de germes de blé, que vous ferez cuire pendant 20 min dans de l'eau bouillante salée.

Salade niçoise au thon
Remplacez les filets d'anchois par le contenu d'1 boîte de thon au naturel émietté. Vous pouvez également conserver les 2 ingrédients à parts égales.

SALADE NIÇOISE

Préparation : 20 min • **Cuisson :** 20 min • **Pour 4 personnes**

150 g de riz • 3 œufs • 170 g de haricots verts extra-fins • 1 gousse d'ail
1/2 oignon blanc • 1 poivron vert • 20 tomates cerises • 2 miniconcombres
1 petite boîte de filets d'anchois à l'huile d'olive
quelques brins de persil plat • 2 c. à c. de vinaigre de cidre
3 c. à s. d'huile d'olive • 100 g d'olives niçoises • 2 c. à s. de câpres
le jus d'1/2 citron • sel et poivre

- Faites cuire le riz en suivant les indications sur le paquet. Rincez-le à l'eau froide puis laissez-le refroidir.
- Faites cuire les œufs pendant 10 min dans de l'eau bouillante. Laissez-les refroidir puis écalez-les et coupez-les en 4.
- Faites cuire les haricots verts dans de l'eau bouillante salée pendant 10 min environ. Passez-les sous l'eau froide et égouttez-les, puis coupez-les en tronçons.
- Épluchez l'ail et l'oignon. Émincez l'oignon et écrasez l'ail. Lavez les autres légumes. Épépinez le poivron et coupez-le en morceaux. Coupez les tomates cerises en 4. Coupez les mini-concombres en fines rondelles.
- Coupez les anchois en 2.
- Lavez le persil, essuyez-le et ciselez-le.
- Mélangez l'ail dans un bol avec le vinaigre et 2 c. à s. d'huile. Salez et poivrez. Versez cette sauce sur le riz froid et mélangez.
- Juste avant de servir, réunissez tous les ingrédients de la salade et remuez. Assaisonnez de jus de citron et d'un trait d'huile d'olive.

SALADE SARLADAISE

Préparation : 20 min • **Cuisson** : 25 min • **Pour 3 à 4 personnes**

Pour la salade : 300 g de pommes de terre • 2 c. à s. d'huile de tournesol 150 g de haricots verts surgelés • 1 sachet de champignons mélangés surgelés • 100 g de lardons • 1 salade frisée 100 g de roquefort • 1/2 concombre • 100 g de tranches de magret de canard séché • 40 g de pignons de pin
Pour la vinaigrette : 1 c. à c. de moutarde • 3 c. à s. de vinaigre de vin 3 c. à s. d'huile de noix • sel et poivre

- Épluchez les pommes de terre puis coupez-les en rondelles.
- Faites-les cuire à la poêle avec l'huile de tournesol, pendant 25 min, à feu moyen, en remuant régulièrement.
- Pendant ce temps, faites cuire les haricots verts et les champignons, séparément, en suivant les indications sur le sachet.
- Faites également revenir les lardons à la poêle, sans matière grasse, pendant 10 min environ.
- Lavez la salade et égouttez-la.
- Coupez le roquefort en tout petits dés.
- Lavez le concombre et coupez-le en tout petits dés, sans le peler.
- Versez tous les ingrédients pour la salade dans un grand saladier.
- Préparez une vinaigrette en mélangeant la moutarde, le vinaigre et un peu de sel. Ajoutez ensuite l'huile. Versez le tout sur la salade et mélangez.
- Servez aussitôt.

Salade sarladaise aux cèpes
Remplacez les champignons surgelés par 250 g de cèpes frais coupés en morceaux et revenus à la poêle avec 1 c. à s. d'huile d'olive et 1 gousse d'ail hachée. Parsemez de persil haché.

Salade aux galettes de pommes de terre
Au lieu de faire sauter les pommes de terre, râpez-les et faites-les cuire en galettes, à la poêle, pendant 20 min, en retournant celles-ci à mi-cuisson.

Salade sarladaise aux fruits
Remplacez les pommes de terre par 500 g de pommes cuites à la poêle. Remplacez les haricots par des grains de raisin blanc, et les champignons par des figues fraîches.

Salade gersoise
Remplacez les lardons par 100 g de gésiers de canard confits taillés en rondelles. Remplacez le roquefort par 100 g de foie gras de canard coupé en copeaux. Préférez une laitue à la salade frisée.

Samoussas aux gambas et à la citronnelle

Remplacez les crevettes par des gambas, que vous ferez mariner pendant 1 h avec 3 c. à s. d'huile d'olive et 3 tiges de citronnelle ciselées.

Samoussas aux crevettes et à la feta

Ajoutez 100 g de feta émiettée à la préparation. Remplacez la coriandre par de la menthe ou par 3 échalotes émincées.

Samoussas aux crevettes au curry

Supprimez le citron et la coriandre. Faites mariner les crevettes pendant 1 h avec 1 c. à s. de curry en poudre, 1 pincée de cumin, 1 pincée de paprika et 10 cl de lait de coco.

Sauce aigre-douce

Faites cuire à feu doux, pendant 5 min, 1 c. à s. de concentré de tomate, 2 c. à s. de ketchup, 2 c. à s. de vinaigre de vin, 3 c. à s. de sucre en poudre, 1 pincée de sel, 20 cl d'eau et 5 cl de jus d'ananas. Laissez refroidir et servez avec les samoussas.

SAMOUSSAS AUX CREVETTES

Préparation : 10 min • **Cuisson** : 5 min • **Pour 3 personnes**

8 crevettes cuites • 1/2 bouquet de coriandre • 1 citron
4 feuilles de brick • 4 c. à s. d'huile de tournesol • sel et poivre

- Décortiquez les crevettes. Coupez-les en 3.
- Lavez la coriandre, essuyez-la puis ciselez-la.
- Coupez le citron en quartiers.
- Disposez 1 feuille de brick sur une assiette et repliez les bords ronds de manière à former un carré. Déposez 6 morceaux de crevette au centre. Parsemez de coriandre, salez et poivrez. Pliez le brick en forme de triangle. Préparez les autres bricks de la même manière.
- Versez l'huile dans une grande poêle et chauffez à feu moyen. Ajoutez les bricks et faites-les dorer pendant 2 min de chaque côté.
- Égouttez-les sur du papier absorbant.
- Servez immédiatement avec les quartiers de citron.

SANDWICHES AUX BOULETTES AUX AUBERGINES

Préparation : 25 min • **Cuisson :** 30 min • **Pour 2 personnes**

*Pour les boulettes : 2 aubergines • 2 poivrons rouges • 2 gousses d'ail
10 brins de persil • 3 œufs • 1/2 c. à c. de cumin • 1 pincée de safran
20 g de chapelure • huile d'olive pour la friture • sel et poivre
Pour les sandwiches : 2 tomates • 4 feuilles de salade • 2 pains pita
pour la sauce : 1 gousse d'ail • 1/4 de concombre
1 yaourt à la grecque • sel*

- Lavez les aubergines, coupez-les en dés et faites-les cuire à la vapeur pendant 20 min.
- Coupez les poivrons en 2 et déposez-les sur une grille. Passez-les sous le gril du four jusqu'à ce que la peau noircisse. Retirez la peau et épépinez les poivrons. Coupez-les en dés.
- Épluchez l'ail. Lavez le persil, essuyez-le et détachez les feuilles.
- Mixez les dés d'aubergine et de poivron avec l'ail, le persil, les œufs, le cumin, le safran, la chapelure, du sel et du poivre. Formez des boulettes aplaties avec la préparation.
- Faites chauffer l'huile dans une poêle et faites-y dorer les boulettes pendant 10 min environ, en les retournant souvent.
- Pour les sandwiches, lavez les légumes. Coupez les tomates en dés et émincez la salade. Garnissez les pains pita des crudités et des boulettes.
- Pour la sauce, épluchez l'ail et hachez-le. Pelez le concombre et râpez-le. Mélangez le yaourt, l'ail, le concombre et du sel.
- Servez les sandwiches avec la sauce au yaourt.

Sauce au yaourt à la menthe

Mélangez 1 pot de yaourt à la grecque avec 6 feuilles de menthe ciselées, du sel et du poivre. Servez avec les sandwiches.

Boulettes aux courgettes

Remplacez les aubergines par 3 courgettes.

Boulettes de bœuf aux légumes

Mélangez 1/2 courgette et 1 carotte hachée avec 250 g de bœuf haché, 1 oignon émincé, 1 œuf, 10 brins de persil hachés, 3 c. à s. de chapelure, du sel et du poivre. Faites cuire comme les boulettes aux aubergines.

Boulettes d'agneau à la menthe

Mélangez 400 g d'agneau haché avec 1 c. à s. de chapelure, 1 œuf, 10 feuilles de menthe ciselées, 2 gousses d'ail hachées, 1 c. à c. de paprika, du sel et du poivre. Faites cuire comme les boulettes aux aubergines.

Sandwiches club à la truite fumée
Remplacez les saucisses par des tranches de truite fumée et la mayonnaise par du raifort.

Sandwiches club au poulet
Montez 1 sandwich en alternant 1/2 tranche de pain grillée, 2 feuilles de salade, 1 rondelle d'œuf dur, 1 rondelle de tomate, 1 morceau de blanc de poulet cuit, 1 morceau de bacon et 1/2 tranche de pain grillée, etc.

Sandwiches club végétariens
Montez 1 sandwich en alternant 1/2 tranche de pain grillée nappée de tzatziki, 1 tranche d'aubergine grillée, 2 rondelles de concombre, 1 rondelle de tomate, 2 lamelles d'avocat et 1/2 tranche de pain grillée, etc.

Sandwiches club andalous
Montez 1 sandwich en alternant 1/2 tranche de pain grillée, 2 feuilles de salade, 1 morceau d'omelette, 2 rondelles de chorizo, 1 rondelle de poivron grillé et 1/2 tranche de pain grillée, etc.

SANDWICHES CLUB STRASBOURGEOIS

Préparation: 15 min • **Cuisson**: 15 min • **Pour 2 sandwiches**

200 g de pommes de terre • 2 œufs • 3 grandes tranches de pain de mie
8 feuilles de batavia • 4 saucisses de type knack
100 g d'emmental • 4 c. à s. de mayonnaise

- Épluchez les pommes de terre, coupez-les en rondelles et faites-les cuire dans de l'eau bouillante pendant 15 min.
- Faites cuire les œufs dans de l'eau bouillante pendant 10 min puis écalez-les et coupez-les en petits morceaux.
- Faites dorer les tranches de pain de mie au grille-pain. Coupez-les en 2 dans la diagonale.
- Lavez la salade puis égouttez-la.
- Coupez les saucisses en rondelles, de biais.
- Coupez l'emmental en tout petits dés.
- Mélangez les œufs durs, l'emmental et la mayonnaise dans un bol.
- Montez le sandwich en alternant 1/2 tranche de pain, 2 feuilles de salade, 2 c. à s. de mélange à l'œuf et à l'emmental, 1/4 des pommes de terre et 1/4 des saucisses, puis ajoutez 1/2 tranche de pain de mie et recommencez. Terminez par 1/2 tranche de pain. Renouvelez l'opération pour l'autre sandwich.
- Servez.

TABOULÉ MAROCAIN

Préparation : 20 min • **Cuisson** : aucune • **Pour 4 personnes**

150 g de boulgour • le jus d'1 citron • 3 c. à s. d'huile d'olive
4 oignons nouveaux • 1/2 concombre • 3 tomates bien mûres
1/2 poivron rouge • 1 beau bouquet de persil plat
1/2 bouquet de menthe • sel et poivre

- Rincez le boulgour dans plusieurs eaux et égouttez-le. Mettez-le dans un saladier. Versez le jus de citron et l'huile d'olive, mélangez et laissez gonfler pendant 2 h.
- Épluchez les oignons et hachez-les.
- Pelez le concombre. Lavez les tomates et le poivron. Coupez ces légumes en petits dés.
- Lavez les herbes, essuyez-les, effeuillez-les puis hachez-les grossièrement.
- Salez et poivrez le boulgour puis mélangez-le avec les tomates, le poivron, le concombre, les oignons et les herbes.
- Laissez reposer au frais de 1 à 2 h avant de servir.

Taboulé de quinoa
Remplacez le boulgour par 250 g de quinoa que vous ferez cuire dans 2 fois son volume d'eau salée pendant environ 20 min et laisserez refroidir à couvert.

Taboulé aux fruits secs
Remplacez le concombre et le poivron par 50 g de raisins de Corinthe blonds secs et 50 g d'abricots secs, que vous ferez tremper dans de l'eau chaude pendant 15 min.

Taboulé aux courgettes et au cumin
Remplacez le concombre et le poivron par 2 petites courgettes taillées en morceaux. Ajoutez 1/2 c. à s. de cumin à la préparation.

Taboulé libanais
Utilisez seulement 50 g de boulgour, que vous ferez cuire à l'eau. Utilisez 2 bouquets de persil plat, que vous effeuillerez sans les hacher. Arrosez de jus de citron avant de servir.

Tarte au poivron
Remplacez 1 tomate par 1 poivron rouge épépiné et taillé en dés. Faites-les revenir pendant 10 min à la poêle avec 1 c. à s. d'huile d'olive avant de les incorporer à la tarte.

Tarte aux légumes du soleil
Remplacez les tomates par 350 g de ratatouille surgelée décongelée. Choisissez-la de préférence bio.

Tarte à la coppa
Coupez 4 tranches de coppa en allumettes et parsemez-en la tarte juste avant d'enfourner.

Tarte napolitaine
Ajoutez 8 filets d'anchois et quelques olives noires sur la tarte avant d'enfourner.

TARTE À L'ITALIENNE

Préparation : 30 min • **Cuisson** : 50 min • **Pour 4 personnes**

4 belles tomates • 1 boule de mozzarella de 125 g
1 petit bouquet de basilic • 1 rouleau de pâte brisée
1 pincée de piment d'Espelette • 2 c. à s. de parmesan râpé
2 œufs • 150 g de crème fraîche épaisse • 50 g de mascarpone
sel et poivre

- Préchauffez le four à 200 °C.
- Ébouillantez les tomates pendant 30 s puis pelez-les et épépinez-les. Coupez-les en morceaux. Laissez-les dégorger dans une passoire avec un peu de sel.
- Égouttez la mozzarella et coupez-la en lamelles.
- Lavez le basilic, essuyez-le, effeuillez-le et hachez-le.
- Étalez la pâte brisée dans un moule et faites-la cuire à blanc pendant 10 min.
- Garnissez le fond de tarte avec les morceaux de tomate. Saupoudrez de piment et de parmesan. Recouvrez de lamelles de mozzarella et parsemez de basilic.
- Battez les œufs avec la crème et le mascarpone. Poivrez généreusement et salez. Versez l'appareil sur la tarte.
- Faites cuire au four pendant 40 min.
- Servez chaud.

Salade d'endives
Coupez 2 belles endives en morceaux, mélangez-les dans un saladier avec 1 pomme coupée en cubes et 80 g de mimolette vieille taillée en dés. Servez en entrée avec une vinaigrette à l'huile de noix.

Salade de betterave
Coupez 1 grosse betterave en dés et servez-les en entrée avec une vinaigrette au vinaigre balsamique et à la moutarde.

Tarte au munster
Remplacez le maroilles par du munster. Vous pouvez également utiliser du camembert ou du brie de Meaux.

Tartelettes fines au maroilles
Déposez 2 disques de feuilles de brick l'un sur l'autre dans 4 minimoules à tartelette. Répartissez la préparation par-dessus. Faites cuire au four pendant 20 min environ.

TARTE AU MAROILLES

Préparation : 30 min • **Cuisson :** 35 min • **Pour 4 personnes**

Pour la pâte levée : 12 g de levure de boulanger • 250 g de farine
1 c. à c. de sucre semoule • 1 œuf • 40 g de beurre ramolli
+ supplément pour le moule • 1 pincée de sel
Pour la garniture : 200 g de faisselle • 300 g de maroilles
2 œufs • poivre du moulin

- Délayez la levure dans 12 cl d'eau tiède. Mettez la farine dans un saladier et creusez un puits au centre. Versez-y le levain et mélangez avec une partie de la farine en tournant, jusqu'à obtention d'une boule de pâte molle. Rabattez par-dessus le reste de la farine, couvrez le récipient d'un linge et laissez lever pendant 20 min dans un endroit tiède.

- Incorporez le sel, le sucre et l'œuf, puis le beurre ramolli. Pétrissez jusqu'à ce que la pâte soit bien homogène et élastique. Beurrez un moule. Étalez-y la pâte et recouvrez d'un linge. Laissez lever pendant 45 min.

- Préchauffez le four à 180 °C.

- Égouttez la faisselle. Grattez légèrement la croûte du maroilles. Écrasez-le à la fourchette.

- Cassez les œufs en séparant les blancs des jaunes. Battez les jaunes avec la faisselle. Ajoutez le maroilles et battez. Battez les blancs en neige et incorporez-les délicatement au mélange précédent. Poivrez généreusement mais ne salez pas.

- Versez l'appareil sur le fond de tarte et faites cuire au four pendant 35 min.

- Servez chaud.

Tarte aux fruits de mer et aux tomates
Remplacez l'appareil à tarte par 3 tomates concassées revenues à la poêle pendant 15 min avec 1 oignon émincé.

Tarte au thon
Remplacez les fruits de mer et le poisson par 400 g de thon au naturel émietté. Complétez avec 200 g de courgettes coupées en dés et revenues à la poêle avec 1 c. à s. d'huile d'olive pendant 10 min.

Riz aux fruits de mer
Une fois les fruits de mer et le poisson cuits, mélangez-les avec 250 g de riz cuit à l'eau, 2 tomates concassées et 1/2 bouquet de coriandre ciselée.

Salade aux fruits de mer
Une fois les fruits de mer et le poisson cuits, mélangez-les avec 1 laitue et quelques feuilles de roquette. Assaisonnez de vinaigrette au citron.

TARTE AUX FRUITS DE MER

Préparation : 30 min • **Cuisson** : 50 min • **Pour 4 personnes**

50 cl de moules • 350 g de coques • 100 g de petites crevettes
100 g de saumon frais • 100 g de filet de poisson blanc
100 g de noix de pétoncle • 2 c. à s. d'huile d'olive • 400 g de pâte brisée
2 jaunes d'œufs • 200 g de crème fraîche épaisse • 20 cl de lait entier
1/4 de c. à c. de curry • 1 pincée de curcuma • sel et poivre

- Nettoyez soigneusement les moules et les coques. Placez-les dans une marmite à feu vif et faites-les ouvrir puis éteignez le feu. Décoquillez-les et réservez-les dans un récipient couvert.
- Préchauffez le four à 200 °C.
- Décortiquez les crevettes et coupez-les en 2.
- Détaillez les poissons et les noix de pétoncle en petits cubes. Faites-les revenir dans l'huile à feu vif et assaisonnez-les.
- Étalez la pâte dans un moule à tarte et faites-la cuire à blanc pendant 15 min.
- Garnissez le fond de tarte avec les fruits de mer et les dés de poisson.
- Battez les jaunes d'œufs avec la crème et le lait. Assaisonnez de sel, de poivre, de curry et de curcuma. Versez sur la tarte.
- Faites cuire au four de 30 à 35 min.
- Servez chaud.

Tatin d'endives caramélisées
Parsemez le fond du plat de 2 c. à s. de sucre roux et de 20 g de beurre en parcelles avant d'y ajouter les endives..

Tatin de poireaux
Remplacez les endives cuites par 1 kg de blancs de poireau coupés en rondelles, revenus à la poêle avec 2 c. à s. d'huile pendant 25 min à feu doux.

Tatin de brocolis à la brousse
Remplacez les endives cuites par les bouquets de 3 têtes de brocoli cuits à l'eau, et le chèvre par 250 g de brousse mélangée avec 2 œufs et 1/2 bouquet de ciboulette ciselée.

Tatin d'échalotes
Remplacez les endives cuites par 1 kg d'échalotes émincées revenues à la poêle avec 3 c. à s. d'huile pendant 15 min à feu doux. Ajoutez 3 c. à s. de vinaigre, du sel et du poivre, et poursuivez la cuisson pendant 10 min.

TATIN D'ENDIVES AU FROMAGE DE CHÈVRE

Préparation : 20 min • **Cuisson** : 1 h 30 • **Pour 4 personnes**

6 endives • le jus de 3 oranges • 1 c. à s. de cassonade • 50 g de beurre
1 bûche de fromage de chèvre • 1 rouleau de pâte feuilletée
3 brins de thym • sel et poivre

- Lavez les endives puis essuyez-les. Coupez-les en 2 puis en fines lanières dans le sens de la longueur.
- Préchauffez le four à 200 °C.
- Versez le jus d'orange dans un plat à tarte, placez celui-ci sur la plaque de cuisson, à feu moyen, et portez à ébullition.
- Salez, poivrez, ajoutez la cassonade et le beurre coupé en dés. Lorsque le beurre est fondu, déposez harmonieusement les feuilles d'endive en prenant soin de couvrir la totalité du plat.
- Recouvrez de papier sulfurisé, baissez la température du four à 180 °C et faites cuire pendant 1 h.
- Coupez le fromage de chèvre en rondelles.
- Retirez le plat du four. Déposez les rondelles de fromage sur les endives puis recouvrez de pâte feuilletée en prenant soin de replier les bords vers le fond du plat.
- Faites cuire pendant encore 30 min.
- Dès la sortie du four, retournez la tarte tatin dans un plat de présentation et décorez-la de thym émietté.

Pommes de terre
aux « restes »
Vous pouvez agrémenter cette salade de restes de rôti de porc ou de rôti de veau cuit et effiloché.

Pommes de terre
au hareng fumé
Faites mariner pendant 1 h 2 filets de hareng frais coupés en 4 dans un mélange fait de 4 c. à s. d'huile d'olive, 1 gousse d'ail hachée, 1 échalote émincée et quelques feuilles de coriandre. Ajoutez-les aux pommes de terre.

Pommes de terre
aux saucisses knacks
Ajoutez aux pommes de terre 5 saucisses de type knack, coupées en rondelles et cuites dans de l'eau bouillante pendant 3 min.

Pommes de terre
au cumin
Une fois les pommes de terre cuites, faites-les revenir à la poêle pendant 2 min avec 2 c. à s. d'huile d'olive, le jus d'1 citron et 1 c. à c. de cumin.

TIMBALES DE POMMES DE TERRE EN SALADE

Préparation : 15 min • **Cuisson :** 20 min • **Pour 4 personnes**

800 g de pommes de terre • 5 petits oignons blancs
quelques brins de cerfeuil, d'estragon et de ciboulette
1 c. à s. de moutarde • 2 c. à s. de vinaigre de cidre • 4 c. à s. d'huile d'olive ou huile végétale • 2 c. à s. de vin blanc sec • sel et poivre

- Lavez les pommes de terre et faites-les cuire dans de l'eau bouillante salée pendant 20 min, puis égouttez-les. Laissez-les tiédir avant de les peler. Coupez-les en rondelles.
- Épluchez les oignons et hachez-les.
- Lavez les herbes, essuyez-les, effeuillez-les et ciselez-les.
- Mélangez la moutarde avec le vinaigre, puis émulsionnez avec l'huile. Allongez avec le vin blanc et 2 c. à s. d'eau. Salez et poivrez. Ajoutez les herbes et les oignons, puis mélangez avec les rondelles de pomme de terre refroidies.
- Servez frais.

WRAPS DE DINDE AU CHOU ROUGE

Préparation : 10 min • **Cuisson** : aucune • **Pour 2 personnes**

quelques feuilles de salade frisée • 200 g de chou rouge • 4 pains lavash
8 c. à s. de mayonnaise • 8 tranches de dinde fumée

- Triez la salade et lavez-la.
- Rincez le chou rouge et coupez-le en fines lamelles.
- Nappez chaque pain lavash d'1 c. à s. de mayonnaise.
- Répartissez par-dessus les feuilles de salade frisée.
- Ajoutez 2 tranches de dinde fumée dans chaque sandwich.
- Nappez du reste de mayonnaise.
- Répartissez le chou rouge par-dessus.
- Enroulez chaque pain lavash sur les ingrédients et coupez-les en 2, de biais.
- Conservez les wraps enroulés dans du film étirable jusqu'au moment de déguster.

Wraps au coleslaw
Mélangez 1/2 chou blanc émincé avec 1 carotte râpée, 1 c. à s. de jus de citron, du sel et 2 c. à s. de mayonnaise. Remplacez le chou rouge par le coleslaw.

Wraps au saumon et à l'avocat
Remplacez les tranches de dinde fumée par du saumon fumé, et le chou rouge par la chair écrasée de 2 avocats.

Salade frisée
Ne comptez que 2 demi-wraps par personne. Servez-les accompagnés d'1 petite salade frisée mélangée à 1 petite boîte de grains de maïs. Arrosez de vinaigrette à l'échalote.

Wraps de tortilla
À défaut de pain lavash, vous pouvez utiliser des tortillas mexicaines. Vous pouvez également choisir du pain polaire.

PÂTES, RIZ ET LÉGUMES

Cannelloni à la truite et à l'oseille
Remplacez le saumon par la même quantité de truite et les épinards par de l'oseille.

Cannelloni aux deux poissons
Remplacez la moitié du saumon par 150 g de filet de poisson blanc : julienne, colin, cabillaud ou perche.

Cannelloni au saumon et au fenouil
Remplacez les épinards par 1 bulbe de fenouil émincé, blanchi à l'eau pendant 15 min puis revenu à la poêle de 2 à 3 min avec 1 filet d'huile d'olive. Ajoutez 1 c. à c. de graines de fenouil à la béchamel.

Cannelloni au bœuf et aux épinards
Remplacez le pavé de saumon par 2 steaks hachés frais, que vous ferez cuire à la poêle de la même manière que le saumon.

CANNELLONI AU SAUMON ET AUX ÉPINARDS

Préparation : 25 min • **Cuisson** : 25 min • **Pour 4 personnes**

500 g d'épinards frais • 60 g de beurre • 35 g de farine • 30 cl de lait
1 pincée de noix muscade • 1 paquet de cannelloni • 1 œuf
300 g de pavé de saumon frais • 2 c. à s. de parmesan râpé
sel et poivre

- Préchauffez le four à 180 °C.
- Lavez soigneusement les épinards, retirez les tiges et les nervures, séchez les feuilles et coupez-les grossièrement. Faites-les revenir dans une sauteuse avec 10 g de beurre et du sel pendant 5 min. Égouttez-les et pressez-les. Hachez-les.
- Faites fondre 40 g de beurre dans une casserole. Ajoutez la farine et mélangez, puis versez le lait petit à petit en remuant. Laissez épaissir la béchamel sans cesser de remuer. Salez, poivrez et ajoutez la noix muscade.
- Faites cuire les cannelloni pendant 4 min dans de l'eau bouillante salée, puis égouttez-les.
- Battez l'œuf en omelette. Coupez le saumon en dés. Faites-les cuire à la poêle avec le reste de beurre, du sel et du poivre, pendant quelques minutes. Émiettez-les.
- Mélangez le saumon avec les épinards, l'œuf battu, le parmesan râpé et 2 c. à s. de béchamel.
- Garnissez les cannelloni de cette préparation et disposez-les dans un plat à gratin. Recouvrez de béchamel.
- Faites gratiner au four pendant 20 min et servez sans attendre.

CANNELLONI AUX OLIVES ET À LA TOMATE

Préparation : 15 min • **Cuisson** : 40 min • **Pour 4 personnes**

*1 courgette • 150 g de champignons de Paris • 20 olives vertes
1 bouquet de persil plat • 1 gousse d'ail • 1 échalote • 2 c. à s. d'huile
300 g de veau hachée • 1 c. à s. de Maïzena • 2 c. à s. de crème fraîche
1 c. à s. de parmesan • 1 paquet de cannelloni • 25 cl de coulis de tomate
100 g d'emmental râpé • sel et poivre*

- Pelez la courgette et rincez les champignons. Coupez-les en dés.
- Hachez les olives.
- Lavez le persil, essuyez-le, effeuillez-le et ciselez-le.
- Épluchez l'ail et l'échalote. Écrasez l'ail et hachez l'échalote.
- Faites revenir celle-ci dans l'huile pendant 3 min. Ajoutez la viande, l'ail, la courgette et les champignons. Laissez cuire pendant 10 min environ puis ajoutez les olives et la Maïzena. Salez et poivrez. Retirez du feu et mélangez avec la crème fraîche et le parmesan.
- Préchauffez le four à 180 °C.
- Faites cuire les cannelloni pendant 4 min dans de l'eau bouillante salée.
- Farcissez-les et alignez-les dans un plat à four. Recouvrez-les du coulis de tomate, puis de l'emmental.
- Faites cuire au four pendant 20 min.
- Servez aussitôt.

Coulis de tomate maison

Faites revenir 2 échalotes hachées dans 2 c. à s. d'huile chaude. Ajoutez 5 tomates concassées, 1 gousse d'ail et 1 c. à s. de concentré de tomate. Saupoudrez d'1/2 c. à c. de sucre et d'1 pincée de piment doux, salez. Couvrez et laissez compoter à feu doux pendant 20 min.

Cannelloni à l'aubergine

Remplacez la courgette, les champignons et les olives par 1 belle aubergine taillée en cubes. Pour une version végétarienne, remplacez aussi la viande par la même quantité de dés d'aubergine.

Cannelloni à la feta

Remplacez le veau par 200 g de feta émiettée. Ajoutez, éventuellement, 100 g de caviar de courgette à la préparation.

Cannelloni à la brousse et au poivron

Remplacez le veau par 200 g de brousse. Complétez par 1 poivron rouge taillé en cubes, que vous ferez revenir à la poêle avec les autres légumes.

Conchiglie aux girolles et aux tomates
Remplacez la crème fraîche par 300 g de tomates concassées en boîte, que vous ferez réduire dans la sauteuse avant d'ajouter le fond de veau et le vin blanc.

Conchiglie aux champignons noirs
Faites tremper 100 g de champignons noirs déshydratés dans de l'eau bouillante pendant 15 min. Remplacez les girolles par les champignons réhydratés.

Conchiglie aux girolles et au poulet
N'utilisez que 150 g de girolles et ajoutez à la préparation 150 g de filet de poulet émincé revenu à la poêle, sans matière grasse.

Conchiglie aux cèpes
Remplacez les girolles par la même quantité de cèpes coupés en morceaux. Ajoutez 1/4 de bouquet de persil plat ciselé à la sauce.

CONCHIGLIE AUX GIROLLES

Préparation : 15 min • **Cuisson :** 15 min • **Pour 4 personnes**

250 g de girolles • 1 gousse d'ail • 4 petits oignons nouveaux avec leur tige
10 brins de ciboulette • 15 g de beurre • 1 c. à s. d'huile d'olive
1 piment séché • 500 g de conchiglie • 1 c. à c. de fond de veau en poudre
10 cl de vin blanc • 1 c. à s. de crème fraîche • sel et poivre

- Nettoyez soigneusement les girolles à l'aide d'un chiffon humide. Ôtez la base terreuse du pied.
- Épluchez l'ail et les oignons (en conservant leur tige) et hachez-les.
- Lavez la ciboulette, essuyez-la et ciselez-la.
- Faites fondre le beurre dans une sauteuse avec l'huile d'olive et le piment. Ajoutez les oignons et faites-les revenir pendant quelques minutes. Ajoutez l'ail et les girolles. Laissez cuire à feu moyen pendant 10 min environ, en remuant de temps en temps, jusqu'à évaporation de l'eau de végétation. Retirez les girolles et réservez-les au chaud.
- Parallèlement, faites cuire les pâtes dans de l'eau bouillante salée.
- Mettez le fond de veau dans la sauteuse, mouillez avec le vin blanc et faites réduire à feu vif. Ajoutez la crème fraîche, salez et poivrez. Laissez épaissir.
- Égouttez les pâtes et mettez-les dans un plat creux avec la sauce et les girolles.
- Servez aussitôt.

CRUMBLE À LA TOMATE

Préparation : 25 min • **Cuisson** : 30 min • **Pour 4 personnes**

30 g de pignons de pin • 70 g de beurre • 100 g de farine
40 g de parmesan râpé • 1 kg de tomates • 2 oignons • 2 gousses d'ail
quelques feuilles de basilic • 3 c. à s. d'huile d'olive
1 c. à s. de cassonade • 1 branche de romarin • 3 branches de thym
1 feuille de laurier • sel

- Faites griller à sec les pignons, puis hachez-les grossièrement.
- Coupez le beurre en petits dés et mélangez-les avec la farine, le parmesan, les pignons et 1 pincée de sel. Travaillez aux doigts pour obtenir des miettes. Placez au réfrigérateur pour 30 min.
- Lavez les tomates, épépinez-les et coupez-les en morceaux. Saupoudrez-les de sel et laissez-les dégorger dans une passoire.
- Épluchez les oignons et l'ail. Émincez les oignons. Hachez l'ail. Lavez le basilic, essuyez-le et ciselez-le.
- Faites revenir les oignons dans 1 c. à s. d'huile d'olive jusqu'à obtenir une légère coloration.
- Mélangez les tomates avec la cassonade, l'ail et le basilic.
- Préchauffez le four à 180 °C.
- Huilez un plat à gratin. Tapissez-en le fond avec les oignons. Ajoutez les tomates. Intercalez le romarin, le thym et le laurier. Recouvrez avec les miettes de crumble.
- Faites cuire au four pendant 30 min.
- Servez chaud.

Quenelles de ricotta pimentée
Mélangez 100 g de ricotta avec 1 c. à c. de piment d'Espelette et un peu de sel. Formez des quenelles à l'aide de 2 cuillères et servez avec le crumble.

Crumble à la tomate et à la mimolette
Coupez 100 g de mimolette vieille en copeaux et répartissez-les sur les tomates avant d'ajouter l'appareil à crumble.

Crumble à l'aubergine
Remplacez les tomates par la même quantité d'aubergines taillées en cubes. Faites-les revenir dans une sauteuse avec 1 c. à s. d'huile d'olive pendant 10 min.

Crumble à la courgette et au cumin
Remplacez les tomates par la même quantité de courgettes taillées en cubes. Faites-les revenir dans une sauteuse avec 1 c. à s. d'huile d'olive pendant 10 min. Ajoutez 1 pincée de cumin dans l'appareil à crumble.

ENDIVES AU JAMBON

Préparation : 15 min • **Cuisson :** 1 h 15 min • **Pour 4 personnes**

Pour le gratin : 8 endives • 1 oignon • 50 g de beurre • le jus d'1/2 citron
8 tranches de jambon cru • 50 g de gruyère râpé • sel et poivre
Pour la béchamel : 30 g de farine • 30 g de beurre • 50 cl de lait
1 pincée de noix muscade râpée • 50 g de gruyère râpé • sel et poivre

- Lavez les endives. Coupez-les en 2 dans la longueur et retirez la partie la plus dure.

- Épluchez l'oignon et coupez-le en rondelles.

- Faites fondre 30 g de beurre dans une cocotte. Ajoutez les endives et le jus de citron. Salez et poivrez. Couvrez et laissez mijoter pendant 1 h à feu doux, en retournant les endives de temps en temps.

- Pendant ce temps, préparez la béchamel : versez la farine et le beurre dans une casserole puis formez un roux blanc sur feu doux. Ajoutez le lait froid d'un seul coup. Remuez jusqu'à ébullition. Salez, poivrez et ajoutez la noix muscade. Laissez épaissir pendant 5 min. Hors du feu, ajoutez le gruyère râpé.

- Préchauffez le gril du four.

- Enrobez chaque endive d'1 tranche de jambon et déposez-les dans un plat à gratin. Recouvrez-les de béchamel. Ajoutez le reste de beurre en parcelles et parsemez de gruyère râpé.

- Faites gratiner sous le gril du four pendant 10 min.

- Servez très chaud.

Poireaux au jambon
Remplacez les endives par des blancs de poireau, que vous ferez cuire de la même manière.

Endives à la coppa
Remplacez le jambon par 8 tranches de coppa. Vous pouvez également utiliser du bacon ou du lard fumé.

Endives au roquefort
Remplacez le gruyère râpé du gratin par la même quantité de roquefort. Vous pouvez également utiliser du bleu d'Auvergne.

Endives à la bolognaise
Remplacez le jambon par 200 g de viande de bœuf hachée revenue rapidement à la poêle. Remplacez la béchamel par du coulis de tomate.

FARFALLE AU CAVIAR D'AUBERGINE

Préparation : 20 min • **Cuisson :** 30 min • **Pour 4 personnes**

Pour le caviar d'aubergine : 4 aubergines • 2 gousses d'ail
4 c. à s. d'huile d'olive • le jus d'1 citron
1 c. à c. de colorant alimentaire rouge • sel
Pour les pâtes : 500 g de farfalle • 10 feuilles de sauge • sel et poivre

- Lavez les aubergines.
- Faites-les griller à la flamme ou sous le gril du four, en les retournant régulièrement, jusqu'à ce que la peau noircisse et que la chair soit bien molle. Pelez-les et laissez-les égoutter pendant 30 min.
- Écrasez la pulpe des aubergines à l'aide d'une fourchette ou au mixeur. Pelez les gousses d'ail, hachez-les et ajoutez-les au caviar d'aubergine. Mélangez et réservez.
- Mélangez l'huile, le jus de citron et du sel.
- Incorporez cet assaisonnement au caviar d'aubergine.
- Séparez la préparation en 2 et répartissez-les dans 2 bols. Ajoutez le colorant alimentaire dans l des bols.
- Faites cuire les pâtes *al dente* dans une grande quantité d'eau bouillante salée.
- Égouttez-les et versez-les dans un plat. Ajoutez les caviars d'aubergine et décorez avec les feuilles de sauge. Poivrez.
- Servez aussitôt.

Farfalle au caviar de courgette
Remplacez les aubergines par 5 petites courgettes.

Farfalle au caviar de tomate
Chauffez 400 g de tomates pelées et concassées avec 100 g de tomates séchées hachées, 1 bouquet de basilic ciselé et 50 g de parmesan râpé. Servez avec les farfalle.

Farfalle au caviar de chou-fleur
Faites revenir 3 gousses d'ail écrasées et 1 boîte de tomates concassées avec 2 c. à s. d'huile. Ajoutez 1 c. à c. de cumin et 1 chou-fleur cuit écrasé. Chauffez pendant 5 min. Servez avec les farfalle.

Farfalle au confit d'oignon
Faites revenir 1 kg d'oignons émincés avec 2 c. à s. d'huile. Ajoutez 15 cl de vin rouge, du sel, du poivre et 10 g de sucre roux. Laissez compoter pendant 1 h 30 à feu très doux. Servez avec les farfalle.

FESTONATI AU THON

Préparation : 10 min • **Cuisson** : 30 min • **Pour 4 personnes**

1 oignon • 1 gousse d'ail • 1 branche de céleri • 40 tomates cerises
2 c. à s. d'huile d'olive • 1/2 c. à c. de sucre en poudre
2 pincées d'origan déshydraté • 100 g de thon à l'huile
2 c. à s. de câpres • 400 g de festonati • sel et poivre

- Épluchez l'oignon et l'ail. Écrasez l'ail, et hachez l'oignon.
- Lavez le céleri. Hachez les feuilles et coupez la branche en petits dés.
- Lavez les tomates cerises.
- Faites revenir l'oignon dans une sauteuse avec l'huile. Lorsqu'il commence à s'attendrir, ajoutez le céleri et remuez. Faites suer pendant quelques minutes, puis ajoutez les tomates cerises, l'ail, le sucre et l'origan. Salez et laissez compoter doucement. Concassez les tomates au fur et à mesure à l'aide d'une spatule.
- Au bout de 20 min de cuisson des tomates, incorporez le thon égoutté et les câpres. Mélangez bien à la spatule en émiettant le thon. Poivrez généreusement. Éteignez le feu.
- Parallèlement, faites cuire les pâtes dans une grande quantité d'eau bouillante salée.
- Mélangez-les à la sauce et servez aussitôt.

Festonati au thon et à la crème

Supprimez les tomates et le sucre. Faites cuire le thon et les câpres en même temps que le céleri, l'oignon, l'ail et l'origan. Ajoutez ensuite 20 cl de crème liquide et faites chauffer à feu doux en remuant.

Festonati au thon et aux grains de maïs

Remplacez les câpres par le contenu d'une petite boîte de grains de maïs égouttés.

Festonati au thon pimentés

Remplacez l'origan par 1 piment oiseau séché, que vous retirerez de la sauce avant de servir. Vous pouvez aussi ajouter 1 pincée de piment de Cayenne.

Festonati au thon express

Remplacez les tomates cerises, l'ail et le sucre par le contenu d'une boîte de tomates concassées. Ajoutez-les une fois le thon et les câpres revenus à la poêle avec l'oignon.

FINES LINGUINE AUX CHIPIRONS

Préparation : 15 min • **Cuisson** : 15 min • **Pour 4 personnes**

1 kg de chipirons • 2 gousses d'ail • 1 oignon • 2 c. à s. d'huile d'olive
2 piments séchés • 10 cl de vin blanc • 2 c. à s. de câpres
1 c. à c. bombée de Maïzena • 500 g de linguine • sel et poivre

- Nettoyez les chipirons, séparez la tête du corps et coupez les bouquets de tentacules au ras des yeux. Videz les corps. Épongez les chipirons avec du papier absorbant.

- Épluchez l'ail et l'oignon. Hachez-les.

- Chauffez l'huile dans une sauteuse et faites-y revenir l'oignon avec les piments. Ajoutez les chipirons et l'ail et mélangez. Lorsque les chipirons ont rendu leur eau, retirez du feu, filtrez le jus et versez-le dans une casserole. Ajoutez le vin blanc et les câpres. Faites réduire de moitié à feu vif. Salez et poivrez. Incorporez la Maïzena délayée dans un peu de sauce et laissez épaissir.

- Faites cuire les linguine *al dente* dans une grande quantité d'eau bouillante salée, puis égouttez-les.

- Saisissez les chipirons à la poêle.

- Mélangez les pâtes à la sauce, répartissez-les dans les assiettes et disposez les chipirons sur le dessus.

- Servez aussitôt.

Chipirons au quatre-épices
Ajoutez 2 c. à c. de quatre-épices dans la sauteuse en même temps que les chipirons et l'ail.

Chipirons au cognac
Remplacez le vin blanc par 5 c. à s. de cognac. Vous pouvez aussi utiliser du whisky.

Chipirons à l'encre
Conservez l'encre contenue dans la petite poche argentée des chipirons et ajoutez-la dans la sauteuse en même temps que le vin blanc et les câpres. Servez avec des linguine noires, à l'encre.

Chipirons aux poivrons et aux tomates
Faites revenir 1 poivron rouge et 1 poivron vert taillés en lanières avec 300 g de pulpe de tomate pendant 10 min à la poêle avec 2 c. à s. d'huile d'olive. Mixez le tout et ajoutez sur les pâtes aux chipirons juste avant de servir.

Garbure au canard
Remplacez le confit d'oie par du confit de canard. Utilisez aussi de la graisse de canard.

Garbure au potiron (pour 6 personnes)
Ajoutez 1 blanc de poireau et 800 g de chair de potiron avec le chou. Incorporez 1 os de jambon avec le confit.

Garbure gratinée
Déposez les tranches de pain de campagne grillées sur la garbure cuite et parsemez de fromage râpé. Faites gratiner sous le gril du four.

Millasson aux abricots
Mélangez 140 g de sucre, 140 g de farine, 3 œufs, 2 c. à s. d'eau de fleur d'oranger, 2 c. à s. de rhum ambré, 50 cl de lait bouillant et du sel. Recouvrez le fond d'un moule d'oreillons d'abricots. Versez le mélange par-dessus. Faites cuire au four préchauffé à 210 °C pendant 30 min. Servez ce dessert landais après la garbure.

GARBURE LANDAISE

Préparation : 30 min • **Cuisson :** 1 h 30 • **Pour 4 personnes**

2 oignons • 1 gousse d'ail • 2 navets • 3 carottes • 300 g de chou vert 200 g de haricots blancs frais • 2 pommes de terre • 1 bouquet garni 2 c. à s. de graisse d'oie • 1 piment d'Espelette • 1 confit d'oie 4 tranches de pain de campagne • sel et poivre

- Épluchez les oignons et l'ail et coupez-les en gros dés.
- Lavez les autres légumes. Pelez les pommes de terre, les navets et les carottes. Coupez-les en morceaux. Taillez le chou en lanières.
- Portez une grande quantité d'eau salée et poivrée à ébullition dans une cocotte.
- Versez-y les oignons, l'ail, les carottes, les navets, les haricots blancs, le bouquet garni et la graisse d'oie. Couvrez, baissez le feu et laissez mijoter.
- Ajoutez les lanières de chou dans la cocotte après 30 min de cuisson. Ajoutez également le piment d'Espelette.
- Trente minutes plus tard, ajoutez le confit d'oie et les pommes de terre. Poursuivez la cuisson pendant encore 30 min. La cuisson doit durer 1 h 30 en tout.
- Servez bien chaud, avec les tranches de pain de campagne.

GERMES DE BLÉ À LA TRUITE FUMÉE

Préparation : 10 min • **Cuisson :** 20 min • **Pour 6 personnes**

350 g de germes de blé • 2 citrons • 6 tranches de truite fumée
6 brins d'aneth • 250 g de crème fraîche épaisse + 1 c. à s.
3 c. à s. d'huile d'olive • 6 pincées de paprika • sel et poivre

- Faites cuire le blé pendant 20 min dans de l'eau bouillante salée.
- Pendant ce temps, pressez le jus d'1 citron et taillez l'autre en fines tranches.
- Coupez la truite fumée en lamelles.
- Lavez l'aneth, essuyez-le et effeuillez-le.
- Versez la crème fraîche dans un bol, salez et poivrez.
- Quand le blé est cuit, égouttez-le et versez-le dans un saladier. Arrosez-le du jus de citron et de l'huile d'olive. Ajoutez les lamelles de truite. Poivrez et mélangez bien.
- Répartissez le blé dans six coupelles, posez la cuillerée de crème fraîche restante par-dessus. Parsemez de paprika et décorez d'aneth et de tranches de citron.
- Servez aussitôt.

Germes de blé au jambon de pays

Remplacez la truite fumée par du jambon de pays taillé en lamelles. Faites-les revenir à la poêle avec 1 c. à s. d'huile d'olive. Remplacez l'aneth par du persil frais haché.

Germes de blé au saumon cru

Remplacez les tranches de truite fumée par 600 g de saumon cru ultra frais coupé en lanières. Remplacez les citrons par 2 oranges et ajoutez quelques baies roses.

Quinoa à la truite fumée

Remplacez les germes de blé par la même quantité de quinoa, que vous ferez cuire en suivant les indications sur le paquet. Vous pouvez aussi utiliser de la semoule fine.

Germes de blé au cabillaud

Remplacez les tranches de truite fumée par 6 petits filets de cabillaud cuits à la vapeur de 12 à 15 min puis effeuillés. Ajoutez quelques olives vertes dénoyautées.

GNOCCHETTI AUX TROIS FROMAGES

Préparation : 10 min • **Cuisson** : 10 min • **Pour 4 personnes**

250 g de ricotta • 70 g de gorgonzola • 40 g de parmesan râpé
500 g de gnocchetti • 1 c. à s. d'huile d'olive
quelques brins de ciboulette • gros sel • poivre concassé

- Faites fondre doucement la ricotta et le gorgonzola dans une petite casserole en remuant. Dès que le mélange commence à bouillir, incorporez le parmesan et remuez, puis éteignez le feu et poivrez. Ne salez pas.

- Faites cuire les gnocchetti dans une grande quantité d'eau bouillante salée additionnée de l'huile d'olive. Égouttez les gnocchetti et mélangez-les à la sauce aux trois fromages.

- Lavez la ciboulette, essuyez-la et ciselez-la.

- Servez les pâtes aussitôt en les parsemant de poivre concassé et de ciboulette.

Gnocchetti aux fromages normands
Remplacez la ricotta par du pont l'évêque, le gorgonzola par du camembert et le parmesan par du pavé d'Auge.

Gnocchetti aux fromages savoyards
Remplacez la ricotta par du chevrotin, le gorgonzola par du beaufort, et le parmesan par de la tomme de Savoie.

Gnocchetti aux fromages basques
Remplacez la ricotta par de la tomette de brebis, le gorgonzola par de l'etorky et le parmesan par de l'ossau-iraty.

Courgettes aux trois fromages
Remplacez les pâtes par 3 belles courgettes taillées en cubes et cuites à la vapeur pendant 8 min.

GRATIN DE CONCHIGLIONI AU CHORIZO

Préparation : 15 min • **Cuisson :** 20 min • **Pour 4 personnes**

1/2 courgette • 1 c. à s. de beurre fondu + supplément pour le plat
1 c. à s. d'huile d'olive • 5 brins de ciboulette • 6 branches de persil plat
4 rondelles de chorizo • 1 œuf • 2 c. à s. de crème fraîche
2 c. à s. de parmesan râpé • 400 g de conchiglioni • sel et poivre

- Coupez la demi-courgette en tout petits dés. Salez et poivrez.
- Faites-les revenir dans le beurre et l'huile jusqu'à ce qu'ils soient tendres.
- Lavez la ciboulette et le persil puis hachez-les finement.
- Pelez le chorizo et hachez-le au couteau.
- Battez l'œuf avec la crème fraîche et le parmesan. Salez et poivrez. Mélangez avec les dés de courgette, le chorizo et les herbes.
- Préchauffez le four à 200 °C.
- Faites cuire les conchiglioni *al dente* dans une grande quantité d'eau bouillante salée, puis égouttez-les.
- Garnissez chacun d'1 c. à c. de la préparation au chorizo. Disposez-les dans un plat à gratin.
- Enfournez et laissez gratiner de 5 à 10 min.
- Servez aussitôt.

Gratin de conchiglioni au pepperoni
Remplacez le chorizo par la même quantité de pepperoni. À défaut, utilisez du salami.

Gratin de conchiglioni au poivron
Remplacez la courgette par 1/2 poivron rouge taillé en dés. Faites-les cuire pendant au moins 10 min dans le beurre et l'huile.

Gratin de conchiglioni à la mortadelle
Remplacez le chorizo par la même quantité de mortadelle. Taillez les tranches en fines lamelles au lieu de les hacher.

Gratin de quinoa au chorizo
Remplacez les conchiglioni par 250 g de quinoa, que vous ferez cuire dans de l'eau bouillante salée pendant 20 min.

GRATIN DE COURGETTES AU RIZ

Préparation : 15 min • **Cuisson :** 1 h • **Pour 4 personnes**

900 g de courgettes • 1 oignon • 1 gousse d'ail • 10 g de beurre
1 c. à s. d'huile d'olive + supplément pour le plat
150 g de riz complet de Camargue • 30 cl de bouillon de volaille
1 feuille de laurier • 2 œufs • 2 c. à s. de crème fraîche
100 g de gruyère râpé • sel et poivre

- Pelez les courgettes et coupez-les en petits morceaux.
- Épluchez l'oignon et l'ail. Émincez l'oignon et hachez l'ail.
- Faites chauffer le beurre et l'huile dans une sauteuse. Faites-y fondre l'oignon puis ajoutez le riz et l'ail. Laissez revenir pendant quelques minutes en remuant et versez 1 louche de bouillon. Quand le liquide est presque absorbé, ajoutez les courgettes et mélangez bien. Salez, poivrez et ajoutez le laurier.
- De 20 à 25 min plus tard, mouillez de nouveau d'1 louche de bouillon. Couvrez et poursuivez la cuisson jusqu'à ce que les courgettes soient fondantes et le jus absorbé.
- Préchauffez le four à 210 °C.
- Battez les œufs avec la crème fraîche. Ajoutez 30 g de gruyère râpé et incorporez ce mélange au riz et aux courgettes.
- Graissez un plat à four et versez-y la préparation. Recouvrez de gruyère râpé.
- Faites gratiner au four pendant 10 min environ.
- Servez aussitôt.

Gratin de courgettes et de tomates
Supprimez le riz. Faites cuire les courgettes avec le bouillon de légumes et ajoutez 700 g de tomates pelées et taillées en morceaux, 15 min avant la fin de la cuisson.

Gratin de courgettes au bœuf haché
Supprimez le riz. Faites cuire les courgettes avec le bouillon de légumes. Une fois cuites, mélangez-les avec 200 g de viande de bœuf hachée revenue à la poêle avec 1 c. à s. d'huile.

Gratin de courgettes à la feta
Supprimez le riz. Faites cuire les courgettes avec le bouillon de légumes. Une fois cuites, mélangez-les avec 200 g de feta émiettée. Parsemez le plat d'herbes de Provence.

Gratin de courgettes au quinoa
Remplacez le riz par la même quantité de quinoa.

GRATIN DE PÂTES AU CHOU-FLEUR

Préparation : 10 min • **Cuisson :** 35 min • **Pour 4 personnes**

500 g de chou-fleur • 40 g de beurre • 35 g de farine • 50 cl de lait entier
100 g de mascarpone • 400 g de pâtes • 1 œuf
50 g de parmesan râpé • sel et poivre

- Détachez les bouquets de chou-fleur et faites-les cuire dans une grande quantité d'eau salée pendant 10 min à partir de l'ébullition. Égouttez le chou-fleur et mixez-le ou écrasez-le à la fourchette. Poivrez.
- Faites fondre le beurre dans une casserole. Versez la farine d'un seul coup et remuez. Dès que le mélange a pris, versez le lait petit à petit en remuant constamment à feu doux jusqu'à l'ébullition, puis baissez le feu et couvrez. Laissez épaissir pendant 20 min en remuant régulièrement. Incorporez le mascarpone, salez et poivrez.
- Faites cuire les pâtes *al dente* dans une grande quantité d'eau bouillante salée, puis égouttez-les.
- Préchauffez le four à 210 °C.
- Beurrez un moule à gratin.
- Mélangez les pâtes et le chou-fleur et garnissez-en le moule.
- Battez l'œuf en omelette et mélangez-le avec la béchamel et le parmesan. Versez cette sauce sur les pâtes.
- Faites gratiner sous le gril du four de 10 à 15 min.
- Servez bien chaud.

Gratin de pâtes au brocoli

Remplacez le chou-fleur par 500 g de bouquets de brocoli, que vous ferez cuire à la vapeur pendant 10 min.

Gratin de pâtes au chou-fleur et au fromage de chèvre

Remplacez la béchamel par 200 g de fromage de chèvre frais mélangé à 3 c. à s. de crème fraîche épaisse.

Gratin orange de pâtes au chou-fleur

Ajoutez 10 cl de jus de carotte à la préparation et remplacez le parmesan par 100 g de copeaux de mimolette vieille.

Béchamel au mascarpone

Incorporez 100 g de mascarpone à la béchamel une fois qu'elle a épaissi. Elle sera ainsi plus onctueuse.

Gratin de pommes de terre et de carottes
Remplacez 400 g de pommes de terre par des carottes pelées et taillées en rondelles.

Gratin dauphinois
Supprimez le blanc de poireau, les échalotes et le mélange de bouillon et de lait. Remplacez ce dernier par 3 œufs battus avec 30 cl de lait et 30 cl de crème liquide. Servez avec le jambon à part.

Gratin de céleri-rave
Remplacez les pommes de terre par la même quantité de céleri-rave coupé en dés. Parsemez le plat de persil juste avant de servir.

Gratin de vitelottes
Pour un plat bicolore, utilisez 500 g de pommes de terre à chair ferme de type roseval ou belle de Fontenay, et 500 g de pommes de terre vitelottes.

GRATIN DE POMMES DE TERRE AU JAMBON

Préparation : 15 min • **Cuisson** : 50 min • **Pour 4 personnes**

1 kg de pommes de terre • 1 blanc de poireau • 2 échalotes
1 gousse d'ail • 4 tranches de jambon de pays • 10 g de beurre
1 pincée de noix muscade râpée • 20 cl de bouillon de volaille
20 cl de lait entier • 100 g de gruyère râpé • sel et poivre

- Pelez les pommes de terre et coupez-les en rondelles d'environ 1 cm d'épaisseur.
- Lavez le blanc de poireau et émincez-le.
- Épluchez les échalotes et l'ail. Hachez-les.
- Coupez le jambon en allumettes.
- Mélangez tous ces ingrédients.
- Préchauffez le four à 210 °C.
- Beurrez un plat à gratin et versez-y le mélange de légumes. Salez légèrement, poivrez et ajoutez la noix muscade.
- Mélangez le bouillon et le lait. Versez le mélange sur les légumes. Recouvrez de gruyère râpé.
- Enfournez et laissez cuire pendant 50 min. Le gratin est alors bien doré et les pommes de terre ont absorbé tout le liquide.
- Servez sans attendre.

Lasagne au porc
Remplacez le bœuf haché par la même quantité de chair à saucisse. Dans ce cas, ne poivrez pas.

Lasagne végétariennes
Remplacez le bœuf haché par 250 g de courgettes et 250 g d'aubergines taillées en lamelles et revenues à la poêle avec 1 filet d'huile d'olive pendant 10 min.

Lasagne aux petits pois et aux carottes
Utilisez seulement 250 g de bœuf haché. Taillez la carotte, ainsi que 2 autres, en cubes et faites-les cuire pendant 5 min à la vapeur avant de les déposer dans la poêle. Ajoutez 150 g de petits pois surgelés décongelés dans la sauce bolognaise en même temps que les carottes.

Lasagne pimentées
Pour relever la préparation, ajoutez 1 petit piment oiseau épépiné et taillé en fines lamelles dans la sauce.

LASAGNE À LA BOLOGNAISE

Préparation: 20 min • **Cuisson**: 1 h 05 • **Pour 4 personnes**

1 carotte • 1 branche de céleri • 1 gousse d'ail • 1 oignon
1/2 bouquet de persil • 2 c. à s. d'huile d'olive • 400 g de bœuf haché
1 grosse boîte de tomates pelées • 1 brique de coulis de tomate
400 g de lasagne • 1 boule de mozzarella • 10 g de beurre
30 cl de béchamel • 150 g de parmesan râpé • sel et poivre

- Épluchez la carotte et la branche de céleri, puis hachez-les. Épluchez l'ail et l'oignon, puis hachez-les. Lavez le persil, essuyez-le, effeuillez-le et hachez-le.

- Faites chauffer l'huile dans une sauteuse et faites-y revenir ces ingrédients avec le bœuf. Ajoutez les tomates et le coulis. Salez et poivrez. Laissez compoter pendant 30 min.

- Pendant ce temps, faites cuire les lasagne dans de l'eau salée pendant 10 min. Égouttez-les à plat sur un torchon.

- Préchauffez le four à 200 °C.

- Coupez la mozzarella en tranches fines.

- Beurrez le fond d'un plat à gratin. Étalez-y une couche de lasagne et recouvrez d'un peu de la préparation. Répartissez quelques tranches de mozzarella par-dessus et nappez de béchamel. Remettez une couche de lasagne et renouvelez l'opération jusqu'à épuisement des ingrédients. Parsemez le dessus de parmesan.

- Faites cuire au four pendant 30 min et laissez gratiner sous le gril du four.

- Servez aussitôt.

LASAGNE AUX FRUITS DE MER

Préparation : 10 min • **Cuisson** : 30 min • **Pour 4 personnes**

500 g de fruits de mer mélangés surgelés • 8 petits filets de rouget surgelés
200 g de feuilles de lasagne • 1 oignon • 1 c. à s. d'huile d'olive
15 cl de vin blanc sec • 6 tomates • 10 brins de persil • 4 feuilles de basilic
20 g de beurre • sel et poivre

- Faites cuire les fruits de mer et les filets de rougets en suivant les indications sur le sachet. Coupez 4 rougets en morceaux.
- Faites cuire les lasagne dans de l'eau bouillante salée pendant 10 min. Égouttez-les à plat sur un torchon.
- Préchauffez le four à 210 °C.
- Épluchez l'oignon et émincez-le finement. Faites-le revenir à la poêle dans l'huile d'olive, puis ajoutez les fruits de mer et les morceaux de rouget. Arrosez de vin blanc et laissez réduire de moitié. Salez et poivrez.
- Pendant ce temps, ébouillantez les tomates pendant 30 s, puis pelez-les, épépinez-les et coupez-les en petits dés. Lavez le persil et le basilic, essuyez-les, effeuillez-les puis hachez le persil.
- Étalez une couche de lasagne dans un plat à gratin beurré et couvrez de la moitié du mélange de fruits de mer et de poisson. Ajoutez la moitié des dés de tomate et parsemez de persil, puis remettez une couche de lasagne et renouvelez l'opération. Terminez par une couche de lasagne et déposez les filets de rouget par-dessus.
- Faites cuire au four pendant 20 min.
- Au moment de servir, décorez les lasagne de feuilles de basilic.

Lasagne aux moules fraîches

Remplacez les fruits de mer et le poisson par 2 l de moules lavées et mises à ouvrir dans une cocotte avec 1 oignon émincé et 20 cl de vin blanc, puis décoquillées.

Lasagne aux fruits de mer et à la crème

Préparez un roux blanc puis ajoutez 50 cl de fumet de poisson et laissez épaissir en remuant. Mélangez avec les fruits de mer préparés.

Lasagne au saumon et aux courgettes

Remplacez les fruits de mer et les rougets par 400 g de filet de saumon cuit à la vapeur et émietté, mélangé avec 400 g de courgettes taillées en rondelles cuites à la vapeur.

Lasagne aux courgettes et à la feta

Partez de la variante précédente, remplacez le saumon par 200 g de feta mixée avec 20 cl de crème liquide et 1 c. à s. d'herbes de Provence. Utilisez 700 g de courgettes.

LINGUINE AU PESTO

Préparation : 10 min • **Cuisson :** 10 min • **Pour 4 personnes**

1 beau bouquet de basilic • 2 gousses d'ail • 30 g de pignons 60 g de parmesan fraîchement râpé • 5 c. à s. d'huile d'olive fruitée + supplément pour l'eau des pâtes • 350 g de linguine • sel et poivre

- Lavez le basilic, essuyez-le et coupez les plus grandes feuilles en 3 ou 4.
- Épluchez l'ail et écrasez-le.
- Mettez le basilic, l'ail, les pignons, le parmesan râpé et l'huile d'olive dans le bol du mixeur et mixez. Salez et poivrez.
- Faites cuire les linguine *al dente* dans une grande quantité d'eau bouillante salée, additionnée de quelques gouttes d'huile.
- Égouttez les pâtes, mélangez-les au pesto et servez aussitôt.

Linguine au pesto rosso
Remplacez le bouquet de basilic par 200 g de tomate séchée.

Linguine au pesto de persil
Remplacez le basilic par 1 bouquet de persil plat.

Linguine au pesto de roquette
Remplacez le bouquet de basilic par 200 g de roquette. Ajoutez le jus d'1/2 citron et 1 c. à s. de vinaigre balsamique lors de la préparation du pesto.

Linguine au pesto de noix
Mixez 200 g de cerneaux de noix et 100 g de pignons de pin, en incorporant de l'huile de noix petit à petit, jusqu'à obtention d'une crème homogène. Servez avec les linguine.

Linguine au pesto de courgette
Remplacez le basilic par 350 g de dés de courgette cuits à la vapeur pendant 5 min. Laissez refroidir avant de les mixer avec les autres ingrédients.

Lumaconi à la saucisse et aux pommes
Remplacez la boudin par la même quantité de chair à saucisse. Vous pouvez aussi utiliser des chipolatas.

Lumaconi au roquefort et aux pommes
Remplacez le boudin par la même quantité de roquefort émietté. Vous pouvez aussi utiliser du bleu d'Auvergne.

Lumaconi au boudin et au chou
Remplacez la pomme par 100 g de chou blanc, que vous ferez cuire à feu doux pendant 30 min avec 20 cl de bouillon de légumes. Supprimez la cassonade.

Lumaconi au jambon et aux poireaux
Remplacez la pomme par 3 blancs de poireau émincés et le boudin par 4 ou 5 tranches de jambon blanc haché. Supprimez la cassonade et ajoutez 1 pincée de paprika doux sur les poireaux.

LUMACONI AU BOUDIN ET AUX POMMES

Préparation : 20 min • **Cuisson** : 15 min • **Pour 4 personnes**

1 pomme • 3 petits oignons blancs • 10 g de beurre
2 c. à c. de cassonade • 110 g de boudin noir • 300 g de haricots verts
350 g de lumaconi • sel

- Pelez la pomme et coupez-la en petits dés.
- Épluchez les oignons et hachez-les.
- Faites chauffer le beurre dans une poêle et mettez-y les dés de pomme. Saisissez-les d'abord à feu vif, puis laissez-les blondir à feu doux.
- Lorsqu'ils sont dorés, ajoutez les oignons et remuez pendant quelques instants sur le feu, puis saupoudrez légèrement de cassonade et faites caraméliser en veillant à ce que les dés de pomme ne fondent pas. Versez les pommes dans un bol et réservez-les.
- Saisissez le boudin dans la même poêle, puis fendez-le et retirez la peau. Mélangez le boudin aux dés de pomme et poivrez généreusement.
- Faites cuire les haricots verts *al dente* dans de l'eau bouillante salée, puis égouttez-les. Plongez-les aussitôt dans un récipient d'eau glacée.
- Parrallèlement, faites cuire les lumaconi dans de l'eau bouillante salée. Égouttez-les.
- Farcissez les pâtes de boudin aux pommes et servez-les sur un lit de haricots verts.

MACARONI CARBONARA

Préparation : 10 min • **Cuisson** : 10 min • **Pour 4 personnes**

500 g de macaroni • 1 oignon • 200 g de lardons fumés
1 c. à s. d'huile d'olive • 4 c. à s. de crème fraîche épaisse
4 jaunes d'œufs, dans leur coquille • sel et poivre

- Faites cuire les macaroni *al dente* dans une grande quantité d'eau bouillante salée en suivant les indications sur le paquet. Égouttez-les.
- Épluchez l'oignon et émincez-le finement.
- Faites-le revenir à la poêle avec les lardons, sans ajouter de matière grasse.
- Disposez les pâtes dans un plat.
- Ajoutez l'huile, le mélange de lardons et d'oignon et la crème fraîche. Poivrez et mélangez.
- Déposez délicatement les jaunes d'œufs dans leur coquille sur les pâtes. Poivrez les jaunes d'œufs.
- Servez aussitôt.

Macaroni carbonara au saumon fumé
Remplacez les lardons par 4 tranches de saumon fumé coupées en lanières. Ajoutez le jus d'1 citron à la sauce et parsemez le plat de ciboulette ciselée.

Macaroni carbonara gratinés
Versez les macaroni carbonara dans un plat à gratin et mélangez-les avec les jaunes d'œufs. Parsemez de 100 g de parmesan râpé. Faites gratiner sous le gril du four.

Macaroni carbonara à la viande des Grisons
Remplacez les lardons par 200 g de viande des Grisons taillée en lamelles, que vous ferez revenir à la poêle avec 1 c. à s. d'huile d'olive. Ajoutez 150 g de petits pois cuits à la vapeur.

Macaroni carbonara au chorizo et aux champignons
Remplacez les lardons par 1 chorizo taillé en lamelles, que vous ferez revenir à la poêle avec l'oignon. Ajoutez 250 g de champignons de Paris, revenus dans une sauteuse aux pâtes.

MINESTRONE

Préparation : 30 min • **Cuisson** : 1 h 10 • **Pour 4 personnes**

300 g de petits pois • 80 g de pois gourmands • 3 carottes • 3 petits navets
1 bulbe de fenouil bien rond • 4 tiges de ciboule ou 2 petits poireaux
1 oignon • 1 gousse d'ail • quelques brins de persil plat, de coriandre, de basilic • 4 tomates • 2 c. à s. d'huile d'olive • 2 feuilles de laurier
1/2 branche de romarin • 1 c. à c. de concentré de tomate
50 g de parmesan râpé • sel et poivre

- Écossez les petits pois. Rincez les pois gourmands et coupez-les en tronçons. Pelez les carottes et les navets. Coupez les carottes en rondelles et les navets en dés. Retirez la coque extérieure du fenouil et émincez-le. Lavez la ciboule, coupez-la en petites rondelles et réservez la partie la plus verte. Épluchez l'oignon et l'ail. Hachez-les. Lavez le persil, la coriandre et le basilic, puis essuyez-les. Ciselez le basilic. Mondez les tomates et hachez-les grossièrement en retirant les graines.

- Faites blondir l'oignon dans l'huile d'olive dans une sauteuse. Ajoutez l'ail et remuez pendant 1 min. Ajoutez les carottes, les navets et le fenouil et faites suer pendant 5 min. Ajoutez ensuite les petits pois et les pois gourmands.

- Versez 1 l d'eau et ajoutez la partie verte des ciboules réunies en fagot ainsi que les herbes. Portez à ébullition, puis salez.

- Retirez le romarin du bouillon et ajoutez-y les tomates hachées et le concentré de tomate. Laissez cuire à petit feu pendant 1 h. Retirez le laurier et le fagot de ciboule du bouillon. Poivrez et rectifiez l'assaisonnement en sel.

- Au moment de servir, ajoutez le basilic ciselé et accompagnez du parmesan fraîchement râpé.

Minestrone aux pâtes
Utilisez 1,5 à 2 l d'eau pour la cuisson des légumes. Ajoutez 150 g de pâtes à potage, 10 min avant la fin de la cuisson.

Minestrone au lard
Faites revenir 100 g de lard fumé taillé en lardons en même temps que l'oignon et intégrez-les à la soupe. Dans ce cas, salez très légèrement.

Minestrone glacé
Utilisez 1,5 à 2 l d'eau pour la cuisson des légumes. Une fois la soupe prête, laissez-la refroidir, d'abord à température ambiante, puis pendant 2 h au réfrigérateur.

Minestrone de fruits
Préparez un sirop avec 50 cl d'infusion à la réglisse, 50 g de sucre, 1 sachet de sucre vanillé et le jus d'1 citron. Laissez refroidir. Versez dans un saladier garni d'1 kg de fruits en morceaux (pêches, fraises, prunes, nectarines, abricots, etc.). Servez en dessert.

NOUILLES CHINOISES AUX CREVETTES

Préparation : 20 min • **Cuisson** : 15 min • **Pour 4 personnes**

200 g de blanc de poulet • 1 c. à s. de vinaigre noir chinois
3 c. à s. d'huile de tournesol • 1 c. à c. d'huile de sésame
3 c. à s. de sauce soja • 20 g de champignons noirs séchés
50 g de champignons de paille en conserve • 1 tête de brocoli
3 tiges de ciboule • 1 gousse d'ail • 16 crevettes crues
300 g de nouilles chinoises • 1 c. à s. de xérès
1 pincée de sucre roux • poivre

- Taillez le blanc de poulet en fines lamelles. Mélangez le vinaigre noir avec 1 c. à s. d'huile de tournesol, l'huile de sésame et 1 c. à s. de sauce soja. Poivrez. Laissez mariner le poulet dans ce mélange pendant 30 min.

- Faites tremper les champignons noirs dans de l'eau bouillante pendant 10 min, égouttez-les et coupez-les en lanières. Égouttez les champignons de paille. Séparez les bouquets de brocoli et faites-les cuire à la vapeur. Lavez la ciboule et coupez-la en biseau. Pelez l'ail et hachez-le. Décortiquez les crevettes.

- Faites cuire les nouilles dans de l'eau bouillante. Faites-les sauter dans un wok avec le reste d'huile. Réservez.

- Faites revenir les lamelles de poulet dans le wok. Ajoutez les crevettes. Saisissez pendant quelques minutes. Réservez.

- Replacez les nouilles dans le wok avec le reste de sauce soja, le xérès, le sucre, l'ail et la ciboule. Ajoutez le brocoli et faites sauter pendant 3 min. Ajoutez enfin le poulet, les crevettes, les champignons et la ciboule. Faites encore sauter pendant 1 min.

- Servez aussitôt.

Nouilles chinoises au vinaigre de xérès

À défaut de vinaigre noir chinois, vous pouvez utiliser du vinaigre de xérès. Utilisez par ailleurs des champignons de Paris rosés si vous ne trouvez pas de champignons de paille.

Nouilles chinoises aux carottes et pois gourmands

Remplacez la tête de brocoli et les champignons de paille par 200 g de carottes taillées en fins bâtonnets et 200 g de pois gourmands, que vous ferez cuire brièvement à la vapeur avant de les incorporer dans le wok.

Nouilles chinoises au poisson

Remplacez le poulet par la même quantité de filet de perche ou de cabillaud taillé en dés. Ajoutez 2 c. à s. de jus de citron à la marinade.

Nouilles chinoises au poivron

Ajoutez 1/2 poivron épépiné et taillé en lamelles dans le wok en même temps que le brocoli.

NOUILLES SAUTÉES AU BOEUF

Préparation : 20 min • **Cuisson** : 15 min • **Pour 4 personnes**

1 gousse d'ail • 350 g de rumsteak • 1 oignon • 1/2 poivron rouge
1/2 poivron orange • 1/2 poivron vert • 1 c. à s. de sauce soja
2 c. à c. de vin de riz • 1/2 c. à c. de sucre • 1 c. à c. de Maïzena
1,5 c. à c. d'huile de sésame • 300 g de nouilles chinoises aux œufs
3 c. à s. d'huile de tournesol • 100 g de germes de soja
4 brins de ciboulette • 1 c. à s. de graines de sésame

- Épluchez l'ail et hachez-le. Coupez le bœuf en lamelles. Épluchez l'oignon et émincez-le. Lavez les demi-poivrons, épépinez-les et coupez-les en lamelles.
- Mélangez la viande, la sauce soja, le vin de riz, le sucre, l'ail, la Maïzena et 1 c. à c. d'huile de sésame. Laissez mariner pendant 1 h au réfrigérateur.
- Faites cuire les nouilles comme indiqué sur le paquet. Rincez-les à l'eau froide, ajoutez le reste d'huile de sésame et réservez-les.
- Faites revenir l'oignon et les poivrons au wok, pendant 5 min, avec 1 c. à s. d'huile de tournesol. Rincez les germes de soja et ajoutez-les dans le wok au bout de 4 min. Réservez au chaud.
- Versez 1 c. à s. d'huile dans le wok. Faites-y revenir les nouilles, par portions. Versez-les dans un plat et réservez au chaud.
- Faites chauffer le reste d'huile dans le wok. Faites-y revenir le bœuf égoutté en plusieurs fois, pendant environ 1 min.
- Ajoutez les légumes et le bœuf dans le plat.
- Lavez la ciboulette, essuyez-la et coupez-la en tronçons. Décorez-en le plat. Parsemez des graines de sésame et servez aussitôt.

Nouilles sautées au bœuf et aux cacahuètes

Remplacez le demi poivron orange par 1 petite courgette taillée en lamelles et les graines de sésame par des cacahuètes grillées.

Nouilles sautées au bœuf à la citronnelle

Remplacez les poivrons par 150 g de courgettes et 150 g de carottes taillées en lamelles. Remplacez le vin de riz par 2 tiges de citronnelle taillées en tronçons.

Nouilles sautées au tofu

Remplacez le bœuf par du tofu nature taillé en cubes, que vous ferez mariner de la même manière que le bœuf.

Sauce thaïe

Faites revenir 1 oignon haché et 1 c. à s. de gingembre haché au wok avec 1 c. à s. d'huile. Ajoutez 30 cl de bouillon de volaille, 3 c. à s. de sauce d'huître, 1/2 c. à c. de sauce soja, 1 c. à c. de sucre et 1/2 c. à c. d'huile de sésame et portez à ébullition. Mélangez avec les nouilles sautées au bœuf.

Bouillon de poisson
à la cocotte
Si vous ne disposez pas d'un autocuiseur, vous pouvez réaliser ce bouillon dans une cocotte en fonte en le laissant cuire pendant 30 min.

Paella au poulet
et au chorizo
Remplacez la lotte par environ 600 g de filet de poulet taillé en gros cubes et 1 chorizo fort pelé et taillé en rondelles. Vous pouvez aussi utiliser des pilons de poulet.

Paella aux fruits de mer
Remplacez la lotte par 300 g de calamars nettoyés, 4 langoustines décortiquées, 1/2 litre de moules et 1/2 litre de coques. Ajoutez les 3 derniers ingrédients au dernier moment et servez dès que les coquillages sont ouverts.

Paella aux petits pois
et au poivron
Faites revenir 1 poivron rouge taillé en dés avec l'oignon et l'ail. Ajoutez 150 g de petits pois congelés avec les tomates.

PAELLA AU SAFRAN

Préparation : 15 min • **Cuisson** : 45 min • **Pour 4 personnes**

*4 gambas crues • 3 oignons • 3 gousses d'ail • 4 c. à s. d'huile d'olive
1 grosse carcasse de poisson • ¼ de c. à c. de piment d'Espelette
2 feuilles de laurier • 3 belles tomates • 4 cuisses de poulet
800 g de médaillons de lotte • 350 g de riz espagnol
1 pincée de safran • sel et poivre*

- Décortiquez les gambas. Conservez les carapaces et les têtes pour le bouillon. Coupez la chair en 3.

- Épluchez les oignons et l'ail et hachez-les. Faites-en revenir les 2/3 dans la marmite d'un autocuiseur avec 2 c. à s. d'huile d'olive. Ajoutez les parures de poisson ainsi que les carapaces et les têtes de gambas. Faites revenir puis ajoutez le piment d'Espelette et poivrez. Ajoutez le laurier et versez 1,2 l d'eau. Salez. Fermez l'autocuiseur et faites cuire pendant 10 min. Filtrez le bouillon et réservez-le dans une casserole.

- Lavez les tomates, épépinez-les et hachez-les.

- Faites chauffer le reste d'huile d'olive dans une poêle à paella et faite-y suer le reste d'oignon et d'ail. Ajoutez le poulet et faites-le colorer pendant quelques minutes, puis ajoutez les médaillons de lotte et les gambas. Retirez les gambas dès qu'elles sont cuites et réservez-les. Retirez ensuite les morceaux de lotte et remplacez-les par le riz. Mélangez. Ajoutez les tomates. Salez très légèrement. Mouillez avec 80 cl de bouillon. Remettez les médaillons de lotte dans la poêle et portez à ébullition. Laissez cuire à feu doux pendant 30 min environ, jusqu'à ce que tout le bouillon ait été absorbé. Ajoutez les gambas. Saupoudrez de safran et mélangez bien. Couvrez et laissez reposer hors du feu pendant 5 min.

- Servez sans attendre.

PAPPARDELLE AU ROQUEFORT ET À LA VIANDE DES GRISONS

Préparation : 10 min • **Cuisson :** 30 min • **Pour 4 personnes**

*Pour le bouillon : 1 poireau • 1 bulbe de fenouil • 2 carottes
les tiges d'1 bouquet de persil plat • 1 branche de romarin
2 feuilles de laurier • 1 cube de bouillon de volaille • gros sel
Pour les pâtes : 100 g de cerneaux de noix • 6 très fines tranches
de viande des Grisons • 130 g de crème fraîche épaisse
100 g de roquefort • 1 jaune d'œuf • 500 g de pappardelle
quelques brins de ciboulette • sel et poivre*

- Lavez le poireau et coupez-le en rondelles. Retirez la coque extérieure et le pied du fenouil et coupez le reste en dés. Pelez les carottes et coupez-les en dés. Lavez les herbes.

- Mettez le tout dans un autocuiseur avec le cube de bouillon. Versez 1 l d'eau et salez. Faites cuire pendant 10 min à partir de la mise sous pression. Filtrez le bouillon.

- Hachez les cerneaux de noix et faites-les griller à sec. Coupez la viande des Grisons en lanières.

- Versez 50 cl de bouillon dans une casserole et faites-le réduire de moitié sur le feu. Ajoutez la crème fraîche et le roquefort émietté. Remuez sur feu doux. Lorsque la sauce a réduit d'environ 1/3, battez légèrement le jaune d'œuf et incorporez-le à la sauce chaude. Laissez épaissir en remuant sans cesse. Retirez du feu, ajoutez les noix et poivrez généreusement.

- Faites cuire les pâtes dans de l'eau bouillante. Égouttez-les.

- Mélangez-les à la crème au roquefort et aux noix. Décorez avec les lanières de viande des Grisons et la ciboulette ciselée. Servez aussitôt.

Pappardelle de courgette
Taillez 800 g de courgettes bien lavées en « pappardelles », à l'aide d'une mandoline. Faites-les cuire pendant 2 min dans de l'eau bouillante salée puis plongez-les dans l'eau froide pour stopper la cuisson. Égouttez puis servez à la place des pâtes.

Pappardelle de carotte
Procédez de même que pour les pappardelles de courgette, mais faites cuire les carottes pendant 1 min seulement.

Pappardelle au chèvre
Remplacez le roquefort par 100 g de bûche de chèvre ou de saint-marcellin.

Pappardelle au roquefort et aux aubergines grillées
Remplacez les noix par 2 tranches d'aubergine grillée taillées en lamelles et revenues rapidement à la poêle avec 1 c. à s. d'huile d'olive.

PÂTES À LA MORUE ET À LA TOMATE

Préparation : 30 min • **Cuisson** : 45 min • **Pour 4 personnes**

450 g de morue séchée • 1 oignon • 2 gousses d'ail • 1 poivron rouge
1 branche de céleri • 2 belles tomates • 1 petit piment frais
1 c. à s. d'huile d'olive • 500 g de pâtes • 50 g de parmesan râpé
sel et poivre

- La veille, coupez la morue en morceaux et mettez-les à dessaler dans de l'eau froide. Changez plusieurs fois l'eau de trempage.

- Le jour même, égouttez les morceaux de morue. Faites-les cuire à petits bouillons dans une grande quantité d'eau bouillante pendant 20 min. Mettez-les ensuite sur une assiette et laissez-les refroidir. Retirez la peau et les arêtes et émiettez la chair.

- Épluchez l'oignon et l'ail. Émincez-les. Lavez les autres légumes. Coupez le poivron en petits dés en ôtant les graines. Émincez la branche de céleri et ciselez les feuilles. Concassez les tomates. Épépinez le piment et coupez-le en fines rondelles.

- Chauffez l'huile dans une casserole et faites-y revenir l'oignon avec la branche de céleri émincée. Au bout de 3 à 4 min, ajoutez les dés de poivron et le piment et remuez. Au bout de 5 min, ajoutez les tomates et l'ail. Salez très légèrement et laissez cuire à feu doux pendant 9 min à couvert. Incorporez ensuite la chair de morue et poivrez. Remuez pendant 1 min, puis retirez du feu. Ajoutez les feuilles de céleri ciselées.

- Faites cuire les pâtes dans de l'eau bouillante salée. Égouttez-les et mélangez-les aussitôt à la sauce.

- Servez chaud, avec le parmesan râpé.

Pâtes à la morue et aux câpres

Ajoutez 2 c. à s. de câpres à la sauce, en même temps que la chair de morue. Vous pouvez aussi simplement les ajouter sur les pâtes juste avant de servir.

Pâtes à la morue et aux trois poivrons

Supprimez le céleri. N'utilisez qu'1/2 poivron rouge et ajoutez 1/2 poivron vert et 1/2 poivron jaune taillés en dés à la préparation.

Pâtes au cabillaud et au céleri

Pour un goût plus doux, remplacez la morue séchée par son équivalent frais : le cabillaud. Il n'est alors pas nécessaire de faire tremper le poisson.

Pâtes à la morue et aux pois chiches

Remplacez le poivron par 100 g de pois chiches en boîte, que vous ferez préalablement cuire.

PENNE À LA TOMATE GRATINÉES

Préparation : 15 min • **Cuisson :** 25 min • **Pour 4 personnes**

Pour la sauce : 2 oignons • 3 gousses d'ail • 1 kg de tomates
4 c. à s. d'huile d'olive • 2 c. à s. de coulis de tomate
1 c. à c. de sucre en poudre • 1 bouquet garni • sel et poivre
Pour les pâtes : 500 g de penne • 100 g d'emmental râpé • sel

- Épluchez les oignons et émincez-les. Épluchez l'ail et hachez-le.
- Ébouillantez les tomates pendant 30 s, puis pelez-les et coupez-les en dés.
- Faites revenir les oignons dans une casserole, avec l'huile, jusqu'à coloration.
- Ajoutez les tomates, l'ail, le coulis de tomate, le sucre et le bouquet garni. Laissez mijoter pendant 15 min.
- Pendant ce temps, faites cuire les penne *al dente* dans une grande quantité d'eau bouillante salée.
- Préchauffez le gril du four.
- Une fois cuites, versez les pâtes dans un plat à gratin.
- Passez la sauce au chinois. Salez et poivrez.
- Versez la sauce sur les pâtes et mélangez bien. Parsemez de l'emmental râpé.
- Faites gratiner sous le gril du four de 8 à 10 min.
- Servez aussitôt.

Penne à la tomate et à la coppa

Faites revenir 8 tranches de coppa taillées en lamelles en même temps que les oignons.

Penne à la tomate et aux poivrons

Remplacez la moitié des tomates par 500 g de poivrons rouges pelés, épépinés et taillés en petits dés.

Sauce aux tomates caramélisées

Faites revenir 1 kg de tomates coupées en dés à la poêle avec 6 c. à s. d'huile d'olive. Salez, poivrez, baissez le feu et laissez cuire pendant 5 min. Saupoudrez de 4 c. à s. de sucre en poudre et faites caraméliser à feu vif pendant 5 min. Préparez les pâtes avec cette sauce.

Sauce aux tomates pimentées

Mélangez 1 kg de tomates coupées en dés avec 3 petits piments verts taillés en rondelles, 5 c. à s. d'huile d'olive, du sel et du poivre. Préparez les pâtes avec cette sauce.

Penne aux aubergines express

Faites cuire les rondelles d'aubergine pendant environ 10 min au four à micro-ondes et remplacez les tomates fraîches par des tomates en boîte.

Penne aux aubergines et à la crème

Remplacez 3 tomates par 25 cl de crème fraîche épaisse. Vous pouvez aussi utiliser du mascarpone.

Penne à la crème d'aubergine

Une fois les aubergines et le coulis de tomate cuits, laissez-les refroidir et mixez-les ensemble. Réchauffez juste avant de servir avec les pâtes.

Penne aux aubergines gratinées

Une fois les rondelles d'aubergine grillées, déposez sur chacune 1 morceau de jambon de pays, 1 rondelle de mozzarella et un peu de parmesan. Faites gratiner sous le gril du four avant de servir.

PENNE AUX AUBERGINES

Préparation: 15 min • **Cuisson**: 45 min • **Pour 4 personnes**

2 gousses d'ail • 1 aubergine moyenne • 2 pincées d'origan
3 c. à s. d'huile d'olive • 4 tomates • 1 c. à c. de concentré de tomate
1 pincée de piment doux • 1 feuille de laurier • 500 g de penne
sel et poivre

- Préchauffez le four à 210 °C.
- Épluchez l'ail.
- Lavez l'aubergine et détaillez-la en tranches assez fines. Déposez-les sur un plat recouvert de papier sulfurisé. Ajoutez les gousses d'ail entières. Salez, poivrez et parsemez d'origan. Arrosez d'1 filet d'huile d'olive.
- Faites cuire au four pendant 30 min, en retournant les rondelles d'aubergine et en rajoutant, de temps en temps, un peu d'huile pour qu'elles ne se dessèchent pas.
- Lavez les tomates, épépinez-les et hachez-les.
- Fendez les gousses d'ail et récupérez leur pulpe.
- Faites chauffer 2 c. à s. d'huile dans une casserole. Ajoutez les tomates, l'ail et le concentré de tomate. Salez et poivrez. Ajoutez le piment doux et le laurier. Laissez cuire doucement pendant 15 min environ.
- Faites cuire les pâtes dans une grande quantité d'eau bouillante salée. Égouttez-les.
- Servez les penne avec le coulis de tomate et les tranches d'aubergine grillées.

PETITES PÂTES ALL'AMATRICIANA

Préparation : 15 min • **Cuisson** : 15 min • **Pour 4 personnes**

100 g de pancetta • 1 petit piment rouge frais • 1 oignon
500 g de tomates • 1 c. à s. d'huile d'olive • 10 cl de bouillon de volaille
500 g de petites pâtes • 100 g de parmesan • sel

- Coupez la pancetta en morceaux.
- Coupez le piment en filaments.
- Épluchez l'oignon et émincez-le.
- Lavez les tomates, épépinez-les et hachez-les.
- Faites chauffer l'huile dans une poêle et faites-y revenir la pancetta, l'oignon et le piment. Lorsque l'oignon est fondant et coloré, ajoutez les tomates. Laissez mijoter pendant environ 10 min en remuant régulièrement. Mouillez avec le bouillon et poursuivez la cuisson pendant encore 5 min.
- Faites cuire les pâtes dans une grande quantité d'eau bouillante salée, puis égouttez-les.
- Mélangez-les à la sauce et servez aussitôt avec du parmesan fraîchement râpé.

Sauce all'arrabbiata
Supprimez la pancetta. Ajoutez 1 gousse d'ail hachée, 1 poivron rouge émincé et 1 c. à s. de vinaigre balsamique à la préparation. Laissez mijoter pendant environ 1 h avant de servir avec les pâtes.

Sauce à la pancetta et à la crème
Faites revenir 1/2 poivron rouge émincé en même temps que la pancetta et l'oignon. Remplacez le bouillon par 37,5 cl de crème liquide pour cuisson associée à 1 c. à s. de concentré de tomate. Supprimez le piment.

Sauce aux lardons
À défaut de pancetta, vous pouvez utiliser de la poitrine fumée taillée en lardons. Vous pouvez également utiliser du jambon de pays.

Sauce aux petits pois
Ajoutez 100 g de petits pois surgelés à la sauce, en même temps que les tomates.

Poêlée de légumes épicés

Remplacez le vinaigre balsamique par 1 tige de citronnelle émincée, un morceau de galanga frais pelé et émincé, 1 c. à s. de gingembre haché et 2 piments rouges hachés.

Poêlée de légumes au curry

Remplacez le piment d'Espelette et le vinaigre balsamique par 25 g de pâte de curry sèche. Ajoutez 2 c. à s. de jus de citron et 15 cl de lait de coco.

Poêlée de légumes aux calamars

Remplacez les côtes de porc par 200 g d'anneaux de calamar. Remplacez le vinaigre balsamique par 2 c. à s. de sauce soja et 1 c. à c. de cumin en poudre.

Poêlée de haricots verts et de brocolis

Remplacez les épinards par des haricots verts frais équeutés et cuits à l'eau, et les asperges par 1 tête de brocoli séparée en bouquets. Ajoutez les 2 légumes en même temps dans la poêle et prolongez la cuisson jusqu'à ce qu'ils soient croquants.

POÊLÉE PRINTANIÈRE AU PORC

Préparation : 15 min • **Cuisson** : 13 min • **Pour 4 personnes**

500 g d'épinards frais • 1 botte d'asperges vertes • 1/2 poivron rouge
200 g de côtes de porc désossées • 50 g de beurre
1 filet d'huile d'olive • 1 pincée de piment d'Espelette
vinaigre balsamique • sel et poivre

- Lavez soigneusement les épinards dans plusieurs eaux, égouttez-les et équeutez-les.
- Lavez les asperges, retirez la partie dure, et coupez-les en tronçons.
- Lavez le demi-poivron, épépinez-le et coupez-le en lamelles.
- Taillez les côtes de porc en lamelles.
- Faites fondre le beurre dans une poêle antiadhésive avec l'huile d'olive. Faites-y cuire le poivron et le porc pendant 5 min, à feu moyen, puis ajoutez les asperges et poursuivez la cuisson pendant 5 min. Versez les épinards, salez, poivrez, saupoudrez de piment d'Espelette et comptez 3 min supplémentaires en remuant régulièrement.
- Servez chaud ou tiède, arrosé de quelques gouttes de vinaigre balsamique.

POÊLÉE DE POMMES DE TERRE SAVOYARDE

Préparation : 13 min • **Cuisson :** 20 min • **Pour 4 personnes**

700 g de pommes de terre à chair ferme • 250 g de champignons de Paris
4 c. à s. d'huile • 200 g de lardons fumés • 5 c. à s. de crème fraîche
150 g de comté râpé • 2 jaunes d'œufs • sel et poivre

- Pelez les pommes de terre. Coupez-les en très fines lamelles.
- Ôtez le bout terreux du pied des champignons. Lavez-les, essuyez-les et coupez-les en lamelles.
- Faites chauffer 2 c. à s. d'huile dans une poêle à feu vif. Ajoutez les lamelles de pomme de terre et faites cuire pendant 15 min, en remuant régulièrement et en surveillant bien la cuisson. Versez les lardons au bout de 10 min de cuisson.
- Pendant ce temps, faites chauffer le reste d'huile dans une autre poêle. Ajoutez les champignons et remuez. Laissez cuire à couvert, à feu doux, pendant 12 min, en remuant souvent. Salez et poivrez.
- Mélangez la crème fraîche, le comté et les jaunes d'œufs dans un bol.
- Versez cette préparation sur les champignons et remuez pour bien les enrober. Laissez cuire pendant 5 min en remuant régulièrement.
- Versez les pommes de terre et les lardons dans la poêle 2 min avant la fin de la cuisson.
- Servez chaud.

Poêlée de pommes de terre aux courgettes

Remplacez les champignons de Paris par des courgettes taillées en fines rondelles. Ajoutez-les aux pommes de terre après 5 min de cuisson.

Poêlée de pommes de terre aux cèpes

Remplacez les champignons de Paris par des cèpes frais. Supprimez les jaunes d'œufs, le gruyère et la crème, et parsemez le plat de persil.

Poêlée de pommes de terre à l'andalouse

Supprimez les champignons, les lardons, les jaunes d'œufs, le comté et la crème. Faites cuire avec les pommes de terre, 1 piment rouge, 2 poivrons verts coupés en lamelles et 100 g de rondelles de chorizo.

Poêlée de coquillettes forestière

Remplacez les pommes de terre par 500 g de coquillettes cuites à l'eau salée. Faites cuire les lardons à sec puis ajoutez-y les coquillettes cuites et les autres ingrédients.

Polenta parfumée aux sardines

Remplacez le haddock par 400 g de sardines au naturel.

Polenta parfumée à la tomate et au jambon

Supprimez le haddock. Servez la polenta avec 1 kg de tomates coupées en 2, cuites à la poêle avec 3 c. à s. d'huile pendant 15 min. Parsemez de dés de jambon blanc.

Gratin de polenta au bœuf haché

Supprimez le haddock. Faites revenir 400 g de bœuf haché avec 2 oignons puis laissez mijoter avec 1 boîte de tomates concassées, du sel et du poivre. Versez la polenta cuite dans un plat à gratin, recouvrez de bœuf à la tomate et parsemez de parmesan râpé. Faites gratiner sous le gril du four.

Polenta au lait et à la fleur d'oranger

Pour le dessert, faites cuire 200 g de polenta avec 40 cl de lait, 2 c. à s. de sucre en poudre et 1 c. à s. d'eau de fleur d'oranger. Servez frais.

POLENTA PARFUMÉE AU HADDOCK

Préparation: 25 min • **Cuisson**: 20 min • **Pour 6 personnes**

600 g de filet de haddock • 80 cl de lait • 2 bouquets de persil
1/2 bouquet de ciboulette • 2 c. à s. d'huile d'olive • le jus d'1 citron
250 g de polenta prête à l'emploi • sel et poivre

- Retirez la peau du haddock et coupez-le en morceaux.
- Placez-les dans une grande casserole, recouvrez de lait et portez à ébullition. Ôtez la casserole du feu et laissez refroidir dans le lait.
- Pendant ce temps, lavez le persil et la ciboulette et essuyez-les. Effeuillez le persil. Ciselez la ciboulette.
- Mixez le persil avec l'huile d'olive et le jus de citron, salez et poivrez.
- Filtrez 50 cl de lait refroidi. Versez-le dans une casserole avec 20 cl d'eau et portez à ébullition. Versez-y la polenta en pluie et faites cuire pendant 5 min en remuant avec une cuillère en bois. Ajoutez la ciboulette ciselée.
- Réchauffez le haddock à feu doux dans le reste de lait.
- Moulez des cercles de polenta de 2 cm d'épaisseur dans les assiettes.
- Déposez le haddock égoutté et effeuillé sur la polenta.
- Entourez d'un peu de sauce au persil froide.
- Servez aussitôt.

POMMES DE TERRE AU FOUR GARNIES

Préparation : 15 min • **Cuisson :** 1 h 10 • **Pour 2 personnes**

4 grosses pommes de terre • 100 g de brocoli • 1/2 poivron vert
2 blancs de poireau • 1 tomate • 100 g de cheddar • sel et poivre

- Préchauffez le four à 180 °C.
- Brossez les pommes de terre sous l'eau froide et piquez-les à différents endroits avec une fourchette. Enveloppez-les dans du papier d'aluminium et déposez-les sur la grille du four. Faites-les cuire pendant 1 h environ, jusqu'à ce qu'elles soient tendres.
- Pendant ce temps, lavez les autres légumes. Séparez les bouquets de brocoli, épépinez le demi-poivron et taillez-le en lamelles. Coupez les blancs de poireau en fines rondelles. Ébouillantez la tomate pendant 30 s. Épépinez-la, et coupez-la en dés.
- Faites cuire les brocolis, le poivron et les poireaux à la vapeur, respectivement pendant 10 min, 15 min et 6 min. Réservez-les au chaud.
- Coupez le cheddar en copeaux.
- Une fois les pommes de terre cuites, retirez le papier d'aluminium. Décalottez les pommes de terre et prélevez-en la chair à l'aide d'une cuillère à café. Mélangez-la avec les autres légumes. Salez et poivrez.
- Préchauffez le gril du four.
- Garnissez les pommes de terre évidées de cette préparation. Parsemez-les de copeaux de cheddar et faites dorer sous le gril du four pendant 10 min. Servez chaud.

Pommes de terre aux tomates et au gorgonzola

Remplacez la garniture par 4 tomates taillées en dés mélangées avec 200 g de gorgonzola et la chair des pommes de terre cuite.

Pommes de terre façon tartiflette

Remplacez la garniture par la chair des pommes de terre cuite mélangée avec 200 g de lardons et 2 oignons émincés revenus à la poêle. Couvrez d'1 morceau de reblochon et faites dorer sous le gril du four.

Pommes au camembert

Décalottez 4 pommes golden et évidez-les. Garnissez-les de 100 g de jambon de pays émincé et recouvrez de tranches de camembert. Faites cuire au four préchauffé à 210 °C pendant 20 min, dans un plat avec 10 cl de vin blanc sec.

Pommes de terre et sauce aux herbes

En accompagnement, servez 1 pomme de terre non garnie par personne. Servez avec un mélange de 150 g de fromage blanc, 10 cl de crème fraîche et 2 c. à s. de ciboulette hachée.

POTAGE DE PETITS LÉGUMES AU RIZ

Préparation : 25 min • **Cuisson :** 42 min • **Pour 6 personnes**

2 petits poireaux • 3 branches de persil plat • 1 feuille de laurier
2 ailes de poulet • 400 g de petits pois frais • 80 g de pois gourmands
2 petits navets • 2 petites carottes • 2 petites courgettes
1 bulbe de fenouil • 1 branche de céleri • 1 petit chou romanesco
4 tomates olivettes • 1 gousse d'ail • 2 c. à s. d'huile d'olive
180 g de riz long complet • 2 gros champignons roses
1/2 citron • sel et poivre

- Lavez les feuilles vertes des poireaux et attachez-les en fagot. Rincez le persil. Versez dans la marmite d'un autocuiseur, ajoutez le laurier, les ailes de poulet et 2 l d'eau. Faites cuire pendant 10 min.

- Lavez tous les légumes. Écossez les petits pois. Équeutez les pois gourmands et coupez-les en morceaux. Pelez les navets, les carottes, les courgettes et le fenouil et coupez-les en dés. Coupez la tige de céleri en dés et ciselez les feuilles. Coupez les blancs de poireau en rondelles. Détachez les bouquets du chou romanesco. Coupez les tomates en morceaux. Épluchez l'ail et hachez-le.

- Faites chauffer l'huile dans une cocotte et faites-y revenir les tiges de céleri et le blanc de poireau pendant 3 min. Ajoutez l'ail et le riz et laissez cuire de 3 à 4 min en remuant. Versez le bouillon filtré dans la cocotte, portez à ébullition et laissez cuire pendant 10 min. Ajoutez les autres légumes coupés et couvrez.

- Lavez les champignons. Débarrassez-les de leur pied sableux et coupez-les en petits morceaux. Citronnez-les. Au bout de 30 min de cuisson du potage, ajoutez-les et laissez cuire pendant 2 min.

- Servez le potage bien chaud.

Potage végétarien

Supprimez les ingrédients du bouillon de poulet et remplacez-les par 2 cubes de bouillon de légumes, que vous diluerez dans 2 l d'eau.

Potage aux boulettes de viande

Mélangez 250 g de veau haché avec 1 œuf, quelques brins de persil ciselés, 1 pincée de noix muscade, du sel et du poivre. Formez des boulettes et faites-les cuire à la poêle avec du beurre. Incorporez-les au potage en toute fin de cuisson. Supprimez le riz.

Potage parfumé aux herbes

Ajoutez quelques brins de coriandre et de persil plat dans le potage en même temps que les champignons.

Velouté de petits légumes au riz

Faites cuire le riz à part. Une fois le potage prêt, mixez-le. Mélangez le riz au velouté et servez.

PULAO VERT

Préparation : 20 min • **Cuisson** : 30 min • **Pour 4 personnes**

280 g de riz basmati • 2 pommes de terre moyennes • 150 g de chou-fleur
2 oignons • 400 g de petits pois frais • 3 c. à s. de ghee
2 bâtons de cannelle • 4 clous de girofle • 2 gousses de cardamome
10 grains de poivre noir • 1/2 bouquet de coriandre
2 petits piments verts frais • 1 morceau de gingembre de 20 g
1 feuille de laurier • sel

- Lavez le riz jusqu'à ce que l'eau soit claire et égouttez-le.

- Épluchez les pommes de terre et coupez-les en fines lamelles. Lavez le chou-fleur et coupez-le en petits morceaux. Épluchez les oignons et émincez-les. Écossez les petits pois.

- Faites fondre 1 c. à s. de ghee dans une sauteuse. Ajoutez les épices et le poivre, et laissez chauffer pendant 1 min. Ajoutez les oignons et mélangez.

- Lavez les feuilles de coriandre et hachez-les. Fendez les piments et hachez-les après avoir retiré la tige et les graines. Pelez le gingembre et râpez-le. Réduisez ces ingrédients en pâte dans un mortier.

- Réservez le contenu de la sauteuse. Mettez à la place le reste de ghee et faites-y revenir les légumes pendant quelques minutes. Incorporez la pâte de coriandre pimentée. Ajoutez les petits pois, le laurier, les oignons et les épices et faites revenir pendant encore quelques minutes. Versez le riz et 50 cl d'eau. Salez et mélangez. Portez à ébullition, puis baissez le feu et couvrez. Poursuivez la cuisson jusqu'à ce que le riz ait absorbé le liquide.

- Servez aussitôt.

Pulao sans ghee
Si vous ne trouvez pas de ghee (du beurre clarifié indien conditionné en boîte), vous pouvez utiliser de l'huile de tournesol.

Pulao aux fruits secs
Supprimez les légumes verts. Faites revenir en même temps que les épices 120 g de cerneaux de noix, 50 g de raisins secs et 100 g d'abricots secs.

Riz au poulet
Faites dorer 600 g de filet de poulet taillé en cubes à la poêle avec 1 c. à s. d'huile de tournesol et ajoutez-les dans la sauteuse en fin de cuisson du riz.

Riz au lait à l'indienne
Faites cuire 100 g de riz dans 50 cl de lait avec 75 g de sucre, 1 bâton de cannelle et 5 capsules de cardamome verte pendant 10 min, puis ajoutez 10 cl de crème fleurette et poursuivez la cuisson pendant 10 min. Retirez les épices. Réservez au frais. Servez en dessert.

Ravioli aux poivrons grillés
Remplacez les poivrons frais par des tranches de poivron grillé surgelées et décongelées.

Ravioli, sauce aux épinards
Faites revenir 300 g d'épinards hachés avec 30 g de beurre. Ajoutez 100 g de fromage de chèvre sec émietté et 40 cl de lait bouillant. Salez et poivrez. Laissez mijoter pendant 15 min. Servez avec les ravioli.

Ravioli à la grecque
Faites revenir 1 aubergine taillée en cubes à la poêle avec 2 c. à s. d'huile. Versez-les dans un plat à four avec les raviolis cuits et 20 cl de coulis de tomate. Parsemez de feta émiettée et faites dorer sous le gril du four.

Ravioli en rouge et vert
Faites revenir 100 g de tomates séchées avec 4 tranches de jambon de Parme effilochées pendant 5 min, puis ajoutez 200 g de crème fraîche. Servez avec les ravioli.

RAVIOLI AU POIVRON ET À LA SAUGE

Préparation : 10 min • **Cuisson** : 12 min • **Pour 4 personnes**

2 poivrons rouges • 2 c. à s. d'huile d'olive
600 g de ravioli à la ricotta et aux épinards frais • 1/2 bouquet de sauge
1 noix de beurre • 60 g de parmesan râpé • sel

- Lavez les poivrons, épépinez-les et coupez-les en fines lamelles, que vous retaillerez en 2 dans la longueur.
- Faites chauffer l'huile dans une poêle et faites-y revenir les poivrons, de 10 à 12 min, à feu moyen, en remuant souvent.
- Pendant ce temps, faites cuire les ravioli en suivant les indications sur le paquet.
- Lavez la sauge, essuyez-la et effeuillez-la.
- Égouttez les ravioli et versez-les dans un plat de service. Déposez la noix de beurre dessus et mélangez. Ajoutez les poivrons et les feuilles de sauge. Parsemez du parmesan râpé.
- Servez aussitôt.

Ravioli aux herbes express

Faites fondre 100 g de fromage frais à l'ail et aux fines herbes avec 200 g de crème fraîche épaisse, du sel et du poivre. Nappez les ravioli cuits de cette sauce.

Ravioles de Romans aux herbes

Remplacez les ravioli par des ravioles de Romans.

Ravioli au gorgonzola et aux noix

Chauffez 100 g de gorgonzola avec 20 cl de crème liquide dans une casserole. Ajoutez 15 cerneaux de noix grossièrement concassés. Servez les ravioli cuits nappés de cette sauce.

Ravioli et sauce à la coriandre

Mélangez 4 tomates taillées en dés avec 1 botte d'oignons blancs émincés, le jus de 2 citrons verts, 1 piment vert haché, 1 bouquet de coriandre ciselée, du sel et du poivre. Faites mijoter pendant 15 min à feu doux. Servez avec les ravioli cuits.

RAVIOLI AUX HERBES

Préparation : 15 min • **Cuisson :** 5 min • **Pour 4 personnes**

600 g de ravioli au chèvre et au basilic • 10 brins de ciboulette
10 brins de persil • 5 brins de romarin • 30 g de cerneaux de noix
20 cl de crème fraîche semi-épaisse • le jus d'1/2 citron
1 noix de beurre • sel et poivre

- Faites cuire les ravioli en suivant les indications sur le paquet.
- Lavez les herbes. Ciselez la ciboulette ; effeuillez le persil et le romarin.
- Hachez les noix.
- Faites chauffer la crème fraîche dans une casserole, sans laisser bouillir. Retirez du feu et ajoutez le jus de citron.
- Égouttez les ravioli et versez-les dans un plat de service. Déposez le beurre dessus et mélangez. Ajoutez la crème fraîche, puis parsemez des herbes et des noix hachées. Poivrez.
- Servez aussitôt.

Orzotto alle vongole
Remplacez le riz par la même quantité d'orge perlé.

Risotto aux gambas grillées
Supprimez les coques. Disposez 20 gambas non décortiquées coupées en 2 dans l'épaisseur sur une plaque à four, chair vers le haut. Ajoutez 1 filet d'huile d'olive et faites dorer sous le gril pendant 2 min. Servez le risotto avec les gambas.

Risotto aux coques et aux artichauts
Coupez 4 fonds d'artichaut frais en cubes et faites-les revenir avec l'ail, l'oignon et les échalotes, puis poursuivez la recette.

Risotto aux rougets
Supprimez les coques. Levez les filets de 8 rougets barbets et faites-les cuire à l'unilatérale, peau dessous, avec un peu d'huile d'olive. Servez le risotto avec les rougets.

RISOTTO ALLE VONGOLE

Préparation : 15 min • **Cuisson** : 30 min • **Pour 4 personnes**

1,5 kg de coques • 2 gousses d'ail • 1 oignon • 2 échalotes
30 g de beurre • 1 c. à s. d'huile d'olive • 350 g de riz à risotto
15 cl de vin blanc sec • 1 c. à s. de vinaigre balsamique
25 g de parmesan râpé • 10 brins de ciboulette • sel et poivre

- Lavez les coques. Placez-les dans une grande casserole avec 25 cl d'eau. Couvrez et laissez frémir pendant 10 min pour que les coquillages s'ouvrent. Filtrez l'eau de cuisson, ajoutez-y 50 cl d'eau et maintenez au chaud. Placez les coques dans un récipient couvert.

- Épluchez l'ail, l'oignon et les échalotes. Hachez le premier et émincez les autres. Faites-les revenir dans une casserole avec 20 g de beurre et l'huile d'olive.

- Versez le riz dans la casserole et remuez. Lorsque les grains de riz sont bien imprégnés, versez le vin blanc. Salez, poivrez et laissez cuire doucement en remuant jusqu'à évaporation du liquide. Ajoutez du jus de cuisson des coques puis de l'eau, au fur et à mesure que la préparation s'assèche en remuant souvent. En cours de cuisson, incorporez le vinaigre balsamique. Faites cuire pendant environ 20 min, jusqu'à ce que les grains de riz soient moelleux. Ajoutez le reste du beurre en parcelles et le parmesan râpé. Remuez.

- Servez le risotto aussitôt avec les coques. Parsemez de ciboulette ciselée.

Risotto aux asperges et au chorizo
Faites revenir 100 g de chorizo pelé et taillé en rondelles à la poêle, sans matière grasse. Ajoutez-les au risotto avec le parmesan.

Risotto aux asperges et aux crevettes
Décortiquez 16 crevettes cuites et faites-les revenir à la poêle avec les pointes d'asperge, avant de les ajouter au risotto.

Risotto aux légumes
N'utilisez que 10 asperges vertes. Faites-les blanchir pendant 2 min avec 3 carottes, 1 courgette et 1 poivron rouge taillés en brunoise. Ajoutez le tout dans le risotto en même temps que le parmesan.

Risotto aux champignons
Remplacez les asperges par 400 g de champignons de Paris frais rincés et émincés. Il est inutile de les faire sauter à la poêle après cuisson avec le riz.

RISOTTO AUX ASPERGES

Préparation : 15 min • **Cuisson :** 30 min • **Pour 4 personnes**

1 oignon • 2 échalotes • 1 gousse d'ail • 500 g d'asperges vertes
60 g de beurre • 350 g de riz pour risotto • 15 cl de vin blanc
1 feuille de laurier • 1 petite branche de romarin
1 l de bouillon de volaille • 1 pincée de noix muscade râpée
1 c. à s. de crème fraîche épaisse • 80 g de parmesan fraîchement râpé
1 c. à s. d'huile d'olive • quelques feuilles de basilic • sel et poivre

- Épluchez l'oignon, les échalotes et l'ail. Émincez-les. Lavez les asperges et coupez les pointes à 7 cm. Coupez les queues en tronçons.

- Faites fondre 20 g de beurre dans une sauteuse et mettez-y l'oignon, les échalotes et les queues d'asperges. Laissez revenir jusqu'à coloration. Versez le riz et remuez jusqu'à ce que les grains deviennent translucides. Incorporez le vin blanc. Ajoutez l'ail, le laurier et le romarin, et salez légèrement. Dès que la préparation commence à s'assécher, versez une louche de bouillon chaud et remuez. Mouillez ainsi régulièrement le risotto en veillant à ne pas le laisser attacher. Cessez lorsque le riz est bien moelleux. Poivrez généreusement, salez si nécessaire et ajoutez la noix muscade.

- Éteignez le feu, retirez le laurier ainsi que les queues d'asperge. Incorporez la crème fraîche et le reste du beurre coupé en petits dés. Remuez vigoureusement. Ajoutez le parmesan râpé, mélangez bien et laissez à couvert pendant quelques minutes.

- Faites revenir les pointes d'asperge dans l'huile. Elles doivent rester croquantes. Salez et poivrez.

- Lavez le basilic, essuyez-le et ciselez-le.

- Servez le risotto avec les asperges. Parsemez de basilic.

Riz au four au chorizo

Remplacez la moitié de la morue par 1 chorizo fort taillé en rondelles.

Riz au four végétarien

Remplacez la morue par 1 poivron rouge, 1 poivron vert et 1 poivron jaune taillés en lamelles. Ajoutez également 200 g de petits pois frais.

Riz au four au canard

Mettez dans un plat à four 300 g de riz avec la carcasse et les restes de chair d'un canard cuit et couvrez de 60 cl de bouillon de légumes. Faites cuire au four, à couvert, jusqu'à absorption totale du liquide.

Riz au four au lapin

Reprenez la recette ci-dessus en remplaçant le canard par du lapin. Vous pouvez faire cuire le riz dans une casserole, à couvert, pour plus de moelleux.

RIZ AU FOUR À LA PORTUGAISE

Préparation : 25 min • **Cuisson :** 1 h • **Pour 4 personnes**

500 g de morue séchée • 1 petit bouquet garni • 4 belles tomates
2 gousses d'ail • 1 gros oignon • quelques feuilles de persil plat
5 c. à s. d'huile d'olive + supplément pour le plat
1/2 c. à c. d'origan • 1 pincée de piment doux
300 g de riz • sel et poivre

- La veille, coupez la morue en morceaux et mettez-les à dessaler dans de l'eau froide. Renouvelez plusieurs fois l'eau de trempage. Le jour même, égouttez-les et faites-les cuire pendant 15 min dans de l'eau bouillante salée, avec le bouquet garni. Égouttez les morceaux de morue. Retirez la peau et les arêtes.

- Pelez les tomates et taillez-les en rondelles. Épluchez l'ail et l'oignon. Hachez-les. Lavez le persil, essuyez-le et hachez-le.

- Faites revenir l'oignon et la moitié de l'ail dans une casserole avec 3 c. à s. d'huile. Ajoutez la moitié de la morue, l'origan, le piment, du sel et du poivre. Ajoutez le riz et mouillez avec un peu d'eau chaude. Laissez cuire, en mouillant, le riz devant avoir tout absorbé à la fin. Réservez le contenu de la casserole.

- À la place, faites cuire les tomates avec le reste d'huile, le reste de morue et d'ail ainsi que le persil pendant 10 min.

- Préchauffez le four à 180 °C.

- Mettez dans un plat à four huilé 1 couche de riz, puis 1 couche de préparation à la tomate et alternez les couches en terminant par du riz. Recouvrez le plat de papier d'aluminium. Faites cuire au four pendant 30 min.

- Servez aussitôt.

RIZ AU VIN ROUGE ET AUX FRUITS DE MER

Préparation : 20 min • **Cuisson** : 30 min • **Pour 4 personnes**

550 g de crevettes crues • 1 gros encornet • 450 g de tomates
1 gousse d'ail • 2 oignons • 2 c. à s. d'huile d'olive • 25 cl de vin rouge
280 g de riz rond • 20 cl de bouillon de bœuf • 1 pincée de piment doux
1 feuille de laurier • sel et poivre

- Rincez et égouttez les crevettes. Nettoyez l'encornet, videz-le et coupez le corps en rondelles. Coupez le bouquet de tentacules au ras des yeux et grattez les petites ventouses.

- Ébouillantez les tomates pendant 30 s puis pelez-les. Épépinez-les et hachez-les.

- Épluchez l'ail et les oignons et hachez-les.

- Faites revenir l'oignon avec l'huile dans une cocotte puis ajoutez les tomates et l'ail. Remuez et laissez cuire pendant quelques minutes. Ajoutez les anneaux d'encornet puis, au bout de 2 min, le vin rouge. Incorporez le riz et portez à frémissement. Versez le bouillon et ajoutez du sel, du poivre, le piment doux et la feuille de laurier. À la reprise de l'ébullition, ajoutez les crevettes. Mélangez bien et poursuivez la cuisson à feu très doux et en remuant régulièrement, sans couvrir, jusqu'à ce que tout le liquide soit absorbé.

- Couvrez et laissez reposer hors du feu pendant quelques instants avant de servir.

Riz au vin rouge et au canard

Remplacez les crevettes et l'encornet par des restes de viande de canard cuit au four ou à la cocotte. Ajoutez-les à la reprise de l'ébullition, après incorporation du bouillon dans la cocotte.

Riz au vin rouge et aux lardons

Supprimez les crevettes et l'encornet. Faites revenir 200 g de lardons à la poêle, sans matière grasse, et ajoutez-les au riz quand celui-ci est cuit.

Risotto au vin rouge

Faites cuire les anneaux d'encornet et les crevettes à part. Faites cuire le riz en incorporant le vin mélangé au bouillon, louche par louche. Parsemez de 50 g de parmesan une fois le riz cuit et mélangez.

Riz au vin blanc et au safran

Remplacez le vin rouge par du vin blanc sec et ajoutez 1 pincée de safran à la préparation.

Riz cantonnais aux « restes »
Ajoutez des restes de blanc de poulet ou de rôti de porc cuits coupés en morceaux. Faites-les revenir en même temps que les morceaux d'omelette et de jambon.

Riz cantonnais aux champignons
Ajoutez 100 g de champignons noirs trempés dans de l'eau chaude pendant 15 min à la préparation, en même temps que l'oignon et le gingembre.

Riz cantonnais au lard fumé
Remplacez le jambon par 200 g de lard fumé taillé en lardons. Pour une version moins calorique, utilisez du bacon taillé en morceaux.

Quinoa façon riz cantonnais
Remplacez le riz par la même quantité de quinoa, que vous ferez cuire en suivant les indications sur le paquet. Vous pouvez également utiliser de la semoule fine pour couscous.

RIZ CANTONNAIS

Préparation : 15 min • **Cuisson** : 40 min • **Pour 4 personnes**

250 g de riz blanc à grains longs • 1 bulbe de gingembre frais • 1 oignon
4 œufs • 8 tranches de jambon • 1 c. à s. de sauce soja
100 g de petites crevettes roses • 100 g de petits pois
1 filet d'huile d'arachide • sel et poivre

- Faites cuire le riz en suivant les indications sur le paquet.
- Pelez le gingembre et hachez-le finement.
- Épluchez l'oignon et émincez-le.
- Cassez les œufs dans un saladier et battez-les. Faites-les cuire en omelette dans une poêle antiadhésive et laissez refroidir.
- Tranchez l'omelette en petits morceaux. Coupez les tranches de jambon de la même manière.
- Mélangez la sauce soja et les crevettes dans un bol.
- Faites blanchir les petits pois pendant 2 min.
- Égouttez le riz.
- Faites chauffer l'huile d'arachide à feu moyen dans un wok et jetez-y le gingembre et l'oignon. Faites étuver sans laisser colorer pendant 5 min. Ajoutez les morceaux d'omelette et de jambon ainsi que les petits pois et poursuivez la cuisson pendant 5 min. Ajoutez le riz et les crevettes assaisonnées. Salez, poivrez et faites cuire pendant encore 10 min.
- Servez aussitôt.

Riz complet aux œufs de caille

Faites cuire 12 œufs de caille dans de l'eau bouillante salée pendant 4 min, puis passez-les sous l'eau froide. Écalez-les et ajoutez-les au riz à la place du tofu.

Riz complet au fromage

Remplacez le tofu par 150 g de fromage à pâte dure taillé en copeaux. Vous pouvez utiliser du comté, du cantal, du beaufort ou encore du gouda.

Riz complet coloré

Ajoutez 2 c. à s. de curry doux en poudre ou 1 sachet de colorant jaune pour paella dans l'eau de cuisson du riz.

Riz complet au saucisson à l'ail

Pour une version non végétarienne, remplacez le tofu par 1 saucisson à l'ail pelé et coupé en rondelles, que vous ferez revenir rapidement à la poêle sans matière grasse.

RIZ COMPLET VÉGÉTARIEN AU TOFU

Préparation : 20 min • **Cuisson** : 1 h 10 • **Pour 4 personnes**

1 chou-rave • 1 navet • 1 carotte • 60 g de petits pois écossés
1/2 bulbe de fenouil • 130 g de chou blanc • 140 g de potiron • 1 oignon
1 gousse d'ail • 2 c. à s. d'huile • 180 g de riz basmati complet
20 cl de bouillon de légumes + 1 louche • 2 c. à s. de sauce soja
280 g de tofu • sel et poivre

- Épluchez tous les légumes et coupez-les en morceaux.
- Épluchez l'oignon et l'ail et hachez-les. Faites-les revenir dans une sauteuse avec l'huile.
- Rincez le riz, égouttez-le et mettez-le dans la sauteuse. Remuez de 2 à 3 min puis versez 20 cl de bouillon chaud. Mélangez et couvrez.
- Au bout de 20 min, quand le riz a absorbé tout le liquide, versez la sauce soja et mélangez.
- Ajoutez tous les légumes, sauf le potiron. Remuez et laissez mijoter à couvert pendant 15 min, puis ajoutez le potiron. Surveillez la préparation et versez une louche de bouillon lorsqu'elle commence à s'assécher. Salez et poivrez.
- Coupez le tofu en petits cubes et ajoutez-les au riz 45 min après les légumes. Remuez délicatement et stoppez la cuisson.
- Servez sans attendre.

Sauté de légumes à la viande

Remplacez le tofu par la même quantité de dés de poulet, de viande de porc ou de boeuf.

Sauté de légumes et sauce aigre-douce

Supprimez le xérès, la cassonade et le gingembre. Ajoutez 250 g de dés d'ananas au sirop aux légumes. Ajoutez le sirop, 2 c. à s. de bouillon de légumes et 2 c. à s. de ketchup dans le wok avec le tofu cuit.

Sauté de chou chinois au tofu

Remplacez les pois gourmands et les carottes par 1 branche de céleri coupée en rondelles, 1 long piment rouge épépiné et haché, et 500 g de chou chinois émincé.

Sauté de légumes au tofu pané au sésame

Passez les cubes de tofu dans de la farine, puis dans 1 œuf battu et enfin dans 5 c. à s. de graines de sésame grillées et poursuivez la recette.

SAUTÉ DE LÉGUMES AU TOFU

Préparation : 15 min • **Cuisson** : 20 min • **Pour 4 personnes**

600 g de tofu nature • 1 gousse d'ail • 4 oignons de printemps
300 g de pois gourmands • 300 g de carottes • 300 g de poivrons rouges
2 c. à s. d'huile de sésame • 4 c. à s. de sauce soja
4 c. à s. de sauce d'huître • 1 c. à s. de xérès • 1 c. à s. de cassonade brune
1 pincée de gingembre en poudre

- Égouttez le tofu et taillez-le en cubes.
- Épluchez l'ail et les oignons, puis émincez-les (tiges des oignons comprises).
- Rincez les pois gourmands. Pelez les carottes puis coupez-les en lamelles, de biais. Lavez les poivrons, épépinez-les et coupez-les en lamelles, de biais également.
- Faites chauffer 1 c. à s. d'huile dans un wok et faites-y revenir le tofu jusqu'à ce qu'il soit doré. Retirez-le de la poêle et réservez-le au chaud.
- Ajoutez le reste d'huile dans le wok et faites-y revenir l'ail et les oignons pendant 2 min.
- Versez les autres légumes dans le wok et faites-les revenir pendant 10 min environ. Ils doivent rester croquants.
- Remettez le tofu dans le wok, ajoutez la sauce soja, la sauce d'huître, le xérès, la cassonade et le gingembre. (Il n'est pas nécessaire de saler.) Mélangez et laissez cuire pendant 3 min.
- Servez bien chaud.

SEMOULE AU SURIMI ET AUX LÉGUMES

Préparation : 5 min • **Cuisson :** 12 min • **Pour 4 personnes**

150 g de petits pois surgelés • 50 cl de bouillon de volaille
400 g de semoule • 40 g de beurre • 150 g de grains de maïs en boîte
6 bâtonnets de surimi • 10 brins de persil • 2 c. à s. d'huile d'olive
sel et poivre

- Faites cuire les petits pois en suivant les indications sur le sachet.
- Dans une casserole, faites bouillir le bouillon.
- Mettez la semoule dans un saladier et versez le bouillon dessus. Ajoutez le beurre.
- Remuez lentement la semoule à l'aide d'une fourchette jusqu'à ce que le liquide soit complètement absorbé.
- Mettez la semoule dans un plat de service.
- Rincez le maïs et égouttez-le.
- Coupez le surimi en rondelles.
- Lavez le persil, essuyez-le puis hachez-le.
- Mettez le maïs, le surimi, le persil et les petits pois égouttés dans une poêle et faites-les revenir pendant 2 min avec l'huile d'olive. Salez et poivrez.
- Versez le contenu de la poêle dans le plat.
- Servez sans attendre.

Semoule au crabe
Remplacez les bâtons de surimi par 200 g de chair de crabe surgelée décongelée et revenue rapidement à la poêle.

Semoule aux anchois
Remplacez le surimi par 8 ou 12 filets d'anchois. Remplacez les grains de maïs par 3 c. à s. de câpres au vinaigre. Ajoutez quelques olives vertes dénoyautées coupées en 2.

Semoule aux crevettes et aux moules
Supprimez les petits pois, les grains de maïs et le surimi. Faites ouvrir 2 l de moules à feu vif avec 1 oignon émincé et 10 cl de vin blanc sec. Décoquillez-les et mélangez-les avec la semoule cuite, 250 g de crevettes roses décortiquées et 4 tomates concassées.

Germes de blé au surimi
Remplacez la semoule par 250 g de germes de blé.

Soupe à l'oignon au porto

Avant de répartir la soupe dans les petites soupières, ajoutez-lui, hors du feu, une liaison faite de 3 jaunes d'œufs et de 10 cl de porto.

Soupe à l'oignon auvergnate

Remplacez le beurre par la même quantité de saindoux. Utilisez de l'eau-de-vie de prune à la place du vin blanc et préférez du saint-nectaire au gruyère râpé.

Soupe à l'oignon à la provençale

Faites fondre les oignons avec 1 branche de céleri taillée en rondelles puis ajoutez 400 g de tomates épépinées et taillées en cubes avec le vin blanc. Parsemez de cerfeuil haché.

Soupe à l'oignon et à la courge musquée

N'utilisez que 500 g d'oignons. Ajoutez 300 g de courge musquée taillée en cubes une fois que les oignons sont dorés. Remplacez le vin blanc par 20 cl de bière brune. En fin de cuisson, ajoutez 1 pincée de noix muscade râpée.

SOUPE À L'OIGNON GRATINÉE

Préparation : 20 min • **Cuisson** : 1 h • **Pour 4 personnes**

800 g d'oignons • 40 g de beurre • 4 c. à s. d'huile • 20 cl de vin blanc sec
25 g de farine • 1 bouquet garni • 8 tranches de pain
80 g de gruyère râpé • sel et poivre

- Pelez les oignons et émincez-les finement.
- Faites chauffer le beurre et l'huile dans une grande casserole. Ajoutez les oignons et faites-les fondre à feu doux, jusqu'à ce qu'ils soient légèrement dorés. Ajoutez le vin blanc et couvrez. Poursuivez la cuisson pendant 30 min en remuant de temps en temps.
- Saupoudrez de farine et mélangez, puis versez 1 l d'eau et ajoutez le bouquet garni. Poursuivez la cuisson doucement de 15 à 20 min. Poivrez assez généreusement, mais ne salez pas trop.
- Préchauffez le gril du four.
- Répartissez le contenu de la casserole dans des bols à gratinée. Posez 2 tranches de pain côte à côte à la surface du bouillon, puis parsemez largement de fromage râpé.
- Faites gratiner sous le gril du four jusqu'à ce que le fromage soit bien fondu et qu'il commence à dorer.
- Servez très chaud.

SOUPE DE LENTILLES CORAIL AUX POMMES DE TERRE

Préparation : 15 min • **Cuisson** : 10 min • **Pour 4 personnes**

4 pommes de terre moyennes • 1 beau poireau • 1 belle carotte
300 g de lentilles corail • 1 cube de bouillon de volaille
¼ de c. à c. de cumin en poudre • sel et poivre

- Épluchez les pommes de terre et coupez-les en petits dés.
- Retirez les premières couches du poireau et coupez-le en rondelles en conservant la partie la plus tendre du vert.
- Épluchez la carotte et coupez-la en petits morceaux.
- Placez tous les légumes dans un autocuiseur avec les lentilles et le cube de bouillon. Recouvrez largement d'eau. Salez, poivrez et ajoutez le cumin. Faites cuire pendant 10 min à partir du sifflement de la soupape.
- Laissez tiédir avant de mixer la soupe. Rallongez avec un peu d'eau si nécessaire et rectifiez l'assaisonnement.
- Servez aussitôt.

Soupe de lentilles corail au lait de coco

Supprimez les légumes frais. Utilisez 500 g de lentilles corail. Une fois qu'elles sont cuites, ajoutez 1 c. à c. de cumin en poudre, le jus d'1 citron et 20 cl de lait de coco, puis mixez.

Soupe de lentilles corail à la patate douce

Remplacez les légumes frais par 1/2 patate douce pelée et coupée en dés. Vous pouvez, à défaut, utiliser du potiron.

Soupe de lentilles corail aux graines de courge

Une fois la soupe prête, parsemez-la d'une poignée de graines de courge. On trouve ces dernières dans les boutiques bio.

Soupe de lentilles vertes

Faites cuire 500 g de lentilles vertes du Puy pendant 45 min avec 1 oignon émincé et 1 bouquet garni. Retirez ce dernier et mixez la soupe avec 4 c. à s. de crème fraîche.

Soupe de maïs aux ravioli
Remplacez les ailes de poulet par 1 cube de bouillon de volaille. Servez la soupe accompagnée de ravioli chinois aux crevettes, cuits à la vapeur.

Soupe de maïs au pop-corn
Faites chauffer une casserole et jetez-y 2 c. à s. de maïs à pop-corn. Couvrez et laissez-les éclater à feu modéré, en secouant. Remplacez le poulet effiloché par le pop-corn.

Soupe de pois chiches
Remplacez les grains de maïs par 400 g de pois chiches en boîte rincés et égouttés.

Soupe de maïs sucrée
Faites cuire 300 g de grains de maïs en boîte avec 200 g de sucre en poudre, en couvrant d'eau à hauteur, pendant 30 min à feu doux. Mélangez 30 cl de lait de coco et 12 c. à s. de sucre de canne. Servez avec la soupe tiède, en dessert.

SOUPE DE MAÏS AU POULET

Préparation : 20 min • **Cuisson** : 50 min • **Pour 4 personnes**

3 ailes de poulet • 1 cube de bouillon de légumes • 1 gousse d'ail
2 échalotes • 1 piment rouge frais • 2 tomates • 2 brins de citronnelle
1 pouce de gingembre frais • 15 g de beurre • 1 c. à s. d'huile végétale
1/4 de c. à c. de curry • 450 g de grains de maïs surgelés
1 c. à s. de Maïzena • 5 brins de coriandre • sel et poivre

- Faites cuire les ailes de poulet dans 1 l d'eau avec le cube de bouillon puis effilochez la chair du poulet. Réservez le bouillon.

- Épluchez l'ail et les échalotes et hachez-les. Fendez le piment, retirez les graines et la tige et hachez-le finement. Lavez les tomates et coupez-les en petits morceaux. Lavez la citronnelle, essuyez-la et ciselez-la. Râpez le gingembre.

- Faites fondre le beurre avec l'huile dans une casserole et faites-y suer les échalotes. Ajoutez l'ail, la citronnelle, le gingembre, le piment et le curry. Mélangez puis ajoutez le maïs et remuez. Mouillez avec un peu de bouillon. Faites revenir pendant 5 min, puis délayez la Maïzena dans une louche de bouillon et incorporez-la à la préparation. Versez le bouillon chaud et ajoutez les tomates. Portez à ébullition et baissez le feu.

- Au bout de 20 min, prélevez 4 c. à s. de grains de maïs et réservez-les. Poursuivez la cuisson à petits bouillons pendant encore 20 min. Salez très légèrement et poivrez.

- Passez la soupe au blender pour obtenir un velouté.

- Lavez la coriandre, essuyez-la et ciselez-la.

- Servez avec le poulet effiloché et les grains de maïs réservés. Parsemez de coriandre ciselée.

Spaghetti aux anchois et à la crème
Faites revenir 4 gousses d'ail hachées avec les anchois taillés en dés et leur jus. Ajoutez le jus d'1 citron puis 250 g de crème fraîche épaisse. Servez avec les spaghettis.

Spaghetti à l'anchoïade
Pour une recette express, remplacez la sauce aux anchois par le contenu d'un pot d'anchoïade à la provençale.

Ail frit
Hachez 2 gousses d'ail très finement et faites-les frire très rapidement dans 2 c. à s. d'huile d'olive. Égouttez sur du papier absorbant. Parsemez-en les pâtes et la sauce avant de servir.

Pizza alla marinara
Supprimez les pâtes. Versez la sauce marinara sur une pâte à pizza étalée. Parsemez d'emmental râpé et faites cuire au four préchauffé à 240 °C, de 15 à 20 min.

SPAGHETTI ALLA MARINARA

Préparation : 10 min • **Cuisson :** 20 min • **Pour 4 personnes**

20 g de raisins secs • 1 branche de basilic • 5 filets d'anchois à l'huile 100 g de tomates cerises • 2 c. à s. d'huile d'olive • 20 g de câpres 20 cl de coulis de tomate • 2 pincées d'origan séché ou 1 branche d'origan frais • 500 g de spaghetti • sel et poivre

- Faites tremper les raisins secs dans un bol d'eau tiède.
- Lavez le basilic, essuyez-le, effeuillez-le et ciselez-le.
- Coupez les filets d'anchois en morceaux.
- Mettez les tomates cerises, les anchois et le basilic dans une casserole avec l'huile d'olive. Faites revenir pendant 10 min environ, à feu doux, en concassant les tomates au fur et à mesure.
- Égouttez les raisins secs et mettez-les dans la casserole avec les câpres. Ajoutez le coulis de tomate et l'origan. Laissez mijoter pendant 10 min.
- Pendant ce temps, faites cuire les spaghetti *al dente* dans une grande quantité d'eau bouillante salée.
- Égouttez les pâtes et servez-les aussitôt avec la sauce.

SPAGHETTI COMPLETS AU BROCOLI

Préparation : 20 min • **Cuisson** : 20 min • **Pour 4 personnes**

1 tête de brocoli • 20 g de beurre en parcelles
500 g de spaghetti complets • sel et poivre

- Détachez les bouquets de brocoli. Dans chacun, coupez 1 ou 2 jolies lamelles et réservez-les. Coupez le pied et le reste des bouquets en morceaux.
- Faites-les cuire pendant 10 min à l'eau bouillante salée. Égouttez le brocoli en conservant l'eau de cuisson.
- Mixez les brocolis avec 2 louches d'eau de cuisson. Incorporez le beurre et poivrez généreusement.
- Faites cuire les lamelles de brocoli pendant 3 min à la vapeur et réservez-les au chaud.
- Faites cuire les spaghetti complets dans une grande quantité d'eau bouillante salée mélangée au reste de l'eau de cuisson des brocolis.
- Servez les pâtes avec le coulis de brocoli. Disposez par-dessus les lamelles de brocoli.

Spaghetti complets de fête

Pour une version plus festive et esthétique, ajoutez 100 g d'olives violettes artisanales, 50 g de câpres et 50 g de pignons de pin grillés à sec sur les pâtes juste avant de servir.

Spaghetti complets au chou romanesco

Remplacez le brocoli par 1 tête de chou romanesco. Parsemez le plat de provolone râpé avant de servir.

Spaghetti complets au brocoli et aux figues

Coupez 10 figues séchées en lamelles et ajoutez-les dans le plat juste avant de servir.

Spaghetti complets à la scarole

Faites blanchir pendant 2 min les feuilles de 2 scaroles puis mixez-les avec 1 filet d'huile d'olive. Faites revenir à la poêle, avec un peu d'huile, 1 gousse d'ail hachée et 1 pincée de piment doux. Remplacez le coulis et les brocolis par cette sauce.

Tagliatelle aux palourdes
Remplacez les moules par la même quantité de palourdes. À défaut, utilisez des coques.

Tagliatelle aux moules et aux courgettes
Remplacez le poivron par 1 courgette taillée en dés. Ajoutez-les en même temps que les tomates confites, de façon qu'elles restent croquantes.

Tagliatelle aux moules et au gorgonzola
Remplacez les tomates par 100 g de gorgonzola.

Pesto de ciboulette
Mixez 1 petit bouquet de ciboulette avec 1 c. à s. d'huile d'olive. Ajoutez ce pesto sur les pâtes, à la place du basilic.

TAGLIATELLE AUX MOULES

Préparation : 15 min • **Cuisson** : 30 min • **Pour 4 personnes**

1 l de moules • 1 gousse d'ail • 1 oignon • 1 poivron jaune, orange ou rouge • 2 belles tomates • 80 g de tomates confites 2 c. à s. d'huile d'olive • 1 pincée de piment d'Espelette • 1 feuille de laurier quelques feuilles de basilic • 400 g de tagliatelle • sel et poivre

- Nettoyez soigneusement les moules.
- Épluchez l'ail et l'oignon et émincez-les.
- Lavez le poivron, épépinez-le et coupez-le en petits morceaux.
- Lavez les tomates puis hachez-les grossièrement.
- Coupez les tomates confites en 3 ou en 4.
- Faites chauffer l'huile dans un wok. Faites-y revenir l'oignon à feu moyen pendant 3 min, puis ajoutez l'ail et remuez pendant 30 s.
- Ajoutez le poivron, mélangez et faites suer de 3 à 4 min, puis versez les tomates. Salez légèrement, poivrez et saupoudrez de piment. Ajoutez la feuille de laurier. Mélangez et laissez cuire à feu doux pendant 10 min.
- Ajoutez les tomates confites, puis les moules. Remuez pendant 1 min, puis couvrez et laissez cuire pendant encore 5 min.
- Lavez le basilic, essuyez-le et ciselez-le.
- Faites cuire les tagliatelle *al dente* dans une grande quantité d'eau bouillante salée.
- Égouttez-les, mélangez-les à la sauce et servez parsemé de basilic.

TIAN À LA PROVENÇALE

Préparation : 15 min • **Cuisson :** 50 min • **Pour 2 personnes**

1 grosse courgette • 1 aubergine • 3 tomates • 3 pommes de terre
4 échalotes • 5 c. à s. d'huile d'olive • 3 brins de romarin • sel et poivre

- Préchauffez le four à 210 °C.
- Lavez la courgette, l'aubergine et les tomates, puis coupez-les en rondelles.
- Pelez les pommes de terre et coupez-les en rondelles.
- Épluchez les échalotes et émincez-les.
- Faites-les revenir à la poêle pendant 5 min avec 2 c. à s. d'huile.
- Répartissez-les au fond d'un plat à four. Disposez par-dessus, en rangées verticales, les rondelles de courgette, d'aubergine, de pomme de terre et de tomate, en les alternant. Salez et poivrez. Arrosez du reste d'huile d'olive.
- Lavez le romarin, essuyez-le et effeuillez-le. Parsemez-en le plat.
- Faites cuire au four pendant 45 min.
- Servez chaud dans le plat de cuisson.

Tian express
Pour une version ultra rapide, faites cuire le tian au four à micro-ondes pendant 10 min à puissance maximale.

Tian au fromage
Remplacez les pommes de terre par 250 g de fromage coupé en tranches. Vous pouvez utiliser de la mozzarella, du fromage de chèvre sec, du brie, ou encore du roquefort.

Tian aux artichauts
Remplacez l'aubergine et la courgette par 8 fonds d'artichaut taillés en tranches. Intercalez des filets d'anchois entre les différentes couches de légumes.

Tian au jambon
Intercalez entre les différentes couches de légumes des morceaux de jambon de pays ou de jambon blanc. Vous pouvez aussi utiliser du speck ou de la pancetta. Pour ces variantes, ne salez pas trop les légumes.

TIMBALES DE RIZ AUX FOIES DE LAPIN

Préparation : 10 min • **Cuisson** : 25 min • **Pour 4 personnes**

4 foies de lapin • 1 gousse d'ail • 1 oignon • 2 branches d'estragon
4 c. à s. d'huile d'olive • 1 pincée de piment d'Espelette
1 c. à s. de vinaigre balsamique • 2 c. à s. de sauce soja
300 g de riz long • 1 cœur de chou nouveau • sel et poivre

- Coupez les foies de lapin en petits dés en les dénervant. Épluchez l'ail et l'oignon et hachez-les. Hachez les feuilles d'estragon.

- Faites revenir tous ces ingrédients dans une grande sauteuse avec 2 c. à s. d'huile d'olive, du poivre et le piment d'Espelette. Ajoutez ensuite le vinaigre et la sauce soja, et mélangez.

- Lorsque le foie est cuit, retirez les morceaux à l'aide d'une petite fourchette.

- Ajoutez le reste d'huile dans la sauteuse et faites-la chauffer. Versez le riz et mélangez. Salez. Recouvrez d'eau et laissez cuire à feu doux à couvert.

- Pendant ce temps, hachez 100 g de cœur de chou, intégrez-le au riz, remuez et mouillez d'eau si nécessaire. Laissez cuire pendant environ 15 min en remuant.

- Dressez le riz dans chaque assiette à l'aide d'un cercle en métal de 10 cm. Déposez une première épaisseur de riz en tassant un peu, garnissez avec les dés de foie, puis recouvrez d'une seconde couche de riz. Retirez délicatement le cercle.

- Servez aussitôt.

Timbales aux foies de volaille
Il est parfois difficile de se procurer du foie de lapin. Vous pouvez le remplacer par des foies de volaille.

Timbales au chou blanc
À défaut de chou nouveau, vous pouvez utiliser un cœur de chou blanc.

Timbales de riz parfumé
Lorsque le riz est cuit, mélangez-le avec 3 ciboules taillées en bâtonnets, les feuilles de 2 branches d'estragon frais haché et 40 g de pignons de pin.

Timbales de coquillettes
Remplacez le riz par 500 g de coquillettes, que vous ferez cuire simplement à l'eau.

TORTELLINI AU CRABE

Préparation : 10 min • **Cuisson :** 8 min • **Pour 4 personnes**

250 g de chair de crabe surgelée • farine • 2 c. à s. d'huile d'olive
600 g de tortellini au fromage • 4 tomates • 1 noix de beurre
1 c. à s. de cognac • 1 c. à s. de poivre vert • 20 cl de crème fraîche
50 g de copeaux de parmesan • sel

- Faites décongeler la chair de crabe.
- Passez la chair de crabe dans la farine puis faites-la cuire dans une poêle avec l'huile d'olive pendant 5 min.
- Pendant ce temps, faites cuire les tortellini dans de l'eau bouillante salée, en suivant les indications sur le paquet.
- Ébouillantez les tomates pendant 30 s puis pelez-les, épépinez-les et coupez-les en morceaux.
- Dans une autre poêle, faites chauffer le beurre. Ajoutez-y les tomates et faites-les revenir pendant 3 min. Ajoutez ensuite le cognac, le poivre vert et la crème fraîche. Salez et mélangez bien.
- Versez les tortellini dans un plat. Ajoutez la sauce, puis le crabe. Parsemez de copeaux de parmesan.
- Servez aussitôt.

Tortellini au crabe et aux asperges

Faites blanchir 200 g d'asperges vertes dans de l'eau bouillante salée pendant 10 min puis taillez-les en tronçons. Ajoutez-les dans la poêle avec les tomates.

Tortellini aux langoustines et aux artichauts

Remplacez la chair de crabe et la farine par 300 g de langoustines décortiquées. Faites revenir 300 g de fonds d'artichaut coupés en cubes avec les tomates.

Tortellini aux girolles

Remplacez la chair de crabe par 250 g de girolles, que vous ferez suer à la poêle jusqu'à ce qu'elles aient rendu toute leur eau.

Tortellini aux poireaux et au speck

Remplacez la chair de crabe par 250 g de blancs de poireau taillés en rondelles, cuits à la vapeur. Faites-les revenir à la poêle avec les tomates. Effilochez 150 g de speck et faites-le griller rapidement à la poêle. Parsemez-en le plat.

Velouté de potiron au fromage de chèvre

Une vois le velouté mixé, ajoutez-y 1/2 bûche de chèvre taillée en dés. Mélangez bien, jusqu'à ce que le fromage fonde.

Velouté de carotte

Remplacez le potiron par 1 kg de carottes pelées coupées en rondelles, et les lentilles corail par 2 pommes de terre pelées coupées en morceaux.

Velouté de potimarron

Pour varier les goûts, remplacez le potiron par la même quantité de chair de potimarron. Vous pouvez aussi utiliser de la courge musquée et ajouter quelques châtaignes cuites au velouté.

Velouté de potiron à la coriandre

Remplacez les épices par 1/2 bouquet de coriandre finement hachée. Vous pouvez également ajouter quelques feuilles de persil.

VELOUTÉ DE POTIRON AUX LARDONS ET À LA CRÈME

Préparation : 15 min • **Cuisson** : 20 min • **Pour 4 à 6 personnes**

1 gros poireau • 10 g de beurre • 1 c. à s. d'huile d'olive • 1 gousse d'ail
1 kg de potiron • 130 g de lentilles corail • 1 cube de bouillon de volaille
1 feuille de laurier • 60 g de crème épaisse • 1 pincée de noix muscade
1 pointe de curry • 1 pointe de gingembre • 1 pincée de piment d'Espelette
100 g de poitrine fumée • sel et poivre

- Lavez le blanc de poireau, coupez-le en rondelles et faites-les revenir dans un autocuiseur avec le beurre et l'huile d'olive.
- Épluchez l'ail et hachez-le.
- Détaillez la chair du potiron en cubes moyens.
- Au bout de 10 min, ajoutez l'ail, le potiron, les lentilles corail, le cube de bouillon et la feuille de laurier dans l'autocuiseur avec 75 cl d'eau, du sel et du poivre. Fermez l'autocuiseur et faites cuire pendant 10 min.
- Retirez la feuille de laurier et passez la soupe au blender. Rectifiez l'assaisonnement si nécessaire.
- Mélangez la crème fraîche avec les épices. Salez et poivrez. Réservez au frais.
- Coupez la poitrine fumée en fins lardons. Au moment de servir la soupe, faites-les revenir à sec dans une poêle jusqu'à ce qu'ils soient bien croustillants.
- Servez le velouté bien chaud, accompagné des lardons et de la crème épicée.

WOK DE LÉGUMES D'HIVER AUX OLIVES

Préparation : 20 min • **Cuisson :** 15 min • **Pour 4 personnes**

2 gousses d'ail • 1 tête de brocoli • 300 g de minicarottes
300 g de petits navets • 300 g de pommes de terre (rattes de préférence)
3 c. à s. d'huile de tournesol • 6 feuilles de thym
100 g d'olives violettes dénoyautées • sel et poivre

- Épluchez l'ail et hachez-le finement.
- Lavez la tête de brocoli et séparez les bouquets.
- Pelez les carottes et les navets, en laissant intacte les extrémités. Lavez-les.
- Pelez les pommes de terre.
- Faites chauffer l'huile dans un wok puis versez-y tous les légumes. Faites cuire pendant 15 min environ, en remuant souvent. Au bout de 10 min, ajoutez le thym et les olives. Salez et poivrez.
- Servez chaud.

Légumes d'hiver aux amandes
Remplacez la moitié des olives par 50 g d'amandes effilées grillées à sec à la poêle.

Légumes d'hiver à la mode thaïe
Ajoutez 4 oignons de printemps émincés et 100 g de germes de soja à la préparation. Remplacez les olives et le thym par 2 c. à s. de sauce soja et 1 c. à s. de sauce d'huître.

Légumes d'été aux olives
Aux beaux jours, remplacez le brocoli, les minicarottes et les navets par du poivron vert, des courgettes et de l'aubergine, taillés en morceaux. Parsemez d'herbes de Provence.

Choux mélangés aux olives
Remplacez les minicarottes, les navets et les pommes de terre par des quantités équivalentes de bouquets de chou-fleur, de bouquets de chou romanesco et de choux de Bruxelles.

POISSONS ET FRUITS DE MER

Aïoli aux fruits de mer

Ajoutez des crevettes roses décortiquées, des bulots et des calamars revenus à la poêle à la préparation.

Aïoli à la morue

Remplacez le cabillaud par 1 kg de morue séchée, que vous aurez fait dessaler pendant 24 h en changeant souvent l'eau. Pelez-la puis faites-la pocher pendant 10 min.

Anchoïade

Mélangez 1 gousse d'ail écrasée avec 1 c. à s. de vinaigre de vin et du poivre. Incorporez 4 c. à s. d'huile d'olive, puis 18 anchois mixés. Servez à l'apéritif, avec des crudités.

Soupe à l'ail

Faites cuire 8 gousses d'ail écrasées, 1 feuille de laurier et 3 c. à s. d'huile d'olive, du sel et du poivre dans 1,5 l d'eau pendant 15 min. Retirez le laurier et l'ail. Battez 2 jaunes d'œufs dans une soupière et versez le bouillon par-dessus. Ajoutez 6 tranches de pain de campagne. Servez très chaud, en entrée.

AÏOLI

Préparation : 10 min • **Cuisson** : 20 min • **Pour 6 personnes**

4 carottes • 100 g de fèves • 100 g de haricots verts
150 g de pointes d'asperges vertes • 300 g de courgettes
100 g de fonds d'artichaut • 100 g de pois chiches en boîte
3 œufs • 1 kg de filets de cabillaud • 1 sachet de court-bouillon
Pour l'aïoli : 2 gousses d'ail • 2 jaunes d'œufs • 10 c. à c. de moutarde
1/2 l d'huile d'olive • le jus d'1/2 citron • sel et poivre

- Pelez les carottes. Équeutez les haricots verts et lavez-les. Lavez les pointes d'asperges et les courgettes.

- Faites cuire les légumes à la vapeur (de préférence dans un cuit-vapeur à plusieurs étages), par ordre de temps de cuisson : haricots verts (20 min), carottes (20 min), fèves (20 min), asperges (10 min), courgettes (8 min) et fonds d'artichaut (8 min).

- Pendant ce temps, faites cuire les pois chiches dans une casserole, en suivant les indications sur la boîte.

- Faites aussi bouillir les œufs pendant 10 min, puis écalez-les et coupez-les en morceaux.

- Coupez le poisson en dés et faites-les pocher dans le court-bouillon pendant 8 min. Égouttez-les.

- Pour l'aïoli, épluchez l'ail et mettez-le dans un mortier avec 1 pincée de sel. Pilez jusqu'à obtention d'une pâte. Ajoutez les jaunes d'œufs et la moutarde. Mélangez d'un mouvement régulier. Incorporez l'huile goutte à goutte : le mélange doit épaissir. Poivrez. Ajoutez le jus de citron. Continuez à incorporer l'huile en filet en remuant.

- Servez les légumes et le poisson avec l'aïoli.

BAR EN ÉCAILLES DE COURGETTE

Préparation : 15 min • **Cuisson** : 30 min • **Pour 4 personnes**

1 beau bar gratté et vidé • 1 gousse d'ail • 1 c. à s. de moutarde
2 c. à c. de jus de citron • 4 c. à s. d'huile d'olive
1 pincée de piment d'Espelette • 4 tomates
3 courgettes rondes • sel et poivre

- Salez et poivrez l'intérieur du bar.
- Pelez et dégermez la gousse d'ail. Coupez-la en bâtonnets et piquez-en le poisson.
- Préchauffez le four à 210 °C.
- Dans un plat à four, mélangez la moutarde avec le jus de citron et 2 c. à s. d'huile d'olive. Salez, poivrez et ajoutez le piment.
- Lavez les tomates, concassez-les et mettez-les dans le plat. Posez le bar au milieu.
- Lavez les courgettes, détaillez-les en fines rondelles et coupez le reste en julienne.
- Déposez les rondelles sur toute la longueur du poisson en les superposant. Mélangez la julienne de courgette aux tomates. Arrosez d'1 filet d'huile d'olive.
- Faites cuire au four pendant environ 30 min.
- Servez aussitôt le poisson et sa garniture.

Bar en écailles aux amandes
Au bout de 25 min de cuisson, parsemez le bar et sa garniture de 50 g d'amandes effilées grillées à sec dans une poêle.

Bar en écailles de fenouil
Retirez la coque extérieure d'un fenouil et coupez le reste en rondelles. Remplacez les écailles de courgette par les rondelles de fenouil.

Daurade en écailles de courgette
Remplacez le bar par 1 daurade royale.

Bar en écailles de courgette au curcuma
Ajoutez 1 c. à c. de curcuma à la julienne de courgette aux tomates. Vous pouvez aussi ajouter 1 petit piment rouge épépiné et taillé en rondelles.

Blanquette de la mer au champagne
Remplacez le vin blanc par la même quantité de champagne.

Blanquette de la mer au persil
Supprimez l'aneth, le curcuma et le paprika. Parsemez la blanquette d'1/4 de bouquet de persil ciselé, juste avant de servir.

Blanquette de la mer légère
Remplacez les pommes de terre par 4 blancs de poireau. Faites ouvrir les moules avec le vin blanc, sans matière grasse. Utilisez de la crème liquide allégée.

Roulés de saumon à la ricotta
Mélangez 250 g de ricotta avec 1 c. à s. d'aneth ciselé, 1 c. à c. d'huile d'olive et le jus d'1 citron. Répartissez sur des lamelles de saumon fumé puis roulez. Servez en entrée d'un repas tout poisson.

BLANQUETTE DE LA MER

Préparation : 25 min • **Cuisson :** 50 min • **Pour 4 personnes**

2 blancs de poireau • 1 gousse d'ail • 1 échalote • 2 carottes 3 petits navets • 2 pommes de terre moyennes • 15 g de beurre 2 c. à s. d'huile d'olive • 25 cl de vin blanc • 25 cl de fumet de poisson 1 l de moules • 1/2 bouquet d'aneth • 8 champignons de Paris le jus d'1/2 citron • 15 cl de crème liquide • 1/2 c. à c. de curcuma 1/2 c. à c. de paprika • 300 g de saumon en gros dés • 300 g de lieu jaune en gros dés • 200 g de noix de pétoncle • sel et poivre

- Lavez les blancs de poireau et coupez-les en rondelles. Épluchez l'ail et l'échalote et hachez-les. Pelez les carottes, les navets et les pommes de terre et détaillez-les en morceaux.

- Faites chauffer le beurre et 1 c. à s. d'huile d'olive dans une cocotte. Ajoutez les poireaux et l'échalote. Faites-les suer puis mouillez avec le vin blanc. À l'ébullition, baissez le feu. Versez les autres légumes dans la cocotte. Salez et poivrez. Versez le fumet de poisson et portez à ébullition, puis baissez le feu, couvrez et laissez mijoter pendant 40 min.

- Faites chauffer le reste d'huile dans une poêle. Versez-y les moules et laissez-les ouvrir à couvert. Ensuite, décoquillez-les et réservez-les dans un récipient couvert.

- Lavez l'aneth, épongez-le et hachez-le. Rincez les champignons, coupez-les en 4 et citronnez-les.

- Au bout de 40 min de cuisson des légumes, ajoutez-y l'aneth, la crème, le curcuma et le paprika. Portez à ébullition et ajoutez les champignons, puis les morceaux de poisson et, 5 min plus tard, les noix de pétoncle. Laissez cuire pendant 3 min et ajoutez les moules.

- Servez aussitôt.

Bouillabaisse aux crustacés
Remplacez la moitié des poissons par des crustacés : gambas, langoustines, homards coupés en 2 ou pinces de crabe. Ajoutez-les en même temps que les crevettes.

Bouillabaisse aux coques
Remplacez les moules par 1 l de coques, que vous préparerez et ferez cuire de la même manière. Vous pouvez également utiliser des praires.

Bouillabaisse au pastis
Vous pouvez ajouter 10 cl de pastis à la préparation en même temps que les crevettes, pour donner un léger goût anisé.

Sauce au piment
Écrasez 1 tranche de pain de mie avec 10 cl de jus de cuisson de la bouillabaisse, 4 gousses d'ail et 1 piment rouge. Salez et poivrez. Ajoutez 1 jaune d'œuf et 10 cl d'huile en fouettant sans cesse. Servez avec la bouillabaisse.

BOUILLABAISSE

Préparation: 40 min • **Cuisson**: 30 min • **Pour 6 personnes**

*1 l de moules • 15 cl de vin blanc sec • 1 kg de tomates • 3 gousses d'ail
2 oignons • 800 g de pommes de terre • 500 g de lotte • 500 g de rascasse
500 g de merlan • 500 g de saint-pierre • 500 g de grosses crevettes
5 brins de persil • 2 c. à soupe d'huile d'olive • 1 pincée de safran
1 bouquet garni • le zeste d'1 orange • sel et poivre*

- Nettoyez les moules. Versez-les dans une cocotte avec le vin blanc et faites-les ouvrir à feu vif. Filtrez le jus.
- Ébouillantez les tomates pendant 30 s, puis pelez-les, épépinez-les et concassez-les. Épluchez l'ail et les oignons et hachez-les. Pelez les pommes de terre.
- Coupez la lotte et la rascasse en tronçons ; taillez le merlan et le saint-pierre en morceaux.
- Décortiquez les crevettes. Lavez le persil, épongez-le et effeuillez-le.
- Dans un faitout, faites fondre l'ail et l'oignon dans l'huile.
- Ajoutez les pommes de terre, les tomates, le safran, le bouquet garni et le zeste d'orange. Versez 1 l d'eau et le jus filtré. Salez et portez à ébullition. Laissez bouillir pendant 5 min.
- Plongez la lotte et la rascasse dans le bouillon et laissez frémir pendant 8 min. Ajoutez ensuite les autres poissons et les crevettes. Laissez cuire pendant 5 min.
- Hors du feu, ajoutez les moules et parsemez de persil.
- Servez bien chaud.

BRANDADE DE MORUE AU PERSIL

Préparation : 30 min • **Cuisson :** 30 min • **Pour 6 personnes**

1,5 kg de morue séchée • 3 gousses d'ail • 4 pommes de terre • 25 cl de lait 25 cl d'huile d'olive • 1 bouquet de persil • sel et poivre

- La veille, mettez la morue à dessaler dans de l'eau, en renouvelant celle-ci plusieurs fois.

- Le jour même, épluchez l'ail. Écrasez 2 gousses et conservez-en 1 entière. Pelez les pommes de terre et coupez-les en morceaux. Faites-les cuire dans de l'eau bouillante salée de 15 à 20 min.

- Pendant ce temps, coupez la morue en cubes. Mettez-les dans une casserole, couvrez d'eau à hauteur, ajoutez la gousse d'ail entière. Faites cuire à petits frémissements pendant 8 min, jusqu'à ce qu'une écume blanche se forme ; enlevez celle-ci avec une écumoire. Égouttez la morue. Effeuillez-la en retirant la peau et les arêtes. Écrasez-la avec les pommes de terre.

- Faites chauffer le lait et l'huile d'olive séparément dans deux petites casseroles.

- Mettez la purée de morue et de pommes de terre dans une autre casserole et chauffez à feu doux. Écrasez-la petit à petit contre les parois en ajoutant de l'huile progressivement, en remuant sans cesse. Incorporez ensuite le lait, petit à petit, jusqu'à obtention d'une purée onctueuse et bien lisse.

- Lavez le persil, essuyez-le, effeuillez-le et hachez-le. Ajoutez-le, avec l'ail écrasé, à la brandade. Salez et poivrez.

- Servez chaud.

Omelette à la brandade de morue

Battez 8 œufs dans un saladier et incorporez-y 400 g de brandade de morue et un peu de poivre. Faites cuire l'omelette à la poêle. Servez chaud ou froid.

Crostini à la brandade

En apéritif, servez des tranches de pain de campagne grillées tartinées de brandade de morue froide. Ornez d'olives noires dénoyautées coupées en tranches.

Brandade de saumon frais

Remplacez la morue par la même quantité de pavés de saumon taillés en dés cuits à la vapeur de 6 à 8 min. Vous pouvez aussi utiliser des filets de truite ou de cabillaud.

Gratin de brandade à la truffe

Ajoutez 1 truffe taillée en lamelles à la brandade en même temps que le persil. Étalez la brandade au fond d'un plat à gratin, parsemez-la de gruyère râpé et faites dorer sous le gril du four.

Toasts à la caponata
S'il vous reste de la caponata, laissez-la refroidir au réfrigérateur et servez-la le lendemain en entrée, sur des toasts de pain de campagne grillés et aillés.

Cabillaud à la caponata et aux pignons
Faites griller à sec 50 g de pignons de pin. Répartissez-les sur le cabillaud à la caponata juste avant de servir.

Cabillaud à la ratatouille
Remplacez la caponata par sa version française, la ratatouille. Vous pouvez utiliser de la ratatouille surgelée ou en boîte.

Cabillaud aux courgettes et à la brousse
Répartissez 4 dos de cabillaud, 300 g de courgettes taillées en rondelles, 250 g de brousse mélangée à 1 gousse d'ail hachée, 2 c. à s. de ciboulette ciselée et 2 c. à s. de persil haché, dans 4 papillotes. Faites cuire au four préchauffé à 210 °C pendant 20 min.

CABILLAUD À LA CAPONATA

Préparation : 20 min • **Cuisson :** 45 min • **Pour 4 personnes**

1 belle aubergine • 1 grosse courgette • 4 tomates • 2 branches de céleri
1 oignon rouge • 1 oignon blanc • 8 c. à s. d'huile d'olive
+ supplément pour le plat • 100 g d'olives vertes et noires dénoyautées
70 g de câpres • 1 c. à s. de sucre • 10 cl de vinaigre balsamique
800 g de dos de cabillaud en 4 morceaux • sel et poivre

- Lavez les légumes. Coupez l'aubergine, la courgette et les tomates en petits dés. Émincez le céleri. Épluchez les oignons et hachez-les.

- Faites chauffer 2 c. à s. d'huile dans une sauteuse. Faites-y revenir les oignons de 2 à 3 min. Ajoutez le céleri et la courgette. Salez et poivrez. Remuez et laissez suer pendant 5 min, puis ajoutez les tomates, les olives et les câpres. Au bout de 2 min, saupoudrez du sucre et arrosez du vinaigre. Remuez et laissez cuire à feu doux jusqu'à ce que le céleri et les courgettes soient tendres. Versez le contenu de la sauteuse dans un récipient et réservez.

- Faites chauffer 4 c. à s. d'huile dans la sauteuse. Assaisonnez les dés d'aubergine et faites-les revenir pendant 15 min. Remettez les légumes dans la sauteuse et maintenez au chaud.

- Préchauffez le four à 220 °C.

- Faites chauffer le reste d'huile dans une poêle. Salez et poivrez les morceaux de cabillaud et saisissez-les à feu vif des deux côtés, puis placez-les dans un plat huilé et faites-les cuire au four pendant 10 min.

- Servez aussitôt avec la caponata.

CALAMARS SAUTÉS AUX LÉGUMES

Préparation : 15 min • **Cuisson** : 20 min • **Pour 4 personnes**

800 g de calamars • 2 gousses d'ail • 1 oignon • 1 poivron rouge
1 bulbe de fenouil • 1 citron confit • 2 branches d'estragon
2 c. à s. d'huile d'olive • 1 pincée de piment doux
1 pincée de safran en poudre • sel et poivre

- Détachez les têtes des calamars. Retirez la « plume » et videz l'intérieur des corps. Sectionnez les bouquets de tentacules au ras des yeux. Lavez le tout à l'eau froide, puis épongez dans du papier absorbant. Coupez les corps en rondelles.

- Pelez l'ail et l'oignon et émincez-les. Lavez le poivron, épépinez-le et coupez-le en petits dés. Retirez la coque extérieure du fenouil et coupez le reste en brunoise. Coupez le citron confit en petits morceaux. Lavez l'estragon, épongez-le, effeuillez-le et ciselez-le.

- Faites chauffer 1 c. à s. d'huile d'olive dans une sauteuse. Saisissez-y rapidement les calamars. Réservez.

- Versez le reste de l'huile dans la même poêle et faites-y blondir l'oignon. Ajoutez les dés de poivron et le fenouil. Salez et ajoutez le piment. Laissez suer pendant 15 min en remuant régulièrement.

- Remettez les calamars dans la sauteuse avec le citron confit et faites-les cuire pendant 5 min. Au dernier moment, ajoutez le safran et l'estragon. Poivrez.

- Servez aussitôt.

Calamars sautés à l'ail et au persil

Faites revenir 2 gousses d'ail dans la sauteuse avant d'ajouter les calamars. Parsemez le plat de persil au dernier moment. Supprimez le citron confit et le safran.

Calamars sautés aux courgettes et au curcuma

Remplacez le poivron et le fenouil par 700 g de courgettes coupées en dés. Ajoutez 1 c. à c. de curcuma et laissez suer pendant 15 min. Supprimez le citron confit et le safran.

Calamars sautés aux aubergines et au cumin

Remplacez le poivron et le fenouil par 700 g d'aubergines coupées en dés. Ajoutez 1 c. à c. de cumin et laissez suer pendant 15 min. Supprimez le citron confit et le safran.

Calamars sautés tout simples

Faites revenir 2 gousses d'ail hachées avec 2 c. à s. d'huile d'olive, puis ajoutez 800 g de calamars préparés et 2 c. à c. de ras-el-hanout. Faites cuire pendant 5 min en remuant.

Cassolette de lotte aux langoustines
Remplacez le thon par des langoustines décortiquées. Ajoutez-les dans la cocotte 3 min avant la fin de la cuisson de la lotte.

Cassolette de poisson à la bisque de homard
Ajoutez 10 cl de bisque de homard dans la sauce à la place des herbes aromatiques.

Cassolette de lotte aux fruits de mer
Remplacez le thon par 400 g de fruits de mer mélangés surgelés.

Cassolette de truite aux légumes d'hiver
Remplacez les tomates par 5 blancs de poireau émincés et le poivron par 1 carotte coupée en rondelles. Remplacez les poissons par des filets de truite.

CASSOLETTE DE LOTTE ET DE THON

Préparation : 20 min • **Cuisson :** 50 min • **Pour 4 personnes**

2 gousses d'ail • 1 oignon • 3 tomates • 1 poivron rouge • 1 bulbe de fenouil
2 courgettes • 2 c. à s. d'huile d'olive • 1 c. à s. de concentré de tomate
2 pincées de piment d'Espelette • 2 feuilles de laurier • 1 branche de romarin
4 branches de thym • 650 g de queue de lotte • 400 g de filet de thon
sel et poivre

- Épluchez l'ail et l'oignon et émincez-les.
- Lavez les autres légumes. Coupez les tomates et le poivron en dés. Retirez la coque extérieure du fenouil et coupez-le en petits dés. Pelez les courgettes et coupez-les en triangles.
- Faites chauffer l'huile dans une sauteuse. Ajoutez l'oignon et faites-le revenir pendant 3 min, puis ajoutez l'ail et, 1 min plus tard, le poivron. Mélangez et faites revenir pendant 2 min, puis ajoutez le fenouil. Au bout de 2 min, ajoutez les tomates et les courgettes puis le concentré de tomate délayé dans 2 c. à s. d'eau. Salez, poivrez, ajoutez le piment et les herbes aromatiques. Mélangez et laissez mijoter à couvert pendant 30 min.
- Retirez la membrane de la lotte et désossez-la. Coupez la chair en gros morceaux. Coupez le thon en gros morceaux.
- Mettez les morceaux de poisson dans la sauteuse et mélangez bien pour les enrober de sauce. Couvrez et poursuivez la cuisson pendant 10 min environ.
- Servez sans attendre.

COLIN AUX CHANTERELLES

Préparation : 10 min • **Cuisson** : 15 min • **Pour 4 personnes**

4 tranches de colin • 2 c. à s. de farine • 1 belle tomate
1 gousse d'ail • 400 g de chanterelles • 3 c. à s. d'huile d'olive
10 g de beurre • sel et poivre

- Salez et poivrez les tranches de colin puis passez-les dans la farine. Retirez l'excédent de farine et réservez le poisson au frais.

- Lavez la tomate, épépinez-la et coupez-la en petits dés.

- Épluchez l'ail et hachez-le.

- Nettoyez soigneusement les chanterelles sous un filet d'eau. Séchez-les parfaitement.

- Faites chauffer la moitié de l'huile dans une sauteuse. Ajoutez les chanterelles et faites-les sauter à feu vif en remuant constamment. Ajoutez les dés de tomate au dernier moment, salez, poivrez, et remuez pendant 1 min. Retirez du feu et réservez au chaud.

- Poêlez les tranches de colin dans le reste de l'huile additionnée de beurre. Lorsqu'elles sont bien dorées et le poisson tendre à cœur, disposez-les sur les assiettes chaudes.

- Entourez le poisson de la poêlée de chanterelles. Servez aussitôt.

Colin aux chanterelles et au chorizo

Ajoutez 50 g de chorizo pelé et coupé en dés dans la sauteuse en même temps que les chanterelles.

Julienne aux champignons de Paris

Pour une version moins onéreuse, remplacez le colin par de la julienne, et les chanterelles par des champignons de Paris.

Chutney d'oignons

Faites blondir 500 g d'oignons émincés avec 2 c. à s. d'huile. Salez, poivrez et ajoutez 1 c. à s. de sucre de canne, 2 c. à s. de vinaigre et 10 cl de cidre. Laissez compoter à feu doux pendant 1 h 30. Servez avec le poisson.

Colin et sauce vierge

Mélangez 4 tomates pelées, épépinées et coupées en dés avec 1/2 c. à c. de graines de coriandre écrasées, 2 c. à s. de fines herbes mélangées, 1 gousse d'ail hachée, le jus d'1 citron, 10 cl d'huile d'olive, du sel et du poivre. Servez avec le poisson.

Colinot pané au pavot
Passez les filets de colinot dans une assiette contenant 1 œuf battu, puis dans une autre contenant des graines de pavot avant de les faire cuire.

Colinot au vin blanc
Remplacez le vin rouge par du vin blanc. Remplacez le sucre et les épices par 1/2 bouquet de ciboulette hachée.

Colinot aux oignons nouveaux et au beaujolais
Remplacez les échalotes par 8 oignons nouveaux émincés et utilisez du beaujolais comme vin. Remplacez le sucre et les épices par 1 c. à s. de fond de veau.

Colinot aux petits pois
Remplacez les girolles par 400 g de petits pois frais écossés, cuits à la vapeur.

COLINOT AU VIN ROUGE

Préparation : 15 min • **Cuisson** : 30 min • **Pour 6 personnes**

8 échalotes • 120 g de beurre • 25 cl de vin rouge
1 c. à c. de sucre en poudre • 1 étoile de badiane • 1 clou de girofle
1 tranche de jambon cru • 600 g de girolles
800 g de filets de colinot avec la peau • sel et poivre

- Pelez les échalotes et émincez-les.
- Faites-les revenir dans 10 g de beurre pendant 5 min. Ajoutez le vin puis le sucre, l'étoile de badiane et le clou de girofle. Laissez réduire de 10 à 15 min. Versez la préparation dans un bol à travers une passoire. Salez et poivrez. Ajoutez 70 g de beurre en petits dés et émulsionnez à l'aide d'un petit fouet. Réservez au chaud.
- Découpez le jambon en lanières et faites-les revenir à la poêle sans matière grasse.
- Nettoyez soigneusement les girolles et faites-les revenir dans 20 g de beurre. Salez et poivrez.
- Coupez les filets de colinot en pavés. Assaisonnez-les. Saisissez-les à la poêle dans le reste de beurre en commençant par le côté peau. Le poisson doit dorer et la chair rester moelleuse.
- Assemblez tous les ingrédients dans des assiettes et servez.

COQUES AU CHORIZO ET AU POIVRON

Préparation : 20 min • **Cuisson :** 12 min • **Pour 4 personnes**

2,6 kg de coques • 1 gros oignon • 2 échalotes • 2 poivrons rouges
100 g de chorizo fort • 30 g de beurre • 1 bouquet garni
20 cl de vin blanc sec • 6 c. à s. de crème fraîche épaisse
10 brins de persil • quelques feuilles de basilic • sel et poivre

- Lavez soigneusement les coques à l'eau froide pour enlever le sable.
- Pelez l'oignon et les échalotes et émincez-les. Lavez les poivrons, épépinez-les et coupez-les en dés. Pelez le chorizo et coupez-le en morceaux.
- Faites fondre le beurre dans une grande cocotte. Ajoutez l'oignon, les échalotes, les poivrons et le chorizo. Faites-les revenir de 5 à 7 min, à feu moyen.
- Ajoutez le bouquet garni et les coques. Arrosez du vin blanc. Couvrez et laissez cuire pendant quelques minutes à feu vif, jusqu'à ce que toutes les coques soient ouvertes.
- Retirez le bouquet garni. Salez et poivrez.
- Égouttez les coques et disposez-les dans un grand plat. Filtrez le jus de cuisson avec une passoire fine puis faites-le réduire à feu moyen. Incorporez la crème fraîche.
- Lavez le persil et le basilic, puis épongez-les. Ciselez les feuilles de persil. Ajoutez-le à la sauce et mélangez.
- Versez la sauce sur les coques, décorez avec le basilic et servez sans attendre.

Moules au chorizo et au poivron

Remplacez les coques par la même quantité de moules, que vous ferez ouvrir de la même manière. Vous pouvez aussi utiliser des praires ou des palourdes.

Coques au jambon et au céleri

Remplacez le chorizo par la même quantité de jambon blanc taillé en dés. Remplacez l'un des poivrons par 1 branche de céleri coupée en rondelles.

Coques aux lardons et à la tomate

Remplacez le chorizo par des lardons, que vous ferez revenir en même temps que l'oignon et les échalotes. Remplacez les poivrons par 3 tomates, que vous ajouterez dans la cocotte en même temps que le vin blanc.

Coques à la ciboulette

Supprimez le chorizo, les poivrons et les herbes. Mélangez 1/2 bouquet de ciboulette ciselée avec la crème fraîche. Servez éventuellement les coques accompagnées de riz basmati.

Couscous au bar
Remplacez le mérou par la même quantité de bar ou, mieux, par du congre.

Couscous doux
Si vous trouvez la harissa trop forte, remplacez-la par 3 c. à s. de concentré de tomate agrémenté d'1 pincée de piment d'Espelette.

Harissa maison
Faites sécher 2 poivrons rouges taillés en morceaux au four préchauffé à 140 °C pendant 50 min. Faites aussi sécher 1 piment rouge doux, pendant 5 min. Versez le tout dans un bocal avec 2 gousses d'ail et 1 pincée de sel, puis couvrez d'huile d'olive. Fermez et laissez reposer de 3 à 4 jours. Mixez.

Salade de carottes
Mélangez 1 c. à s. de miel brun, 1 c. à s. d'eau de fleur d'oranger, 3 c. à s. de jus de citron, 2 c. à s. de jus d'orange, 1 c. à s. d'amandes en poudre, 1/2 c. à c. de sel, 500 g de carottes râpées et 2 oranges pelées coupées en morceaux. Servez en entrée.

COUSCOUS DE LA MER

Préparation : 25 min • **Cuisson :** 1 h 30 • **Pour 6 personnes**

6 morceaux de mérou • 3 c. à s. de harissa artisanale • 800 g de couscous ¼ de chou blanc • 3 courgettes • 1 tranche de potiron • 2 pommes de terre 2 carottes • 2 navets • 3 gousses d'ail • 2 oignons • 2 c. à s. d'huile d'olive 200 g de tomates concassées • 100 g de pois chiches en boîte 2 feuilles de laurier • 70 g de concentré de tomate • 3 c. à c. de piment doux 3 c. à c. de cumin moulu • 3 piments verts • 35 g de beurre • sel et poivre

- Salez et poivrez les morceaux de poisson. Enduisez-les de harissa.
- Aspergez le couscous d'un peu d'eau et aérez-le à la main.
- Lavez le chou et émincez-le grossièrement. Coupez les courgettes lavées en tronçons et le potiron en gros morceaux. Pelez les pommes de terre, les carottes et les navets et coupez-les en morceaux. Épluchez l'ail et les oignons puis hachez-les.
- Faites revenir les oignons à l'huile dans une cocotte. Ajoutez les tomates concassées, les pois chiches et le laurier ainsi que le reste de harissa délayé dans 20 cl d'eau avec le concentré de tomate, l'ail et les épices. Versez 2 l d'eau, portez à ébullition et salez. Ajoutez les carottes et les navets. À l'ébullition, couvrez. Au bout de 25 min, plongez les courgettes, les pommes de terre et le poisson dans le bouillon, dans le panier vapeur. Au bout de 10 min, retirez les morceaux de poisson. Ajoutez le potiron et poursuivez la cuisson pendant 10 min, puis retirez le panier. Incorporez les piments et laissez le bouillon épaissir légèrement. Poivrez.
- Mettez le beurre en parcelles dans la semoule, ajoutez 3 louches de bouillon et mélangez bien. Laissez reposer à couvert.
- Présentez séparément la semoule, le poisson et le bouillon avec ses légumes.

Curry de thon amélioré
Présentez à part 1 avocat coupé en dés, 1 mangue taillée en cubes, 40 g de copeaux de noix de coco, 100 g de noix de cajou et 50 g de raisins secs. Chaque invité agrémente alors son curry à sa guise.

Curry de sole aux crevettes
Remplacez le thon par 400 g de filets de sole et 200 g de crevettes cuites décortiquées. Ajoutez ces dernières 3 min avant la fin de la cuisson du poisson.

Curry de pétoncles
Remplacez le thon par la même quantité de noix de pétoncle. Faites-les cuire à la poêle pendant 2 min en tout et ajoutez-les au curry juste avant de servir.

Curry de thon express
Faites cuire 600 g de thon coupé en dés à la poêle de 7 à 8 min. Ajoutez 25 cl de lait de coco, 2 c. à c. de curry 200 g de dés d'ananas au sirop, du sel et du poivre.

CURRY DE THON À L'INDIENNE

Préparation : 15 min • **Cuisson :** 1 h • **Pour 4 personnes**

600 g de thon • 1 oignon • 2 c. à s. d'huile végétale
1 c. à c. de graines de cumin • 1 c. à c. de garam masala
1/2 c. à c. de coriandre en poudre • 2 gousses d'ail • 1 poivron rouge
1 c. à c. de gingembre râpé • 1 bâton de cannelle
1 feuille de laurier • 1/2 ananas • 25 cl de lait de coco • 1 c. à c. de curry
1 c. à c. curcuma • le jus d'1/2 citron vert • sel et poivre

- Coupez le thon en gros cubes et réservez-les au frais.
- Épluchez l'oignon, émincez-le et faites-le revenir avec l'huile dans une cocotte. Au bout de 3 min, ajoutez les graines de cumin, le garam masala et la coriandre. Mélangez.
- Pelez l'ail et écrasez-le.
- Lavez le poivron, épépinez-le et coupez-le en morceaux.
- Mettez-le dans la cocotte avec le gingembre, l'ail, la cannelle et le laurier. Mouillez avec 10 cl d'eau et laissez cuire de 5 à 6 min.
- Pendant ce temps, coupez le demi-ananas en morceaux.
- Mettez-les dans la cocotte et ajoutez le lait de coco, le curry et le curcuma. Portez à ébullition, salez, baissez le feu et couvrez. Laissez mijoter pendant 25 min, puis retirez le couvercle et ajoutez le jus de citron. Remuez et laissez épaissir la sauce pendant 10 min à découvert.
- Ajoutez les morceaux de thon et mélangez. Couvrez et laissez cuire à feu doux pendant 10 min.
- Poivrez généreusement et servez aussitôt.

ÉCREVISSES AU RIZ SAUVAGE ET À LA PANCETTA

Préparation : 20 min • **Cuisson** : 45 min • **Pour 4 personnes**

200 g de riz sauvage • 1 cube de bouillon de volaille
1/2 bouquet de ciboulette • 8 tranches de pancetta très fines
150 g de mascarpone • 20 belles écrevisses cuites
2 c. à s. d'huile d'olive • sel et poivre

- Rincez soigneusement le riz et égouttez-le. Immergez-le dans 1,2 l d'eau avec le cube de bouillon. Portez à ébullition, puis couvrez et laissez cuire doucement pendant 40 min.

- Pendant ce temps, lavez la ciboulette, essuyez-la et ciselez-la.

- Déchirez la pancetta en lamelles. Faites-les revenir à la poêle sans matière grasse jusqu'à ce qu'elles soient croustillantes. Réservez au chaud.

- Dans la même poêle, faites fondre doucement le mascarpone avec 3 c. à s. d'eau. Poivrez généreusement. Ajoutez le riz cuit égoutté et mélangez bien. Salez légèrement si nécessaire. Ajoutez enfin la ciboulette ciselée.

- Faites revenir rapidement les écrevisses dans une sauteuse avec l'huile.

- Servez le riz entouré d'écrevisses chaudes et surmonté de pancetta croustillante.

Langoustines ou gambas

Remplacez les écrevisses par la même quantité de langoustines ou de gambas cuites.

Écrevisses flambées au whisky

Une fois les écrevisses revenues à l'huile, ajoutez 5 cl de whisky et flambez. Laissez chauffer jusqu'à évaporation complète.

Écrevisses grillées

Coupez les écrevisses en 2 dans l'épaisseur, étalez-les sur une plaque à four, chair vers le haut. Arrosez de jus de citron et parsemez de coriandre hachée. Faites griller sous le gril du four de 6 à 8 min.

Sauce aux crevettes

Faites revenir 2 échalotes hachées dans 1 c. à s. d'huile d'olive. Ajoutez 1/2 c. à s. de fumet de poisson déshydraté, 100 g de petites crevettes roses décortiquées et 15 cl de crème liquide. Incorporez 1 c. à s. de Maïzena et faites épaissir. Servez à la place de la crème au mascarpone.

ENCORNETS FARCIS

Préparation : 25 min • **Cuisson** : 50 min • **Pour 4 personnes**

80 g de riz basmati complet • 4 beaux encornets • 8 gambas crues
1/2 poivron vert • 2 gros champignons de Paris • 3 gousses d'ail • 1 oignon
1/2 bouquet de persil • 2 c. à s. d'huile d'olive • 2 pincées de piment d'Espelette
2 œufs • 70 g de parmesan râpé • sel et poivre

- Faites cuire le riz dans 2 fois son volume d'eau froide pendant 30 min. Couvrez et laissez refroidir.
- Nettoyez les encornets, videz-les et détachez les bouquets de tentacules. Découpez ces derniers en petits morceaux. Décortiquez les gambas. Débarrassez-les de leur veine dorsale et hachez-les.
- Lavez le demi-poivron et les champignons. Coupez-les en petits morceaux. Épluchez l'ail et l'oignon et hachez-les. Lavez le persil, essuyez-le et hachez-le.
- Faites revenir l'oignon à la poêle avec 1 c. à s. d'huile. Ajoutez les gambas, les encornets et l'ail. Salez, poivrez et ajoutez le piment. Dès coloration des gambas, ajoutez les légumes. Laissez cuire en remuant jusqu'à évaporation partielle du liquide. Ajoutez le riz et laissez s'assécher.
- Dans une jatte, battez les œufs. Ajoutez le persil et le parmesan. Versez le contenu de la poêle dans la jatte et mélangez bien.
- Remplissez les encornets de cette farce. Saisissez-les de chaque côté dans une sauteuse avec le reste d'huile d'olive. Ajoutez un peu d'eau et laissez cuire à feu doux pendant 10 min.
- Servez les encornets farcis entiers ou coupés en rondelles.

Encornets à l'espagnole

Mélangez les morceaux de tentacules d'encornet avec 6 ciboules émincées, 50 g de pignons de pin grillés, 50 g de raisins secs, 2 œufs battus, du sel, du poivre et 1 c. à c. de cannelle. Farcissez les encornets de ce mélange et faites-les cuire. Servez avec du riz au safran.

Poivrons farcis

S'il vous reste de la farce, garnissez-en des demi-poivrons et faites cuire au four préchauffé à 210 °C pendant 40 min.

Encornets à la brousse et à la ciboulette

Mélangez 400 g de brousse avec 2 c. à s. de chapelure, 2 c. à s. de ciboulette et 2 jaunes d'œufs. Salez et poivrez. Farcissez les encornets de ce mélange.

Encornets aux moules

Faites ouvrir 25 cl de moules dans une cocotte avec 1 c. à s. d'huile d'olive, 1 échalote hachée et 5 cl de vin blanc sec. Décoquillez les moules et ajoutez-les dans la cocotte avec le riz.

FILETS DE SOLE AUX GERMES DE SOJA

Préparation : 10 min • **Cuisson** : 37 min • **Pour 4 personnes**

400 g de carottes • 8 filets de sole • 400 g de germes de soja
quelques brins de ciboulette • sel et poivre

- Pelez les carottes et coupez-les en fines rondelles.
- Faites-les cuire à la vapeur de 25 à 30 min.
- Rincez les filets de sole et épongez-les avec du papier absorbant.
- Disposez-les à plat, salez et poivrez. Roulez-les sur eux-mêmes, et maintenez-les, éventuellement, avec des piques en bois.
- Faites-les cuire à la vapeur de 4 à 5 min.
- Rincez les germes de soja à l'eau froide.
- Faites-les cuire à la vapeur pendant 2 min.
- Lavez la ciboulette et épongez-la.
- Versez les légumes dans un plat et déposez les filets de sole par-dessus. Salez et poivrez. Décorez avec les brins de ciboulette.
- Servez sans attendre.

Filets de sole au four

Déposez les filets de sole roulés dans un plat à four, ajoutez 15 cl de fumet de poisson et 1 noix de beurre. Recouvrez de papier sulfurisé et faites cuire au four préchauffé à 160 °C.

Filets de limande vapeur aux poireaux

Remplacez les filets de sole par des filets de limande. Remplacez les germes de soja par 400 g de blancs de poireau cuits à la vapeur.

Filets de sole et sauce aux crevettes

Dans une casserole, faites un roux blanc. Versez 30 cl de court-bouillon. Laissez mijoter puis ajoutez 200 g de crevettes cuites décortiquées. Salez, poivrez, ajoutez 1 pincée de noix muscade râpée et 20 cl de crème liquide.

Filets de sole et sauce au citron

Faites chauffer 20 cl de fumet de poisson avec 10 cl de vin blanc sec. Ajoutez le jus et le zeste d'1 citron et faites réduire de moitié. Ajoutez 20 cl de crème liquide, du sel et du poivre.

FONDUE CHINOISE

Préparation : 10 min • **Cuisson** : 20 min • **Pour 6 personnes**

200 g de pavés de saumon • 200 g de pavés de thon
200 g de filets de daurade • 200 g de filets de sole
200 g de crevettes crues • 200 g d'oignons grelots • 2 courgettes
2 bulbes de fenouil • 3 carottes • 1 bouquet de ciboulette
2 c. à c. de fumet de poisson en poudre • sel et poivre

- Rincez les différents poissons. Coupez le saumon, le thon et la daurade en gros dés. Enroulez les filets de sole sur eux-mêmes. Décortiquez les crevettes. Salez et poivrez.
- Épluchez les oignons grelots.
- Lavez les courgettes et les bulbes de fenouil. Coupez les courgettes en rondelles et les bulbes de fenouil en bâtonnets.
- Pelez les carottes et coupez-les en rondelles.
- Lavez la ciboulette, épongez-la et coupez-la en tronçons.
- Faites bouillir les légumes dans une grande quantité d'eau bouillante salée pendant 20 min.
- Au bout de 10 min, ajoutez le fumet de poisson. Deux minutes avant la fin de la cuisson, ajoutez la ciboulette.
- Versez le bouillon dans un caquelon et disposez-le sur un réchaud de table.
- Présentez les morceaux de poisson à côté.
- Les invités piqueront les morceaux de poisson au bout des piques à fondue et les feront cuire rapidement dans le bouillon.

Fumet de poisson maison

Faites revenir 4 échalotes émincées avec 10 g de beurre. Ajoutez 1,5 kg de parures de poisson, 1 poireau taillé en rondelles et 10 cl de vin blanc. Laissez réduire. Ajoutez 1 bouquet garni et 1 l d'eau. Laissez mijoter pendant 20 min, puis passez au chinois.

Bouillon de légumes

Versez 1 carotte et 1 branche de céleri hachées, 1 oignon coupé en 4, 150 g de chou chinois, 1 bouquet de coriandre ciselé et 1,5 l d'eau dans une casserole et faites bouillir pendant 30 min. Filtrez et utilisez à la place du fumet de poisson.

Fondue chinoise à la viande

Remplacez les poissons et fruits de mer par des morceaux de viande de bœuf, de filet de poulet, de porc ou de canard. Utilisez un bouillon de volaille.

Fondue chinoise et vermicelle

Faites tremper 300 g de vermicelle de riz dans de l'eau froide pendant 30 min. Faites-le ensuite cuire dans le bouillon à l'aide d'épuisettes conçues à cet effet.

Gratin de haddock aux épinards et au riz
Remplacez les macaroni par 100 g de riz. Utilisez de préférence du riz basmati, ou un mélange de trois riz.

Gratin de limande-sole aux épinards
Remplacez les filets de haddock par la même quantité de filets de limande-sole frais, que vous ferez cuire à l'eau.

Gratin de haddock aux épinards et au chèvre
Remplacez le gruyère râpé par la même quantité de fromage de chèvre émietté. Choisissez de la bûche ou du crottin de Chavignol.

Gratin de haddock au fenouil
Remplacez les épinards par 1 bulbe de fenouil finement émincé, que vous ferez cuire à la vapeur de 10 à 12 min.

GRATIN DE HADDOCK AUX ÉPINARDS

Préparation : 30 min • **Cuisson** : 50 min • **Pour 4 personnes**

250 g de macaroni • 50 cl de lait • 600 g de filets de haddock surgelés
500 g d'épinards surgelés • 10 g de beurre • 1 c. à c. de farine
100 g de gruyère râpé • 1 pincée de noix muscade râpée
1 c. à s. d'huile • sel et poivre

- Faites cuire les macaroni *al dente* en suivant les indications sur le paquet.
- Faites chauffer le lait dans une casserole, puis ajoutez le haddock et faites cuire selon les indications sur le sachet. Égouttez le poisson puis émiettez-le. Réservez le lait.
- Faites cuire les épinards en suivant les indications sur le sachet.
- Préchauffez le four à 180 °C.
- Pour la sauce, faites fondre le beurre dans une casserole et incorporez la farine. Ajoutez le lait et battez au fouet jusqu'à ce que le mélange soit épais et lisse. Retirez la casserole du feu, incorporez la moitié du fromage. Salez, poivrez et ajoutez la noix muscade.
- Mélangez les pâtes avec le haddock, les épinards et la sauce puis versez le tout dans un moule à gratin préalablement huilé. Parsemez du fromage râpé restant.
- Faites cuire au four pendant 40 min.
- Servez chaud.

GRAVLAX DE SAUMON

Préparation : 15 min • **Réfrigération :** 4 jours • **Pour 6 personnes**

Pour le gravlax : 3 c. à s. de gros sel • 1 c. à s. de poivre moulu
3 c. à s. de sucre en poudre • 1/2 bouquet d'aneth
2 filets de saumon de 700 g chacun avec leur peau
Pour la sauce : 15 brins d'aneth • 5 c. à s. de moutarde
1 c. à c. de sucre • 4 c. à s. d'huile d'olive • sel
Pour la salade : 1 concombre • 300 g de chou blanc • quelques câpres
quelques grains de poivre rouge • quelques brins d'aneth

- Pour le gravlax, mélangez le gros sel, le poivre et le sucre dans une coupelle. Lavez l'aneth, épongez-le et ciselez-le.

- Déposez 1 filet de saumon côté peau dans un plat. Parsemez-le du mélange de sel, poivre et sucre, ainsi que d'aneth. Déposez le second filet de saumon par-dessus, chair contre chair. Pressez à l'aide d'une planche en bois. Couvrez d'un film alimentaire et laissez mariner au réfrigérateur de 3 à 4 jours.

- Pour la sauce : lavez l'aneth, épongez-le et ciselez-le. Mélangez la moutarde, du sel et le sucre dans un bol. Versez l'huile en un mince filet tout en fouettant. Ajoutez l'aneth. Réservez au frais.

- Pour la salade : lavez le concombre, puis pelez-le en alternant les bandes avec peau et sans peau. Coupez-le en rondelles très fines. Lavez le chou et coupez-le en lanières. Au moment de servir, détaillez le saumon en fines tranches.

- Répartissez les rondelles de concombre au fond de 4 assiettes. Disposez les tranches de saumon par-dessus, puis les lanières de chou. Décorez avec les câpres, les grains de poivre et l'aneth lavé et effeuillé.

- Servez bien frais.

Gravlax de truite
Remplacez les filets de saumon par 2 filets de truite.

Salade de pommes de terre
Remplacez la salade par 600 g de cubes de pomme de terre cuits à l'eau, froids, mélangés avec 3 c. à s. de mayonnaise. Parsemez de 100 g d'œufs de truite.

Toasts au gravlax
Divisez les proportions de la recette par 3 et servez le gravlax en entrée, sur des tranches de pain de seigle grillées.

Grog suédois
Laissez mariner 10 clous de girofle, 1 c. à c. de graines de cardamome écrasées, 3 bâtons de cannelle broyés et 1 morceau de gingembre râpé dans 20 cl de vodka pendant 12 h. Versez dans une casserole avec 130 g de sucre et 75 cl de vin rouge. Portez à frémissement. Servez chaud, en fin de repas.

Sauce au curry
Remplacez le safran par 2 c. à c. de curry et le pastis par 2 c. à s. de cognac.

Sauce au whisky
Faites chauffer 250 g de crème fraîche à feu doux. Ajoutez 3 c. à c. de concentré de tomate, 4 c. à s. de bisque de homard et 2 c. à s. de whisky. Salez et laissez mijoter pendant 5 min.

Sauce à l'estragon
Mélangez, à feu doux, 250 g de crème fraîche épaisse, 2 c. à c. de porto et 1 petit bouquet d'estragon haché. Salez et poivrez.

Homard à l'américaine
Faites revenir 4 échalotes émincées dans une sauteuse. Ajoutez 150 g de concentré de tomate, puis 30 cl de vin blanc sec, 20 cl de fumet de poisson, 1 pointe de piment de Cayenne, du sel et du poivre. Laissez mijoter pendant 15 min. Ajoutez les morceaux de homard en fin de cuisson.

HOMARD AUX PETITS LÉGUMES ET AU SAFRAN

Préparation : 20 min • **Cuisson :** 17 min • **Pour 4 personnes**

Pour le homard : 2 homards cuits • 2 carottes
2 courgettes • 1 bulbe de fenouil • 2 blancs de poireaux
2 c. à s. d'huile d'olive • sel et poivre
Pour la sauce : 2 échalotes • 20 g de beurre • 1 pincée de safran
2 c. à s. de pastis • 25 cl de crème fraîche épaisse • sel et poivre

- Décortiquez les homards et coupez la chair en morceaux. Conservez les pinces entières. Pelez les carottes, puis coupez-les en rondelles. Lavez les autres légumes et coupez-les en morceaux.
- Faites chauffer l'huile dans une sauteuse et faites-y revenir les légumes de 10 à 15 min, à feu moyen, en remuant souvent. Salez et poivrez.
- Pendant ce temps, épluchez les échalotes pour la sauce, puis émincez-les finement. Dans une casserole, faites fondre le beurre, ajoutez les échalotes, couvrez et faites revenir à feu doux pendant 5 min. Ajoutez le safran, mouillez avec le pastis et faites réduire.
- Ajoutez la crème fraîche et mélangez. Salez et poivrez, puis réservez.
- Retirez les légumes de la sauteuse et faites-y réchauffer la chair et les pinces de homard de 1 à 2 min.
- Dressez les légumes sur des assiettes de service, déposez les morceaux de homard par-dessus et nappez de sauce.
- Servez aussitôt.

Jambalaya à l'ananas
Ajoutez 3 rondelles d'ananas frais ou au sirop taillées en dés dans la sauteuse en même temps que les crevettes.

Jambalaya aux écrevisses
Remplacez les crevettes par la même quantité d'écrevisses.

Jambalaya à la noix de coco
Parsemez le plat de copeaux de noix de coco ou de noix de coco râpée juste avant de servir.

Blanc-manger à la noix de coco
Portez à ébullition 40 cl d'eau avec les graines d'1 gousse de vanille et 200 g de sucre de canne. Ajoutez 6 feuilles de gélatine préalablement trempées dans de l'eau froide puis retirez du feu et laissez infuser pendant 15 min. Mixez avec 40 cl de lait de coco et 40 cl de lait concentré non sucré. Versez dans un moule et laissez prendre pendant 12 h au frais. Servez en dessert, lors d'un repas créole.

JAMBALAYA AUX CREVETTES

Préparation : 25 min • **Cuisson** : 1 h • **Pour 4 personnes**

*2 oignons • 2 gousses d'ail • 1 poivron vert • 1 branche de céleri
3 saucisses piquantes • 2 c. à s. d'huile végétale • 1 tranche épaisse de jambon fumé • 5 branches de persil • 2 grandes feuilles de laurier
2 branches de thym • 1 c. à c. de piment de Cayenne
1 petite boîte de tomates pelées • 300 g de riz • 75 cl de bouillon de bœuf
250 g de crevettes • 4 huîtres • sel*

- Épluchez les oignons et l'ail et émincez-les. Lavez le poivron et le céleri et coupez-les en petits morceaux. Coupez les saucisses en morceaux. Faites revenir le tout avec l'huile dans une sauteuse pendant 10 min en remuant.

- Coupez le jambon fumé en petits cubes. Lavez le persil, épongez-le et ciselez-le. Pilez le laurier. Ajoutez-les dans la sauteuse, ainsi que le thym, le laurier et le piment de Cayenne. Continuez à remuer sur le feu pendant quelques minutes.

- Concassez les tomates et mettez-les dans la sauteuse avec leur jus. Salez et portez à frémissement.

- Rincez le riz et incorporez-le à la préparation avec le bouillon. Mélangez. Couvrez et laissez cuire pendant 30 min en remuant régulièrement. Ajoutez un peu de liquide si nécessaire. Lorsque le riz est cuit mais toujours ferme, rectifiez l'assaisonnement.

- Décortiquez les crevettes, ajoutez-les à la préparation et mélangez.

- Retirez les huîtres de leur coquille. Au bout de 5 min, ajoutez-les dans la sauteuse et mélangez délicatement. Laissez cuire pendant encore 5 min.

- Servez chaud.

KOULIBIAC DE SAUMON

Préparation : 30 min • **Cuisson :** 1 h • **Pour 4 personnes**

200 g de riz • 4 œufs • 200 g d'épinards en branches surgelés
400 g de dos de saumon • gros sel • 2 bouquets d'estragon
2 rouleaux de pâte feuilletée • 20 g de beurre • 1 jaune d'œuf
2 c. à s. de lait • sel et poivre

- Faites cuire le riz en suivant les indications sur le paquet puis égouttez-le. Faites bouillir les œufs pendant 10 min, puis passez-les sous l'eau froide et écalez-les. Faites cuire les épinards en suivant les indications sur le sachet, puis égouttez-les et hachez-les. Faites pocher le saumon dans de l'eau bouillante salée pendant 10 min, égouttez-le puis hachez-le. Lavez l'estragon, effeuillez-le, épongez-le et ciselez-le.

- Préchauffez le four à 210 °C.

- Coupez les pâtes feuilletées en rectangles. Mélangez, dans un saladier, le riz, les épinards et le saumon. Salez et poivrez.

- Posez un rectangle de pâte sur une plaque de cuisson recouverte de papier sulfurisé préalablement beurré. Étalez par-dessus la moitié du mélange précédent, déposez les œufs côte à côte dans le sens de la longueur, puis le reste du mélange. Recouvrez avec le second rectangle de pâte et soudez bien les bords en les pressant entre les doigts. Battez le jaune d'œuf avec le lait et badigeonnez-en la pâte au pinceau. Faites des entailles sur le couvercle de pâte pour que la vapeur puisse s'échapper à la cuisson.

- Faites cuire au four pendant 30 min environ. Le koulibiac doit être doré.

- Déposez-le sur un plat de service. Servez chaud ou tiède.

Koulibiac de saumon aux champignons

Ajoutez dans le saladier avec le riz, les épinards et le saumon cuits 250 g de champignons de Paris frais émincés.

Koulibiac au fenouil et au quinoa

Remplacez le riz par la même quantité de quinoa et les épinards par 1 gros bulbe de fenouil taillé en morceaux et cuit à la vapeur pendant 15 min. Ajoutez 1 poignée d'amandes effilées au mélange de quinoa, saumon et fenouil.

Sauce à l'aneth

Mélangez 30 cl de crème fraîche semi-épaisse avec le jus d'1 citron et 1/2 bouquet d'aneth ciselé. Salez et poivrez. Servez le koulibiac avec cette sauce.

Sauce à la moutarde et au curry

Faites chauffer à feu doux 30 cl de crème fraîche semi-épaisse avec 2 c. à s. de moutarde à l'ancienne et 2 c. à s. de curry. Servez le koulibiac avec cette sauce.

Makis de thon au concombre
Taillez 1/2 concombre épépiné en lamelles et déposez-en quelques-unes sur chaque maki avant de les enrouler.

Makis de saumon à l'avocat
Remplacez le thon par la même quantité de saumon frais. Taillez la chair d'1 avocat en lamelles et déposez-en quelques-unes sur chaque maki avant de les enrouler.

Makis de crevette à la mangue
Remplacez le thon par environ 300 g de crevettes décortiquées coupées en 2 dans l'épaisseur. Taillez 1 mangue en lamelles et déposez-en quelques-unes sur chaque maki avant de les enrouler.

Soupe miso
Faites frémir pendant 5 min 1 l d'eau avec 5 g de dashi et 3 morceaux d'algue wakame. Retirez l'algue et hachez-la. Délayez 1 c. à s. de pâte miso dans le bouillon chaud. Ajoutez 1 oignon émincé, le wakame haché et 100 g de tofu nature taillé en cubes. Faites chauffer pendant 2 min. Servez en entrée.

MAKIS DE THON

Préparation : 30 min • **Cuisson :** 25 min • **Pour 30 à 40 makis**

Pour le riz : 300 g de riz rond japonais • 4 c. à s. de vinaigre de riz
2 c. à s. de sucre en poudre • 1/2 c. à s. de sel
Pour les makis : 200 g de thon • 2 c. à s. de vinaigre de riz
8 à 10 demi-feuilles de nori • sauce soja • sauce soja sucrée • wasabi

- Faites cuire le riz dans 30 cl d'eau, avec le vinaigre, le sucre et le sel pendant 25 min. Laissez refroidir.
- Coupez le thon en bâtonnets d'environ 1 cm d'épaisseur.
- Versez le vinaigre dans un bol et ajoutez 20 cl d'eau tiède.
- Posez une natte à rouler sur le plan de travail. Déposez-y une demi-feuille de nori. Trempez vos mains dans un peu d'eau vinaigrée. Prenez une poignée de riz, étalez-la sur la feuille de nori en laissant un espace d'environ 1 cm de large en haut de la feuille.
- Placez des bâtonnets de thon sur le riz. Soulevez le bord de la natte pour faites rouler le maki sur lui-même. Renouvelez l'opération avec le reste des ingrédients.
- Coupez les rouleaux obtenus en 4 ou 5 morceaux, en humidifiant la pointe du couteau à chaque fois.
- Réservez au frais pendant 1 h.
- Servez avec de la sauce soja, de la sauce soja sucrée et du wasabi.

MAQUEREAUX À L'ESCABÈCHE

Préparation : 15 min • **Cuisson** : 30 min • **Pour 4 personnes**

4 petits maquereaux très frais en filets • 4 c. à s. d'huile d'olive
1 pincée de piment d'Espelette • 4 oignons nouveaux avec le vert
1 petit bulbe de fenouil • 3 poivrons (orange, rouge et jaune)
2 gousses d'ail • 1 morceau de gingembre de 20 g • 15 cl de vinaigre de vin
20 cl de vin blanc sec • 20 cl de fumet de poisson • 5 branches de thym
2 feuilles de laurier • sel et poivre

- Poêlez les filets de maquereaux côté peau pendant quelques minutes dans 2 c. à s. d'huile d'olive. Ils doivent être encore crus à cœur. Salez, poivrez et ajoutez le piment d'Espelette.
- Alignez-les dans un plat creux, côté peau vers le dessus.
- Épluchez les oignons et émincez-les.
- Retirez la coque extérieure du fenouil et émincez-le en retirant le pied.
- Épluchez les poivrons, retirez les graines et émincez-les.
- Pelez l'ail et le gingembre. Coupez-les en lamelles.
- Mettez les oignons et le fenouil dans une sauteuse avec le reste d'huile d'olive. Faites-les suer pendant quelques minutes sans coloration, puis ajoutez les poivrons. Au bout de 5 min, versez le vinaigre et portez à ébullition. Ajoutez le vin blanc, redonnez un bouillon puis versez le fumet de poisson. Ajoutez l'ail, le gingembre le thym et le laurier. Salez et poivrez. À la reprise de l'ébullition, baissez le feu et laissez cuire à frémissements pendant 15 min.
- Versez l'escabèche bouillante sur les filets de maquereau. Laissez refroidir, puis réservez au frais jusqu'au lendemain.

Maquereaux à la piperade
Faites revenir 1 oignon haché avec 2 c. à s. d'huile. Ajoutez 4 gousses d'ail hachées, 200 g de lamelles de poivron rouge, 200 g de dés d'aubergine, 400 g de tomates concassées et 1 c. à c. de sucre roux. Faites cuire à feu doux pendant 30 min. Servez avec les maquereaux.

Sardines à l'escabèche
Remplacez les maquereaux par la même quantité de sardines.

Maquereaux à l'ail
Faites revenir 3 gousses d'ail hachées à la poêle avant d'y ajouter les filets de maquereau.

Maquereaux à la moutarde
Mettez 4 maquereaux dans un plat à four, nappez-les de 60 g de beurre fondu et du jus d'1 citron. Faites revenir 4 échalotes émincées avec 20 cl de vin blanc sec, puis ajoutez 200 g de crème fraîche et 2 c. à s. de moutarde. Ajoutez ce mélange sur les maquereaux et faites cuire au four préchauffé à 230 °C, pendant 15 min.

Marmitako au piment d'Espelette
Remplacez le piment rouge par 1/2 c. à c. de piment d'Espelette.

Tapas basques
À l'apéritif, proposez des toasts de pain grillés arrosés d'huile d'olive et saupoudrés de piment d'Espelette, agrémentés de lamelles de jambon de Bayonne et de chorizo basque.

Gâteau basque à la cerise
Mélangez 200 g de sucre en poudre et 2 jaunes d'œufs. Ajoutez 100 g de beurre, 10 g de poudre d'amandes, 200 g de farine, 1 sachet de levure et 1 pincée de sel. Travaillez à la main puis formez une boule et laissez reposer au frais pendant 2 h. Séparez la pâte en 2. Étalez-en une moitié dans un moule beurré, garnissez de 450 g de confiture de cerise noire et recouvrez avec le 2e disque de pâte. Soudez les bords. Faites cuire au four préchauffé à 160 °C pendant 45 min. Servez tiède, en dessert.

Gâteau basque à la crème pâtissière
Reprenez la recette ci-dessus en remplaçant la confiture de cerise par de la crème pâtissière.

MARMITAKO DE THON

Préparation : 25 min • **Cuisson** : 40 min • **Pour 4 personnes**

1 kg de thon • 2 gousses d'ail • 2 oignons • 2 tomates • 2 poivrons rouges 2 poivrons verts • 3 pommes de terre • 1 piment rouge 3 c. à s. d'huile d'olive • 35 cl de vin blanc • 1 branche de thym sel et poivre

- Débarrassez le thon de la peau et des arêtes puis coupez la chair en dés réguliers.
- Épluchez l'ail et les oignons et émincez-les.
- Lavez les tomates et les poivrons, épépinez-les et taillez-les en dés.
- Pelez les pommes de terre et coupez-les en dés.
- Lavez le piment et hachez-le finement.
- Faites revenir l'ail et l'oignon dans une cocotte, avec l'huile. Ajoutez les poivrons et les tomates et faites-les revenir en remuant pendant 5 min. Salez et poivrez.
- Ajoutez les dés de thon et les pommes de terre, ainsi que le piment finement haché. Salez et poivrez.
- Versez doucement le vin blanc et allongez, éventuellement, avec un peu d'eau.
- Couvrez et laissez mijoter à feu doux de 25 à 30 min.
- Servez chaud, décoré de la branche de thym.

Moules marinières au céleri

Ajoutez 1/2 branche de céleri taillée en fines rondelles dans le faitout en même temps que les échalotes.

Moules marinières à la tomate

Ajoutez 2 tomates épépinées et concassées dans le faitout en même temps que les moules et les herbes. Vous pouvez aussi ajouter 1/2 poivron vert taillé en dés en même temps que les échalotes.

Moules à la crème

Remplacez les herbes par 10 brins de ciboulette ciselés. Ajoutez 200 g de crème fraîche épaisse dans le faitout une fois que les moules sont ouvertes.

Moules au curry

Remplacez les herbes par 2 c. à s. de curry doux. Ajoutez 10 cl de crème liquide en fin de cuisson.

MOULES MARINIÈRES ET FRITES

Préparation : 15 min • **Cuisson** : 20 min • **Pour 4 personnes**

3 litres de moules de bouchot • 1 petit oignon • 2 échalotes 2 gousses d'ail • 5 branches de persil plat • 1,5 kg de pommes de terre 1 bain d'huile de friture • 15 g de beurre • 1 c. à s. d'huile d'olive 5 branches de thym • 1 feuille de laurier • 10 cl de vin blanc sec • sel

- Nettoyez soigneusement les moules. Retirez celles dont la coquille est cassée.
- Épluchez l'oignon, les échalotes et l'ail et émincez-les.
- Lavez le persil et épongez-le. Ciselez les feuilles et réservez les tiges.
- Pelez les pommes de terre. Coupez-les en bâtonnets, puis rincez-les.
- Faites chauffer l'huile de friture. Plongez-y les frites et faites-les cuire jusqu'à ce qu'elles commencent à dorer. Retirez-les et laissez-les égoutter sur du papier absorbant.
- Faites fondre le beurre avec l'huile dans un grand faitout. Ajoutez l'oignon et les échalotes et laissez-les suer pendant quelques minutes. Ajoutez l'ail et remuez pendant 30 s, puis ajoutez les moules, le thym, le laurier et les tiges de persil. Versez le vin et portez à ébullition. Couvrez. Laissez cuire de 5 à 7 min : toutes les moules doivent être ouvertes.
- Juste avant de passer à table, plongez les frites de nouveau dans l'huile chaude de 2 à 3 min. Salez.
- Servez les moules avec les frites bien chaudes.

PAPILLOTES DE SAUMON AUX COURGETTES ET À LA CRÈME

Préparation : 10 min • **Cuisson :** 20 min • **Pour 4 personnes**

*4 pavés de saumon • 2 c. à s. d'huile d'olive • 3 courgettes
2 oignons • le zeste d'1/2 orange • 4 c. à s. de crème liquide
sel et poivre*

- Retirez la peau des pavés de saumon puis badigeonnez-les d'huile d'olive. Salez et poivrez. Couvrez d'un film alimentaire et laissez mariner pendant 30 min au réfrigérateur.
- Préchauffez le four à 180 °C.
- Lavez soigneusement les courgettes et coupez-les en longues bandes fines, dans l'épaisseur.
- Épluchez les oignons et émincez-les.
- Coupez le zeste d'orange en fines lanières.
- Découpez 4 feuilles de papier sulfurisé. Répartissez les oignons sur chaque feuille. Déposez les pavés de saumon par-dessus et entourez-les des bandes de courgette. Salez et poivrez puis versez la crème liquide. Répartissez les zestes d'orange dans les papillotes et fermez celles-ci.
- Faites cuire au four pendant 20 min.
- Servez chaud.

Papillotes de saumon mi-cuit

Si vous préférez le saumon mi-cuit, entourez-le de courgettes râpées. Faites cuire les papillotes 15 min.

Papillotes de saumon à la citronnelle

Taillez 2 blancs de poireau et 2 branches de citronnelle en rondelles. Mettez-les dans les papillotes à la place des oignons.

Papillotes de saumon au fenouil

Coupez le saumon en cubes et ajoutez 1 c. à s. de graines de fenouil à la marinade. Remplacez les courgettes par 2 bulbes de fenouil taillés en lamelles. Faites cuire au four pendant 15 min.

Papillotes de saumon au cresson

Faites cuire 1 botte de cresson à l'eau puis mixez-la avec 1 gousse d'ail et 1 filet d'huile d'olive. Salez et poivrez. Mélangez avec les oignons émincés et 2 tomates taillées en dés. Remplacez les courgettes par ce mélange.

PAVÉS DE SAUMON À LA CRÈME D'OSEILLE

Préparation : 10 min • **Cuisson** : 10 min • **Pour 4 personnes**

*2 échalotes • 25 g de beurre • 2 bouquets d'oseille
20 cl de vin blanc sec • 6 c. à s. de crème fraîche épaisse • 1 c. à s. d'huile d'olive
4 pavés de saumon • fleur de sel • poivre concassé*

- Épluchez les échalotes et émincez-les.
- Faites-les revenir dans une casserole avec le beurre.
- Nettoyez l'oseille et égouttez-la. Coupez les tiges et hachez grossièrement les feuilles.
- Versez le vin blanc dans la casserole et laissez réduire de moitié. Incorporez la crème fraîche et laissez épaissir. Salez et poivrez. Ajoutez l'oseille, remuez sur le feu pendant 1 min puis éteignez et couvrez.
- Faites chauffer l'huile dans une poêle et saisissez-y les pavés de saumon selon votre goût.
- Servez-les dès qu'ils sont cuits, parsemés de fleur de sel et de poivre concassé, sur un lit de crème à l'oseille.

Pavés de saumon aux épinards

Remplacez l'oseille par la même quantité d'épinards frais.

Pavés de saumon à l'oseille express

Remplacez la préparation pour la crème à l'oseille par de la béchamel en boîte, et utilisez de l'oseille surgelée.

Pavés de saumon aux artichauts confits

Coupez 12 artichauts poivrades en 4, retirez les plus grosses feuilles et le foin. Coupez les morceaux aux 2/3 des feuilles et frottez-les avec 1 citron. Faites cuire dans un court-bouillon pendant 15 min. Servez à la place de la crème à l'oseille.

Croustillants de saumon à l'oseille

Coupez 3 feuilles de brick en 8 rectangles. Faites-les dorer sous le gril pendant 3 min. Taillez les pavés de saumon en 2 dans l'épaisseur. Montez les croustillants en alternant 2 feuilles de brick, 1 couche de crème à l'oseille, 1/2 pavé de saumon, etc., en terminant par 2 feuilles de brick.

PÉTONCLES SAUTÉS AUX ASPERGES ET AUX CÈPES

Préparation : 20 min • **Cuisson** : 27 min • **Pour 4 personnes**

12 grosses noix de pétoncle • 25 cl de lait • 400 g de cèpes
2 c. à s. d'huile d'olive • 400 g de pointes d'asperges vertes
50 g de beurre • 1/2 gousse d'ail • quelques brins de cerfeuil • sel et poivre

- La veille, mettez les noix de pétoncle au congélateur, de façon à pouvoir les couper facilement le lendemain.
- Le jour même, coupez-les en 2 dans l'épaisseur puis mettez-les dans un plat creux. Arrosez-les du lait et complétez avec de l'eau pour les recouvrir entièrement. Laissez-les décongeler pendant 2 h à température ambiante. Égouttez-les et épongez-les soigneusement.
- Nettoyez les cèpes et coupez-les en morceaux.
- Faites-les revenir dans une poêle, avec l'huile, pendant 15 min.
- Rincez les pointes d'asperge.
- Faites-les cuire pendant 3 min dans de l'eau bouillante salée, puis rafraîchissez-les et égouttez-les. Ajoutez-les dans la poêle contenant les cèpes et poursuivez la cuisson pendant 5 min.
- Retirez les légumes de la poêle et réservez-les au chaud. Remplacez-les par les noix de pétoncle. Saisissez-les rapidement avec le beurre, en les retournant à mi-cuisson. Salez, poivrez, puis pressez la demi-gousse d'ail au-dessus.
- Servez les noix de pétoncle accompagnées des légumes. Décorez avec le cerfeuil, préalablement lavé, épongé et haché.

Pétoncles panés au sésame

Mélangez dans une assiette 2 c. à s. de chapelure et 100 g de graines de sésame, du sel et du poivre. Passez-y les noix de pétoncle avant de les faire cuire.

Pétoncles aux poireaux

Remplacez les asperges et et les cèpes par 800 g de blancs de poireau émincés, que vous ferez cuire à la poêle, à feu doux, avec 60 g de beurre.

Pétoncles à la provençale

Une fois les noix de pétoncle cuites, ajoutez dans la poêle 2 gousses d'ail et 2 échalotes hachées, 50 cl de coulis de tomate, du sel et du poivre. Laissez mijoter 5 min.

Pétoncles au beurre aux herbes

Mixez 100 g de beurre ramolli avec 1 c. à s. de coriandre ciselée, 2 c. à s. de persil haché, le jus d'1 citron vert et 3 gousses d'ail hachées. Salez et poivrez. Nappez les noix de pétoncle de beurre aux herbes.

PLATEAU DE FRUITS DE MER

Préparation : 10 min • **Cuisson** : aucune • **Pour 2 personnes**

1 homard cuit • 150 g de crevettes grises • 150 g de bigorneaux
6 crevettes bouquets • 6 langoustines cuites • 500 g de bulots
1 citron • 1 brin de persil

- Coupez le homard en 2.
- Disposez harmonieusement sur un plateau, éventuellement recouvert de glace pilée, les différents fruits de mer.
- Coupez le citron en 2 et crénelez chaque demi-citron, côté chair, à l'aide d'un couteau.
- Décorez avec le brin de persil.
- Servez bien frais.

Mayonnaise à la moutarde

Dans un bol, mettez 1 c. à c. de moutarde et 2 jaunes d'œufs. Salez et poivrez. Mélangez. Ajoutez, petit à petit, 20 cl d'huile, sans cesser de remuer. Servez avec les fruits de mer.

Mayonnaise au citron et à la ciboulette

Préparez la mayonnaise comme ci-dessus, en incorporant le jus d'1/2 citron, 50 g de crème fraîche et 1 c. à s. de ciboulette ciselée une fois qu'elle a monté.

Plateau d'huîtres et vinaigre à l'échalote

Ajoutez 12 huîtres sur le plateau. Mélangez 20 cl de vinaigre avec 2 échalotes ciselées. Laissez macérer au réfrigérateur pendant 4 h puis servez avec les huîtres.

Riz aux restes de fruits de mer

S'il vous reste des fruits de mer, le lendemain prélevez-en la chair et faites-la revenir à la poêle avec 10 g de beurre puis flambez au whisky. Ajoutez 15 cl de crème liquide. Servez avec 125 g de riz cuit à l'eau.

Sushis de fête
Ajoutez 1 boulette de wasabi et 1 petit tas de gingembre mariné sur chaque sushi. Mettez du wasabi dans des minicoupelles et diluez-le progressivement dans de la sauce soja. Servez sans attendre.

Sushis aux nouilles de riz
Remplacez le riz par 400 g de nouilles de riz cuites à l'eau pendant 5 min puis égouttées.

Sushis aux noix de saint-jacques
Remplacez l'un des poissons par 120 g de noix de saint-jacques sans le corail, taillées en très fines lamelles dans l'épaisseur.

Sauce pour sushis version française
Mélangez 2 c. à s. de jus de citron, 2 c. à s. de sauce soja, 2 c. à s. d'eau et 120 g de radis noir râpé.
Si vous parvenez à vous procurer du dashi, utilisez-le à la place de l'eau.

PLATEAU DE SUSHIS

Préparation : 45 min • **Cuisson** : 15 min • **Pour 4 personnes**

*400 g de riz Japonica • 4 c. à s. de vinaigre de riz • 2 c. à s. de sucre
1 c. à s. de sel fin • 4 gambas crues • wasabi en poudre
1 filet de saumon très frais • 1 filet de thon très frais
1 filet de poisson blanc très frais • 1 filet de maquereau très frais*

- Rincez le riz. Faites-le tremper pendant 1 h dans de l'eau froide puis égouttez-le. Faites-le cuire dans 65 cl d'eau bouillante, pendant 10 min, à feu très doux, à couvert.

- Faites tiédir le vinaigre de riz avec le sucre et le sel en remuant jusqu'à ce que ces derniers se soient dissous. Retirez aussitôt du feu. Versez le vinaigre sucré sur le riz petit à petit en remuant avec des baguettes. Laissez refroidir complètement le riz à température ambiante, recouvert d'un torchon.

- Faites cuire les gambas à l'eau bouillante sur des piques en bambou, puis décortiquez-les en laissant la queue et fendez-les en 2 pour les aplatir. Réservez-les au frais.

- Délayez une petite quantité de wasabi en poudre dans un peu d'eau. Découpez les filets de poisson en lamelles de 7 x 2,5 cm. Coupez en biais dans le poisson, perpendiculairement aux veines. Façonnez des boulettes de riz allongées.

- Placez une lamelle de poisson dans votre main gauche. Avec l'index de la main droite, prélevez un peu de wasabi et étalez-le sur le poisson, puis posez par-dessus la boulette de riz. Retournez délicatement l'ensemble en pressant le poisson contre le riz pour donner au sushi une forme harmonieuse. Procédez ainsi jusqu'à épuisement des ingrédients, en mouillant régulièrement vos doigts pour qu'ils ne collent pas au riz. Disposez les sushis sur des plateaux individuels et servez.

Potage thaï aux nouilles de riz
Remplacez le riz par 150 g de nouilles de riz cuites dans de l'eau chaude.

Potage thaï au poulet
Remplacez les gambas par 250 g de pattes de poulet. Vous pouvez aussi utiliser 150 g de filet de poulet taillé en cubes.

Potage thaï au tofu
Remplacez les gambas par 200 g de tofu nature coupé en cubes.

Potage thaï aux germes de soja
Pour un goût beaucoup plus doux, remplacez les 2 piments rouges par 60 g de germes de soja.

POTAGE THAÏ AUX FRUITS DE MER

Préparation : 25 min • **Cuisson** : 30 min • **Pour 4 personnes**

2 tiges de citronnelle • 1 gousse d'ail • 2 oignons nouveaux
1 piment vert moyen • 2 petits piments rouges frais • 12 gambas crues
2 c. à s. d'huile d'arachide • 1 c. à s. de gingembre haché
1 c. à s. de galanga haché • le jus d'1 citron vert
4 feuilles de bergamote • 80 g de riz thaï cuit nature •
120 g de noix de pétoncle • 100 g de moules décoquillées
50 g d'anneaux de calamar • quelques brins de coriandre • sel

- Hachez la citronnelle après avoir ôté la feuille extérieure. Pelez l'ail et émincez-le finement. Épluchez les oignons en conservant la partie verte. Émincez le bulbe. Lavez les piments, épépinez-les et taillez-les en fines rondelles. Décortiquez les gambas en laissant la queue.

- Faites sauter les têtes, les pattes et les carapaces des gambas dans un wok avec l'huile. Ajoutez le gingembre, le galanga, la citronnelle, et 1 l d'eau. Remuez. Ajoutez la moitié du jus de citron vert, les feuilles de bergamote, la partie verte des oignons et le piment vert. Salez. À l'ébullition, baissez le feu et couvrez.

- Au bout de 20 min, filtrez le bouillon et reversez-le dans le wok. Plongez-y le riz en séparant les grains et portez à ébullition. Ajoutez les gambas et les piments rouges. Au bout de 2 min, complétez avec les fruits de mer restants et laissez sur le feu pendant 2 min. Ajoutez les oignons émincés et le reste de jus de citron. Éteignez le feu.

- Servez le potage aussitôt, en répartissant les fruits de mer dans les bols, et parsemez-le de feuilles de coriandre préalablement lavées et séchées.

POT-AU-FEU DE MÉROU

Préparation : 15 min • **Cuisson** : 1 h • **Pour 4 personnes**

2 gousses d'ail • 4 beaux morceaux de mérou
1/4 de c. à c. de piment d'Espelette • 1 oignon • 2 blancs de poireau
4 tomates • 3 carottes • 2 c. à s. d'huile d'olive • 20 cl de vin blanc sec
1 feuille de laurier • 3 branches de thym • 1 petite branche de romarin
1 c. à c. de paprika • 30 cl de fumet de poisson
quelques feuilles de persil plat • sel et poivre

- Pelez l'ail et écrasez-le.
- Enrobez-en les morceaux de mérou. Salez, poivrez et pimentez.
- Épluchez l'oignon et émincez-le. Lavez les poireaux et les tomates. Coupez les poireaux en grosses rondelles et les tomates en 8 morceaux. Pelez les carottes et coupez-les en rondelles.
- Faites chauffer l'huile dans une cocotte. Ajoutez l'oignon et les poireaux.
- Lorsqu'ils commencent à s'attendrir, ajoutez les carottes et mouillez avec le vin blanc. Portez à ébullition, puis laissez réduire à feu doux.
- Ajoutez les tomates, le laurier, le thym, le romarin et le paprika.
- Recouvrez avec le fumet de poisson et 50 cl d'eau. Portez à ébullition, salez, puis baissez le feu et laissez mijoter à couvert pendant 30 min.
- Placez les morceaux de mérou dans la cocotte et laissez cuire pendant 10 min maximum.
- Poivrez le pot-au-feu et servez aussitôt, orné du persil.

Pot-au-feu de grondin
Remplacez les morceaux de mérou par 2 beaux grondins, dont vous retirerez la tête et les nageoires et que vous écaillerez.

Pot-au-feu aux légumes d'hiver
Remplacez 1 tomate par 1 branche de céleri, 1 autre par 1 petit navet et les 2 dernières par 1/4 de chou vert. Ajoutez le tout en même temps que les carottes.

Pot-au-feu exotique
Remplacez les différentes herbes par 1 noix de gingembre râpé, 2 tiges de citronnelle taillées en tronçons, 1/2 bouquet de coriandre et 1 étoile de badiane.

Gratin de fruits de mer
Utilisez le bouillon restant pour faire cuire 1 sachet de fruits de mer surgelé. Mettez ceux-ci dans un plat à gratin et faites réduire le bouillon de moitié avec 1 c. à s. de Maïzena. Ajoutez 15 cl de crème liquide. Versez sur les fruits de mer, parsemez de gruyère râpé et faites cuire au four pendant 15 min à 180 °C.

Lotte aux champignons
Remplacez les pruneaux par 100 g de champignons de Paris émincés.

Lotte au chorizo
Formez une douzaine d'entailles dans la queue de lotte et glissez 1 rondelle de chorizo fort pelé dans chacune d'elles avant d'enfourner. Supprimez le lard et les pruneaux.

Lotte aux trois poivrons
Taillez 1/2 poivron rouge, 1/2 poivron vert et 1/2 poivron jaune en lamelles et faites-les revenir dans une sauteuse pendant 10 min. Tapissez-en le plat à four et déposez la queue de lotte par-dessus. Supprimez le lard et les pruneaux.

Lotte à la galicienne
Faites cuire 5 min 1 queue de lotte taillée en 8 dans une cocotte fermée avec 1 oignon haché, de l'huile d'olive, du sel et du poivre. Mélangez 2 c. à s. de poudre d'amande, 3 gousses d'ail écrasées, 1 dose de safran et 1 c. à s. de persil ciselé. Ajoutez à la lotte avec 250 g de petits pois. Couvrez et laissez cuire 5 min.

QUEUE DE LOTTE RÔTIE AU RIZ PARFUMÉ

Préparation : 20 min • **Cuisson** : 30 min • **Pour 4 personnes**

1 gousse d'ail • 1 échalote • 1 oignon • 100 g de tomates confites
5 branches de persil plat • 4 c. à s. d'huile d'olive • 1 c. à s. de sauce soja
1 queue de lotte de 1 à 1,2 kg • 8 très fines tranches de poitrine fumée
8 pruneaux dénoyautés • 300 g de riz basmati • 10 cl de vin blanc sec
50 cl de bouillon de volaille • 1 feuille de laurier • 1 c. à c. de curcuma
sel et poivre

- Épluchez l'ail, l'échalote et l'oignon. Émincez-les. Coupez les tomates confites en petits morceaux. Lavez le persil, épongez-le et ciselez les feuilles.

- Dans un plat à four, mélangez 2 c. à s. d'huile, la sauce soja et 2 c. à s. d'eau. Après avoir retiré la membrane, poivrez la queue de lotte, roulez-la dans la sauce, puis enveloppez-la dans les tranches de poitrine fumée. Disposez les pruneaux par-dessus.

- Préchauffez le four à 200 °C.

- Faites chauffer le reste d'huile dans une sauteuse et faites-y suer l'oignon et l'échalote. Au bout de 3 min, versez le riz et l'ail et remuez. Quand les grains deviennent translucides, mouillez avec le vin blanc. Dès que le liquide est absorbé, versez le bouillon chaud et remuez. Ajoutez le laurier et salez. Portez à ébullition, puis couvrez et laissez cuire à feu doux pendant 20 min. Ajoutez alors les tomates confites et le curcuma, mélangez et poursuivez la cuisson de 5 à 10 min : le riz doit être parfaitement cuit et le liquide absorbé. Ajoutez le persil ciselé et remuez.

- Parallèlement, faites cuire la lotte au four de 20 à 25 min.

- Servez la queue de lotte rôtie avec le riz.

Croûtons de pain d'épice
Remplacez le pain rassis par 4 tranches de pain d'épice. Il n'est pas nécessaire de les frotter avec la gousse d'ail.

Soupe de poissons gratinée
Déposez les tranches de pain entières sur la soupe, de façon à la recouvrir entièrement. Parsemez de fromage râpé et faites gratiner sous le gril du four.

Soupe de poissons à l'orange
Remplacez les épices et le piment par 2 morceaux d'orange confite.

Sauce rouille
Écrasez 1 pomme de terre farineuse cuite à l'eau. Ajoutez 1 pincée de sel, 1 g de safran, 1 pointe de piment de Cayenne, 4 gousses d'ail hachées et 1 trait de jus de citron. Incorporez 25 cl d'huile progressivement en remuant constamment. Servez avec la soupe.

SOUPE DE POISSONS

Préparation : 15 min • **Cuisson :** 1 h • **Pour 6 personnes**

1 kg de poissons blancs • 2 têtes de gros poisson • 2 belles tomates
1 branche de céleri • 1 poireau • 1 petite pomme de terre
1 carotte • 2 échalotes • 3 gousses d'ail • 1 bouquet garni
1 petite boîte de concentré de tomate • 1/2 c. à c. de piment d'Espelette
1 c. à c. de paprika • 2 clous de girofle • 4 tranches de pain rassis
50 g de gruyère râpé • sel et poivre

- Lavez et videz les poissons les plus petits. Coupez les autres en 2 ou 3 tronçons, selon leur taille. Lavez les tomates, le céleri et le poireau. Pelez la pomme de terre et la carotte. Concassez les tomates. Taillez le céleri et la pomme de terre en petits morceaux. Coupez le blanc de poireau et la carotte en rondelles. Épluchez les échalotes et l'ail. Réservez 1 gousse d'ail. Hachez les échalotes.

- Portez 2,5 l d'eau à ébullition dans une grande cocotte. Ajoutez tous les légumes préparés au fur et à mesure puis incorporez les morceaux de poisson, le vert du poireau ficelé, le bouquet garni et le concentré de tomate. Ajoutez du sel, du poivre, le piment, le paprika et les clous de girofle. Lorsque le liquide bout, couvrez et laissez cuire pendant 1 h à feu moyen.

- Préchauffez le gril du four.

- Coupez le pain en cubes. Frottez-les avec la gousse d'ail réservée. Faites-les dorer sous le gril du four, parsemés du gruyère râpé.

- Lorsque la soupe est cuite, retirez soigneusement les têtes de poisson ainsi que les arêtes principales, le vert de poireau et le bouquet garni. Mixez la soupe au blender puis filtrez-la.

- Servez bien chaud avec les croûtons gratinés.

SOUPE THAÏE AUX FRUITS DE MER

Préparation : 10 min • **Cuisson** : 5 min • **Pour 4 personnes**

400 g de fruits de mer (coques, crevettes crues, queues de langouste)
200 g de colin • 2 pouces de gingembre frais • 1 l de fumet de poisson
1 oignon • 250 g de champignons de Paris • 2 petits piments rouges
2 petits piments verts • 2 citrons verts • sel et poivre

- Nettoyez les coques puis faites-les tremper dans de l'eau, en changeant l'eau régulièrement, pour éliminer totalement les grains de sable.
- Décortiquez les crevettes. Cassez les queues de langouste en morceaux.
- Coupez le colin en morceaux.
- Pelez le gingembre et hachez-le.
- Versez le fumet de poisson dans une cocotte avec le gingembre et portez à ébullition. Ajoutez les fruits de mer et le poisson et faites cuire pendant 2 min à feu doux.
- Pendant ce temps, épluchez l'oignon et hachez-le. Lavez les champignons et coupez-les en morceaux. Lavez les piments et taillez-les en lamelles. Lavez les citrons verts et coupez-les en quartiers. Salez et poivrez.
- Ajoutez ces ingrédients dans la cocotte. Faites cuire de 2 à 3 min.
- Servez très chaud.

Soupe thaïe à la citronnelle

Remplacez le fumet de poisson par du bouillon de légumes et ajoutez-y 3 tiges de citronnelle taillées en tronçons.

Soupe thaïe au vermicelle

Supprimez les champignons de Paris. Faites cuire 250 g de vermicelle de riz et ajoutez-le dans la soupe juste avant de servir.

Fruits de mer thaïs sautés

Remplacez les coques par des blancs d'encornets taillés en rondelles. Faites sauter les légumes et les piments au wok avec 2 c. à s. d'huile de sésame avant d'ajouter les fruits de mer, le gingembre, 2 c. à s. de fumet de poisson, 1 c. à s. de sauce d'huître et 1/2 c. à s. de sauce soja.

Plateau de fruits exotiques

Pour le dessert, proposez sur un plateau 1 ananas pelé et taillé en rondelles, 1/4 de pastèque coupée en cubes, 1 papaye coupée en 4 et 4 petites bananes.

Tartare de saumon pimenté
Ajoutez 1 piment rouge épépiné et finement haché à la préparation.

Sorbet à l'avocat
Préparez un sirop avec 100 g de sucre et 10 cl d'eau. Mixez la chair de 4 avocats avec 4 c. à s. de jus de citron et 1 bouquet de coriandre. Incorporez le sirop refroidi. Faites glacer en sorbetière. Servez avec le tartare.

Tartare de thon
Remplacez le saumon par du thon très frais. Remplacez la coriandre par 4 brins de ciboulette et 1/2 bouquet de basilic hachés. Ajoutez 1 jaune d'œuf à la marinade.

Tartare de deux saumons à la pomme
Remplacez 150 g de saumon frais par du saumon fumé, lui aussi taillé en dés. Taillez 1 pomme granny smith en dés et ajoutez-les à la marinade. Parsemez le tartare de baies roses.

TARTARE DE SAUMON

Préparation : 15 min • **Cuisson** : aucune • **Pour 2 personnes**

400 g de saumon très frais • 1 échalote • 1/2 bouquet de coriandre
1/2 c. à c. de cumin en poudre • le zeste et le jus d'1 citron vert
3 c. à s. d'huile d'olive

- Coupez la chair de saumon en petits dés.
- Épluchez l'échalote et hachez-la.
- Lavez la coriandre, épongez-la et ciselez-la. Conservez quelques brins entier pour la décoration.
- Dans un bol, mélangez tous les ingrédients délicatement.
- Laissez macérer au réfrigérateur pendant 30 min.
- Servez très frais, décoré de brins de coriandre.

Variez les légumes
Vous pouvez remplacer les légumes par des rondelles d'aubergine ou de patate douce, des lamelles de poivron ou encore des fleurs de courgette.

Tempura de crevettes marinées
Mélangez 4 c. à s. d'huile d'olive, le jus de 2 citrons et 2 c. à s. de thym ciselé. Faites mariner les crevettes dans ce mélange pendant 1 h.

Sauce à la tomate et à l'avocat
Mixez 2 gousses d'ail pilées, 4 tomates, la chair de 2 avocats, 1 c. à c. de piment en poudre, 1 c. à s. de coriandre ciselée et du sel. Servez avec la tempura.

Sauce japonaise
Mélangez 8 c. à s. d'eau, 2 c. à s. de dashi, 10 c. à s. de mirin et 4 c. à s. de sauce soja. Servez avec la tempura.

TEMPURA DE CREVETTES ET LÉGUMES

Préparation : 15 min • **Cuisson** : 25 à 30 min • **Pour 4 personnes**

125 g de farine • 1 c. à s. d'huile de tournesol • 2 blancs d'œufs
250 g de gros champignons de Paris • 250 g de courgettes
150 g de feuilles d'épinards frais • 400 g de crevettes cuites
huile de friture • sel

- Tamisez la farine additionnée d'1 pincée de sel et versez-la dans un saladier.
- Ajoutez petit à petit l'huile et 15 cl d'eau. Mélangez bien.
- Battez les blancs d'œufs et incorporez-les à la pâte.
- Lavez les légumes et les feuilles d'épinard.
- Coupez les champignons en gros morceaux et les courgettes en rondelles.
- Décortiquez les crevettes.
- Mettez tous ces ingrédients dans la pâte.
- Faites chauffer de l'huile de friture dans une grande sauteuse.
- Faites frire les crevettes et les légumes enrobés de pâte en plusieurs fois, de 2 à 3 min par bain, jusqu'à ce qu'ils soient bien dorés.
- Réservez-les sur du papier absorbant et servez tiède ou froid.

THON À LA PROVENÇALE

Préparation : 15 min • **Cuisson :** 23 min • **Pour 4 personnes**

3 gousses d'ail • 2 oignons • 400 g d'oignons grelots • 8 tomates bien mûres
2 c. à s. d'huile d'olive • 2 feuilles de laurier • 1 petit brin de romarin
4 branches de thym • 1 pincée de piment d'Espelette
2 grosses tranches de thon • sel et poivre

- Épluchez l'ail, les oignons et les oignons grelots. Coupez les 2 premiers en fines lamelles.
- Lavez les tomates puis concassez-les.
- Faites chauffer l'huile dans une grande sauteuse. Ajoutez l'oignon émincé et faites-le revenir pendant 3 min, puis ajoutez l'ail, les oignons grelots, les tomates et les herbes aromatiques. Salez, poivrez et ajoutez le piment. Remuez. Lorsque la préparation frémit, couvrez et laissez mijoter pendant 10 min.
- Salez et poivrez les tranches de thon et placez-les dans la sauteuse. Recouvrez-les de sauce et faites-les cuire pendant 10 min en les retournant à mi-cuisson.
- Servez bien chaud.

Thon à la provençale et tagliatelle

Divisez les proportions des ingrédients pour la sauce en 2. Servez le thon accompagné de 350 g de tagliatelle cuites à l'eau.

Thon aux oignons rouges

Faites revenir 4 oignons rouges épluchés et émincés à la poêle avec 2 c. à s. d'huile d'olive. Faites-les cuire ensuite pendant 10 min dans un bouillon de légumes agrémenté de 10 cl de vin blanc sec. Remplacez la sauce par les oignons. Servez avec des pommes vapeur.

Thon aux pommes de terre

Divisez les proportions d'oignons grelots et de tomates par 2. Ajoutez à la sauce 400 g de pommes de terre cuites à l'eau pendant 15 min.

Thon aux légumes du soleil

Remplacez 2 tomates par 1 poivron vert émincé et 2 autres par 1 courgette taillée en cubes.

TIANS DE SARDINES AUX TOMATES ET AUX COURGETTES

Préparation : 10 min • **Cuisson** : 20 min • **Pour 4 personnes**

4 belles tomates • 2 courgettes • 1 gousse d'ail • quelques brins de ciboulette
2 c. à s. d'huile d'olive • 8 filets de sardine • sel et poivre

- Préchauffez le four à 180 °C.
- Lavez les tomates et les courgettes. Coupez-les en rondelles.
- Épluchez l'ail et hachez-le.
- Lavez la ciboulette, épongez-la et ciselez-la.
- Placez en alternance des rondelles de tomate et des rondelles de courgette dans 4 minicocottes, de façon à former des rosaces.
- Arrosez chaque cocotte d'huile d'olive, parsemez d'ail haché, salez et poivrez.
- Passez les filets de sardine sous l'eau froide. Salez-les et poivrez-les puis déposez 2 filets dans chaque cocotte.
- Parsemez de ciboulette ciselée et couvrez les cocottes.
- Faites cuire au four pendant 20 min.
- Servez bien chaud, dans les cocottes.

Tians au citron
Remplacez la ciboulette par le jus et le zeste d'1 citron jaune.

Tians de sardines aux trois poivrons
Remplacez les tomates et les courgettes par 2 poivrons rouges, 2 poivrons jaunes et 2 poivrons verts coupés en rondelles.

Tians de sardines au persil
Arrosez les sardines d'huile d'olive et parsemez-les de 2 c. à s. de persil haché avant d'enfourner. Supprimez la ciboulette.

Tians de sardines aux oignons
Coupez 1 ou 2 oignons en rondelles et intercalez celles-ci entre les rondelles de tomate et de courgette.

TOURTE MÉDITERRANÉENNE AU POISSON

Préparation : 20 min • **Cuisson :** de 45 min à 1 h • **Pour 4 personnes**

2 gousses d'ail • 1 oignon • 1 poivron rouge • 1 poivron vert
600 g de filets de colin • 2 c. à s. d'huile • 1 boîte de tomates pelées et concassées • 1 pincée de piment de Cayenne • 12,5 cl de vin blanc sec
4 feuilles de laurier • 1 rouleau de pâte feuilletée • 1 œuf • sel et poivre

- Préchauffez le four à 180 °C.
- Épluchez l'ail et l'oignon. Écrasez l'ail et émincez l'oignon. Lavez les poivrons, épépinez-les et coupez-les en lamelles. Coupez le poisson en gros morceaux.
- Faites chauffer l'huile dans une sauteuse et faites-y dorer les morceaux de poisson des 2 côtés. Retirez-les de la sauteuse et réservez-les au chaud.
- Ajoutez l'ail, l'oignon et les poivrons dans la sauteuse, puis faites sauter pendant environ 5 min.
- Incorporez les tomates, le piment de Cayenne et le vin. Salez et poivrez. Portez à ébullition et laissez mijoter pendant 5 min.
- Disposez le poisson et les légumes dans un plat à gratin, puis ajoutez les feuilles de laurier, salez et poivrez. Recouvrez la préparation de pâte feuilletée en soudant bien les bords contre le plat.
- Battez l'œuf et badigeonnez-en la pâte.
- Faites cuire au four de 30 à 45 min.
- Servez chaud.

Tourte aux deux saumons
Remplacez le colin par 400 g de dos de saumon frais et 200 g de saumon fumé.

Tourte aux fruits de mer
Remplacez le colin par 200 g de moules décoquillées, 200 g de crevettes décortiquées et 200 g d'anneaux de calamar.

Tourte à la bisque de homard
Divisez la quantité de tomates concassées par 2 et ajoutez 20 cl de bisque de homard. Supprimez le vin blanc.

Tourte au poisson et au poireau
Remplacez les poivrons par 8 blancs de poireau émincés. Remplacez les tomates par 30 cl de crème fraîche liquide.

WOK DE THON AU RIZ CROUSTILLANT

Préparation : 15 min • **Cuisson** : 25 min • **Pour 4 personnes**

250 g de riz • 1 gousse d'ail • 1 oignon • 700 g de thon frais • 1 carotte
100 g de haricots verts • 150 g de feuilles de betterave
3 c. à s. d'huile d'arachide • 20 cl de bouillon de légumes
1 c. à s. de sauce soja • 1 c. à c. de cumin • sel et poivre

- Faites cuire le riz en suivant les indications sur le paquet. Égouttez-le.
- Épluchez l'ail et l'oignon et hachez-les. Coupez le thon en gros dés. Épluchez la carotte puis coupez-la en tout petits dés. Équeutez les haricots, rincez-les et coupez-les en tout petits morceaux. Lavez les feuilles de betterave et égouttez-les.
- Faites chauffer 1 c. à s. d'huile dans un wok et faites-y revenir l'ail et l'oignon pendant 2 min. Ajoutez le riz et faites-le sauter de 1 à 2 min, jusqu'à ce qu'il soit bien croustillant. Retirez le riz du wok et réservez-le au chaud.
- Ajoutez l'huile restante et faites-y revenir le thon de 2 à 3 min, en secouant le wok souvent. Retirez le thon du wok et réservez-le au chaud.
- Jetez les haricots et les dés de carottes dans le wok, mouillez avec le bouillon de légumes et la sauce soja et faites chauffer pendant 3 min. Ajoutez le thon et le riz. Salez et poivrez puis parsemez du cumin et mélangez.
- Répartissez les feuilles de betterave sur le plat et servez aussitôt.

Wok de thon mi-cuit

Taillez le thon en morceaux assez épais et faites-les cuire pendant seulement 1 min.

Wok de thon mariné aux épices

Mélangez 1 c. à c. de graines de cumin, 1 c. à c. de poivres mélangés, 2 c. à c. de graines de fenouil et 1 c. à c. de gingembre en poudre. Écrasez le tout au pilon. Ajoutez 2 c. à s. de sauce soja et 2 c. à s. d'huile d'olive. Mélangez et badigeonnez le thon de ce mélange. Laissez mariner pendant 3 h au frais avant de faire cuire.

Wok de poulet au riz croustillant

Remplacez le thon par du poulet taillé en cubes. Vous pouvez aussi utiliser des côtes de porc désossées. Prolongez alors la cuisson de 2 à 3 min.

Wok de thon en croûte de parmesan

Passez les dés de thon dans 1 œuf battu, puis dans du parmesan râpé avant de les faire cuire.

VIANDES ET VOLAILLES

AIGUILLETTES DE CANARD AUX MIRABELLES

Préparation : 15 min • **Cuisson** : 15 min • **Pour 4 personnes**

1 kg de mirabelles • quelques brins de coriandre • 2 magrets de canard
5 cl d'eau-de-vie de mirabelle • 1 c. à c. de fond de volaille
30 g de beurre • 1 c. à s. de farine • sel et poivre

- Lavez les mirabelles puis dénoyautez-les.
- Lavez la coriandre et épongez-la.
- Entaillez les magrets côté peau en formant des croisillons.
- Faites-les cuire à feu vif, dans une poêle, sans matière grasse, pendant 5 min, côté peau. Jetez la graisse de la poêle et faites cuire les magrets pendant 3 min côté chair. Retirez-les de la poêle et réservez-les dans du papier d'aluminium.
- Jetez la graisse de cuisson des magrets, puis faites chauffer les mirabelles dans la poêle pendant 3 min, en remuant souvent. Réservez-les au chaud.
- Déglacez la poêle avec l'eau-de-vie et 15 cl d'eau additionnée du fond de volaille.
- Coupez le beurre en parcelles et incorporez-les à la sauce. Ajoutez la farine. Salez et poivrez. Fouettez et retirez la poêle du feu dès que le beurre est fondu.
- Coupez les magrets en aiguillettes et servez-les avec les mirabelles. Nappez de sauce et décorez de brins de coriandre.

Aiguillettes de canard aux cerises

Remplacez les mirabelles par des cerises dénoyautées et l'eau-de-vie de mirabelle par de l'eau-de-vie de cerise.

Aiguillettes de canard aux canneberges

Remplacez les mirabelles par 300 g de canneberges. Servez avec une purée de pommes de terre.

Aiguillettes de canard aux figues

Supprimez les mirabelles et l'eau-de-vie. Faites caraméliser 2 c. à s. de sirop de figue. Hors du feu, ajoutez 20 cl de vin rouge et 20 cl de fond de volaille. Laissez réduire. Faites dorer 12 figues coupées en 2 à feu vif avec 20 g de beurre.

Sauce aux framboises

Faites revenir 2 échalotes avec 1 c. à s. d'huile. Ajoutez 30 cl de coulis de framboise et 20 cl de vin blanc sec. Laissez mijoter de 10 à 15 min. Versez 2 c. à s. de crème liquide et 2 c. à s. de miel 3 min avant la fin de la cuisson.

AXOA DE VEAU

Préparation : 15 min • **Cuisson :** 1 h 15 • **Pour 4 personnes**

600 g d'épaule de veau • 2 oignons • 3 poivrons verts • 3 poivrons rouges
4 c. à s. d'huile d'olive • 1 c. à c. de piment d'Espelette
1 cube de bouillon de volaille • sel et poivre

- Coupez la viande en gros cubes et salez-les.
- Épluchez les oignons et émincez-les.
- Lavez les poivrons, épépinez-les et coupez-les en fines lamelles.
- Faites chauffer 2 c. à s. d'huile d'olive dans une cocotte. Faites-y dorer les cubes de viande, sans les remuer. Tournez-les et faites-les dorer sur l'autre face. Retirez-les de la cocotte et réservez-les.
- Faites chauffer le reste d'huile dans la cocotte et faites-y cuire les oignons et les poivrons pendant 15 min. Ajoutez la viande, le piment d'Espelette, le cube de bouillon et couvrez d'eau à hauteur. Salez et poivrez. Laissez mijoter pendant 50 min à couvert.
- Servez chaud.

Axoa de veau au jambon

Vingt minutes avant la fin de la cuisson, ajoutez 200 g de jambon de pays coupés en fines lamelles dans la cocotte.

Axoa de veau au piment vert

Remplacez le piment d'Espelette par 6 piments verts épépinés. Pour un goût plus fort, utilisez plutôt 3 piments rouges.

Axoa d'agneau

Remplacez l'épaule de veau par la même quantité d'épaule d'agneau.

Axoa aux pommes de terre

Supprimez 1 poivron rouge et 1 poivron vert. Remplacez-les par 4 petites pommes de terre, que vous ferez cuire avec les poivrons et les oignons.

BIRYANI D'AGNEAU

Préparation : 30 min • **Cuisson** : 20 min • **Pour 4 personnes**

*350 g de riz basmati • 6 capsules de cardamome • 6 clous de girofle
2 feuilles de laurier • 2 bâtons de cannelle • 800 g d'épaule d'agneau désossée
4 gousses d'ail • 2 oignons • 1 morceau de gingembre de 30 g
3 c. à s. de ghee • 4 petits piments verts • 1 c. à c. de piment de Cayenne
2 c. à c. de garam masala • 1 yaourt brassé • le jus d'1/2 citron
2 pommes de terre • 2 belles tomates • sel et poivre*

- Lavez le riz et faites-le tremper dans de l'eau pendant 1 h.
- Égouttez-le et faites-le cuire pendant 3 min dans de l'eau bouillante salée avec 2 capsules de cardamome, 2 clous de girofle, les feuilles de laurier et 1 bâton de cannelle. Égouttez le riz et retirez les épices.
- Coupez la viande en morceaux. Épluchez l'ail, les oignons et le gingembre. Hachez-les.
- Faites fondre 2 c. à s. de ghee dans un autocuiseur. Ajoutez le reste des épices, puis les ingrédients hachés et les morceaux d'agneau et faites dorer. Ajoutez les piments et le garam masala, puis le yaourt et le jus de citron. Salez et poivrez.
- Épluchez les pommes de terre et coupez-les en 8. Coupez les tomates en morceaux. Mettez-les avec la viande et ajoutez 10 cl d'eau. Fermez l'autocuiseur et faites cuire pendant 10 min.
- Faites fondre le reste de ghee dans une cocotte. Étalez au fond la moitié du riz précuit. Recouvrez avec les morceaux de viande, les légumes et un peu de sauce. Terminez avec le reste du riz. Couvrez et laissez cuire pendant 5 min à feu moyen.
- Mélangez et servez aussitôt.

Biryani d'agneau au safran
Placez quelques filaments de safran dans 2 c. à s. d'eau chaude. Ajoutez l'eau safranée dans la cocotte avant de fermer celle-ci.

Biryani d'agneau à la coriandre
Ajoutez 1/2 bouquet de coriandre ciselée dans la cocotte en même temps que les morceaux de viande.

Biryani de poulet ou de fruits de mer
Vous pouvez remplacer l'agneau par la même quantité de poulet ou de mélange de fruits de mer surgelés.

Beurre clarifié maison
Faites fondre 225 g de beurre dans une casserole à feu modéré de 1 à 2 min jusqu'à ce qu'il forme des bulles. Retirez du feu et ôtez l'écume. Versez doucement dans un bol en laissant les particules de lait dans la casserole.

BLANQUETTE DE VEAU

Préparation : 30 min • **Cuisson** : 2 h • **Pour 6 personnes**

1,5 kg d'épaule de veau • 20 oignons grelots • 1 oignon • 1 carotte
100 g de beurre • 1 bouquet garni • 300 g de champignons de Paris
1 c. à s. de sucre en poudre • 1 c. à s. de farine
20 cl de crème fraîche épaisse • 1 jaune d'œuf • sel et poivre

- Détaillez la viande en cubes. Pelez les oignons grelots et l'oignon. Émincez ce dernier. Pelez la carotte et coupez-la en rondelles.

- Faites revenir ces ingrédients dans une cocotte avec 40 g de beurre et le bouquet garni. Salez. Couvrez d'eau et laissez cuire à petits bouillons pendant 1 h 40 en remuant.

- Lavez les champignons, coupez la partie dure, épongez-les puis coupez-les en 2. Faites fondre 20 g de beurre dans une casserole et faites-y cuire les champignons à feu doux pendant 10 min.

- Faites fondre 20 g de beurre dans une petite casserole et mettez-y à dorer les oignons grelots. Saupoudrez-les de sucre et laissez caraméliser en remuant. Mouillez d'un peu d'eau et laissez confire à feu doux. Salez et poivrez.

- Retirez les morceaux de veau de la cocotte. Filtrez le jus de cuisson et reversez-le dans la cocotte. Ajoutez le reste de beurre en remuant, puis saupoudrez de farine et mélangez. Remettez les morceaux de viande dans la cocotte avec les champignons. Faites chauffer doucement et retirez du feu dès les premiers bouillons.

- Prélevez une petite louche de jus et mélangez-le à la crème fraîche et au jaune d'œuf. Replacez la cocotte sur le feu et versez-y le mélange en remuant rapidement.

- Servez la blanquette accompagnée des oignons grelots confits.

Blanquette de veau aux clous de girofle
Pour parfumer davantage la blanquette, ajoutez 2 clous de girofle dans la cocotte lorsque vous ajouterez l'eau sur la viande, les oignons, la carotte et le bouquet garni.

Blanquette de dinde
Pour une version moins onéreuse, remplacez le veau par la même quantité de filet de dinde.

Blanquette aux oignons au vinaigre
Pour éviter d'éplucher les oignons grelots, vous pouvez remplacer ceux-ci par 20 oignons grelots au vinaigre, en boîte, rincés. Il n'est pas nécessaire de les confire.

Blanquette au vin blanc
Ajoutez 20 cl de vin banc sec dans le bouillon de cuisson de la viande.

Lapin bourguignon

Remplacez la viande de bœuf par 4 râbles de lapin préalablement désossés.

Bœuf bourguignon aux cèpes

Pour une version plus festive, remplacez les champignons de Paris par la même quantité de cèpes frais.

Parmentier de bœuf bourguignon

S'il vous reste du bœuf bourguignon le lendemain, mettez-le dans un plat à gratin. Recouvrez d'une couche de purée de pommes de terre épaisse. Faites cuire au four préchauffé à 180 °C pendant 15 min.

Bœuf bourguignon mariné

Laissez mariner la viande coupée en morceaux pendant 12 h avec le vin rouge, les oignons, l'ail et les carottes. Poursuivez ensuite la recette.

BŒUF BOURGUIGNON

Préparation : 30 min • **Cuisson :** 3 h • **Pour 6 personnes**

1 kg de bœuf pour bourguignon • 1 gousse d'ail • 2 oignons
3 carottes • 3 c. à s. d'huile • 2 c. à s. de farine
50 cl de vin rouge • 1 bouquet garni • 200 g de lardons
250 g de champignons de Paris en boîte • sel et poivre

- Coupez la viande en cubes.
- Épluchez l'ail et les oignons. Émincez les oignons et écrasez l'ail.
- Pelez les carottes et coupez-les en rondelles.
- Dans une cocotte, faites chauffer l'huile. Faites-y revenir les cubes de viande pendant quelques minutes, sans remuer. Retournez-les et faites-les revenir sur l'autre face. La viande doit être bien dorée.
- Ajoutez les oignons, l'ail et les carottes. Salez légèrement, mélangez et laissez cuire pendant 5 min. Ajoutez la farine, remuez puis mouillez avec le vin rouge. Complétez avec de l'eau pour couvrir la viande. Ajoutez le bouquet garni. Portez le mélange à ébullition puis couvrez et laissez mijoter de 2 h 30 à 3 h à feu moyen.
- Quelques minutes avant de servir, faites chauffer les lardons dans une poêle, sans matière grasse. Lorsqu'ils sont bien dorés, ajoutez-y les champignons de Paris préalablement rincés. Laissez cuire pendant 5 min puis retirez du feu. Ajoutez les lardons et les champignons dans la cocotte.
- Servez chaud.

BŒUF EN DAUBE AU VIN BLANC

Préparation : 15 min • **Cuisson** : 3 h 10 • **Pour 4 personnes**

1 kg de paleron de bœuf • 1 oignon • 1 échalote • 3 gousses d'ail
1 branche de céleri • 1 morceau d'écorce d'orange confite
1 orange non traitée • 50 cl de vin blanc sec • 4 c. à s. d'huile d'olive
1 bouquet garni • 200 g de couenne de porc • 2 carottes • sel et poivre

- La veille, coupez la viande en gros cubes. Épluchez l'oignon et l'échalote et coupez-les en morceaux. Pelez l'ail et écrasez-le. Lavez la branche de céleri et coupez-la en petits dés. Coupez l'écorce d'orange confite en tout petits dés. Prélevez le zeste de l'orange et hachez-le finement.

- Préparez une marinade avec le vin blanc, l'oignon, l'échalote, l'ail, 2 c. à s. d'huile d'olive, l'écorce d'orange confite et le zeste d'orange, le bouquet garni et le céleri. Poivrez et mélangez. Faites mariner la viande dans cette préparation toute une nuit, recouverte de film étirable, au réfrigérateur.

- Le jour même, égouttez les morceaux de viande. Faites-les revenir sur toutes les faces dans une cocotte en fonte avec le reste d'huile d'olive. Retirez la viande, placez la couenne au fond de la cocotte (peau vers le dessus) et faites-la revenir. Remettez la viande et la marinade dans la cocotte.

- Pelez les carottes, coupez-les en biseau et mettez-les dans la cocotte avec 30 cl d'eau. Salez. Couvrez et laissez cuire pendant 3 h à feu doux.

- Jetez les morceaux de couenne. Dégraissez la viande et servez-la avec la sauce.

Daube et macaroni
Vous pouvez servir la daube accompagnée de macaroni cuits à l'eau. Dans ce cas, les proportions de la daube sont suffisantes pour 6 personnes.

Daube de macreuse
Vous pouvez remplacer le paleron de bœuf par de la macreuse, ou même du gîte de bœuf.

Daube au vin rouge
Remplacez le vin blanc par 40 cl de vin rouge. Complétez avec 2 c. à s. d'armagnac.

Bouquet garni
Pour préparer soi-même un bouquet garni, il suffit d'attacher ensemble 2 feuilles de laurier, quelques brins de thym, de cerfeuil et de persil plat, ainsi que quelques feuilles de céleri.

Bœuf stroganov au cognac
Ajoutez 1 c. à s. de cognac en même temps que la crème fraîche. Vous pouvez aussi utiliser du porto.

Bœuf stroganov au paprika
Ajoutez 1 ou 2 c. à c. de paprika en même temps que la crème fraîche.

Poulet stroganov
Remplacez la viande de bœuf par la même quantité de filets de poulet. Vous pouvez aussi utiliser de la dinde.

Bœuf stroganov au ketchup
À défaut de concentré de tomate, vous pouvez utiliser du ketchup, qui donnera un goût légèrement sucré-salé au plat.

BŒUF STROGANOV

Préparation : 15 min • **Cuisson :** 25 min • **Pour 4 personnes**

*500 g de pommes de terre • huile pour friture • 750 g de filet de bœuf
100 g de farine • 2 oignons • 250 g de champignons de Paris
50 g de beurre • 1 c. à s. de concentré de tomate
15 cl de crème fraîche • sel et poivre*

- Pelez les pommes de terre, rincez-les et coupez-les en allumettes.
- Faites chauffer un bain d'huile de friture et faites-y cuire les pommes de terre jusqu'à ce qu'elles soient bien dorées.
- Pendant ce temps, coupez la viande en lamelles. Salez-les, poivrez-les puis placez-les dans un sac à congélation avec la farine. Mélangez de façon à bien enrober la viande de farine.
- Épluchez les oignons puis émincez-les. Coupez la partie dure des champignons, rincez-les rapidement puis coupez-les en 2.
- Faites chauffer la moitié du beurre dans une grosse casserole et faites-y revenir les oignons. Réservez-les.
- Placez les champignons dans la même casserole et faites-les cuire pendant 10 min. Retirez-les avec une écumoire.
- Faites chauffer le reste de beurre dans la casserole. Faites griller le bœuf de 3 à 4 min, à feu vif, puis ajoutez les oignons et les champignons réservés, et faites réchauffer le tout. Réduisez le feu et rectifiez l'assaisonnement si nécessaire.
- Ajoutez le concentré de tomate et la crème fraîche. Laissez mijoter à feu moyen pendant 5 min, en remuant doucement.
- Servez sans attendre avec les frites.

Boudins blancs en papillote

Disposez les boudins dans 2 morceaux de papier sulfurisé et formez des papillotes. Faites cuire au four préchauffé à 160 °C de 15 à 20 min.

Boudin blanc gratiné

Enveloppez chaque boudin d'1 tranche de jambon. Mettez dans un plat à four et nappez de 20 cl de crème fraîche, de 4 c. à s. de concentré de tomate et de 10 cl de porto. Salez et poivrez. Parsemez de gruyère râpé et faites gratiner.

Purée à l'huile d'olive

Faites cuire 400 g de pommes de terre à l'eau puis écrasez-les avec 2 c. à s. d'huile d'olive et 20 cl de lait. Salez et poivrez. Servez à la place des pommes.

Aumônières de boudin aux abricots

Placez au centre de 4 feuilles de brick 5 rondelles de boudin, 2 oreillons d'abricot et 2 c. à s. de fromage de chèvre frais. Fermez les aumônières. Faites cuire au four préchauffé à 180 °C pendant 30 min. Servez en entrée.

BOUDIN BLANC AUX POMMES

Préparation : 10 min • **Cuisson :** 30 min • **Pour 2 personnes**

6 pommes • 70 g de beurre • 1 c. à s. de gros sel gris de Guérande
2 boudins blancs • 2 c. à s. de sucre roux en poudre

- Coupez les pommes en 4, épépinez-les et pelez-les. Taillez les quartiers en lamelles épaisses.
- Faites fondre 40 g de beurre dans une sauteuse et faites-y cuire les pommes à feu doux pendant 10 min, en les retournant régulièrement à l'aide d'une spatule en bois.
- Portez à ébullition une grande quantité d'eau additionnée de gros sel. Mettez-y les boudins et laissez frémir pendant 5 min. Égouttez les boudins sur du papier absorbant.
- Saupoudrez les pommes d'1 c. à s. de sucre et laissez-les caraméliser à feu doux pendant 10 min, en les retournant souvent.
- Dans une poêle, faites fondre le reste de beurre et faites-y dorer les boudins à feu très doux, en les retournant souvent.
- Ajoutez le reste du sucre sur les pommes et poursuivez la cuisson pendant encore 10 min, en les retournant souvent.
- Servez les boudins entourés des pommes.

BROCHETTES DE BŒUF PARFUMÉES

Préparation: 10 min • **Cuisson**: 25 min • **Pour 4 personnes**

Pour les brochettes : 15 brins de romarin • 5 brins d'origan
10 branches de thym • 600 g de faux-filet de bœuf
3 c. à s. d'huile d'olive • 2 poivrons orange
4 tranches de poitrine fumée • sel et poivre
Pour le riz : 125 g de riz basmati • 125 g de riz sauvage • sel

- Allumez le barbecue ou préchauffez le gril du four.
- Effeuillez 3 brins de romarin, l'origan et le thym.
- Coupez la viande en gros dés.
- Mettez-les dans un saladier avec l'huile et ajoutez les herbes émiettées. Laissez mariner pendant 1 h.
- Faites cuire les 2 sortes de riz en suivant les indications sur le paquet.
- Lavez les poivrons, épépinez-les et coupez-les en cubes.
- Retirez la couenne des tranches de poitrine fumée.
- Épongez légèrement les dés de bœuf avec du papier absorbant. Salez et poivrez.
- Préparez des brochettes en alternant les différents ingrédients sur les branches de romarin conservées entières.
- Faites-les cuire sur le barbecue ou sous le gril du four de 8 à 10 min, en les retournant au moins une fois en cours de cuisson.
- Servez les brochettes avec les 2 riz mélangés.

Brochettes de bœuf au laurier
Faites mariner les morceaux de bœuf dans 3 c. à s. d'huile d'olive avec 8 feuilles de laurier, pendant 1 h.

Brochettes de bœuf haché
Hachez le bœuf et mélangez-le avec 2 c. à s. d'huile d'olive, 1/4 de bouquet de persil haché et 1/4 de bouquet de coriandre hachée. Salez et poivrez. Formez des boulettes.

Brochettes de magret aux abricots
Remplacez la viande de bœuf par du magret de canard taillé en dés et les morceaux de poivron par des abricots secs.

Brochettes de dinde à la coriandre
Remplacez la viande de bœuf par du filet de dinde taillé en dés. Faites-les mariner dans 4 c. à s. d'huile d'olive, le jus de 2 citrons verts, 1 c. à s. de gingembre en poudre, 2 c. à s. de coriandre ciselée et 1 c. à s. de cumin.

Cailles au lard

Pour éviter que les cailles ne se dessèchent, entourez chacune d'1 tranche de lard avant cuisson.

Cailles aux raisins

Supprimez le vinaigre et remplacez les cerises par des grains de raisin blanc. Une fois cuits, retirez-les de la cocotte, ajoutez 20 cl de porto dans celle-ci et flambez. Versez la sauce sur les cailles et les raisins.

Cailles farcies à la sauge

Déposez sur 4 feuilles de sauge 2 brins de persil, 1 noix de beurre et 1 gousse d'ail hachée. Enroulez les feuilles et placez-en 1 à l'intérieur de chaque caille. Faites cuire sous le gril du four pendant 15 min.

Cailles farcies aux fruits secs

Mixez 1 poignée de raisins secs avec autant d'abricots secs, de dattes et de figues séchées, quelques noisettes, 10 cl de muscat, du sel et du poivre. Garnissez les cailles de ce mélange.

CAILLES AUX CERISES

Préparation : 10 min • **Cuisson :** 20 min • **Pour 4 personnes**

1 échalote • 20 g de beurre
2 c. à s. d'huile d'olive • 4 cailles • 1 c. à c. de poivre en grains
600 g de cerises fraîches • 1/2 bouquet de cerfeuil
1 c. à s. de vinaigre balsamique • quelques feuilles de roquette • sel

- Épluchez l'échalote et hachez-la.
- Faites chauffer le beurre et l'huile dans une cocotte. Faites-y revenir les cailles sur toutes les faces puis ajoutez l'échalote et le poivre. Salez, couvrez et laissez cuire pendant 15 min à feu doux en retournant les cailles à mi-cuisson.
- Pendant ce temps, lavez les cerises et le cerfeuil. Épongez-les. Ciselez le cerfeuil.
- Ajoutez-les dans la cocotte, avec le vinaigre, et poursuivez la cuisson pendant 5 min en remuant régulièrement.
- Lavez la roquette et égouttez-la.
- Disposez les cailles sur un plat et entourez-les des cerises. Décorez des feuilles de roquette et servez.

Lentilles aux lardons
Ajoutez 150 g de lardons fumés dans les lentilles 10 min avant la fin de la cuisson de celles-ci.

Pigeons aux lentilles
Remplacez les cailles par des pigeons. Dans ce cas, comptez 2 pigeons par personne. Réduisez le temps de cuisson de 10 min.

Cailles flambées au cognac
Une fois les cailles cuites, mettez-les à feu vif, ajoutez 1 ou 2 verres à liqueur de cognac et faites flamber.

Cailles aux pignons de pin
Faites rôtir 4 cailles badigeonnées d'huile au four préchauffé à 190 °C de 15 à 20 min. Parallèlement, faites revenir 25 g de pignons de pin avec 1 c. à s. d'huile puis ajoutez 50 g de raisins secs préalablement trempés dans l'eau et 5 cl de xérès. Faites cuire pendant 3 min puis servez avec les cailles, accompagnées de légumes verts vapeur.

CAILLES EN CRAPAUDINE AUX LENTILLES

Préparation : 20 min • **Cuisson :** 35 min • **Pour 4 personnes**

3 gousses d'ail • 1 branche de romarin • 1 petit piment rouge frais
1 c. à s. de poivre concassé • 1 c. à c. de fleur de sel • 1 c. à s. de sauce soja
4 c. à s. huile d'olive • 4 cailles aplaties en crapaudine • 3 belles tomates
1 oignon • 1 carotte • 350 g de lentilles vertes • 1 bouquet garni
1 cube de bouillon • 15 cl de bouillon de volaille • sel

- Pelez les gousses d'ail, ôtez le germe et hachez-en 2. Émincez la dernière. Réservez-la. Effeuillez le romarin et hachez-le finement. Coupez la tige du piment, fendez-le, retirez les graines et hachez-le.
- Mélangez ces 3 ingrédients avec le poivre concassé, la fleur de sel, la sauce soja et 1 c. à s. d'huile d'olive. Badigeonnez les cailles de ce mélange.
- Lavez les tomates et concassez-les. Épluchez l'oignon et émincez-le. Pelez la carotte et coupez-la en rondelles.
- Faites revenir l'oignon dans 1 c. à s. d'huile d'olive. Ajoutez la carotte, l'ail émincé, les lentilles, le bouquet garni et le cube de bouillon. Couvrez d'eau. Portez à ébullition, salez et laissez cuire pendant 30 min.
- Préchauffez le four à 210 °C.
- Faites chauffer le reste d'huile dans un plat à four allant sur le feu puis faites-y dorer les cailles sur chaque face. Mouillez avec le bouillon et portez à ébullition. Ajoutez les tomates.
- Enfournez les cailles et laissez cuire pendant 30 min.
- Servez les cailles aussitôt sur un lit de lentilles.

CARRÉ D'AGNEAU AUX PÊCHES

Préparation : 20 min • **Cuisson** : 25 min • **Pour 6 personnes**

6 oignons de printemps • 12 pêches • 1 carré d'agneau de 800 g
1 c. à s. de moutarde forte • 3 c. à s. d'herbes de Provence
2 c. à s. d'huile d'olive • sel et poivre

- Préchauffez le four à 240 °C.
- Épluchez les oignons et coupez-les en 2.
- Lavez les pêches, dénoyautez-les et coupez-les en 4 ou 6 selon leur taille.
- Badigeonnez le carré d'agneau de moutarde puis salez-le, poivrez-le et parsemez-le d'herbes de Provence.
- Déposez la viande dans un plat à four. Placez les morceaux d'oignon et de pêche tout autour. Arrosez le tout d'huile d'olive.
- Faites cuire au four pendant 25 min.
- Laissez ensuite reposer pendant 10 min dans le four éteint, puis servez.

Carré d'agneau à l'ail

Supprimez les oignons et les pêches et remplacez-les par 12 gousses d'ail entières et non pelées. Servez avec du riz ou des pommes de terre à l'eau.

Carré d'agneau aux herbes fraîches

Mixez 1/2 bouquet de persil plat, 1/2 bouquet de cerfeuil, 4 brins d'estragon, 2 brindilles de thym et 6 tranches de pain de mie jusqu'à obtention d'une pâte épaisse. Remplacez les herbes de Provence par ce mélange.

Carré d'agneau aux abricots

Remplacez les pêches par une vingtaine d'abricots dénoyautés et coupés en 2.

Rôti de porc aux pêches

Remplacez le carré d'agneau par la même quantité de rôti de porc. Faites-le cuire au four pendant 15 min avant d'ajouter les oignons et les pêches. Arrosez régulièrement de jus de cuisson, pour éviter que le rôti ne soit trop sec.

Cassoulet aux haricots rouges

Remplacez les haricots blancs par la même quantité de haricots rouges. Vous pouvez remplacer les saucisses de Toulouse par du chorizo fort.

Cassoulet de flageolets

Remplacez les haricots blancs par la même quantité de flageolets. Vous pouvez remplacer les cuisses de canard confit par des râbles de lapin.

Salade d'orange

Mettez 4 oranges pelées taillées en rondelles dans un saladier. Ajoutez le jus de 3 oranges, 2 c. à s. de sucre de canne et les feuilles d'1/2 bouquet de menthe. Servez très frais en dessert léger.

Sorbet aux prunes

Mixez 800 g de prunes pelées et dénoyautées avec 15 cl de sirop de sucre léger. Faites glacer en sorbetière et servez en dessert léger.

CASSOULET

Préparation : 20 min • **Cuisson :** 4 h • **Pour 4 personnes**

500 g de haricots blancs secs • 3 oignons • 3 clous de girofle • 3 gousses d'ail
3 carottes • 1 belle tomate • 1 bouquet garni • 100 g de couennes de porc
1 c. à c. de grains de poivre • 4 cuisses de canard confit
4 saucisses de Toulouse • 4 morceaux d'échine de porc
1 c. à s. de concentré de tomate • 50 g de chapelure

- La veille, mettez les haricots à tremper. Le jour même, épluchez les oignons et piquez-en 1 de clous de girofle. Émincez les autres. Pelez l'ail et hachez-le. Épluchez les carottes, coupez-en 1 en tronçons et les autres en rondelles. Lavez la tomate et concassez-la.

- Mettez l'oignon clouté et les tronçons de carotte dans une cocotte avec les haricots égouttés et couvrez d'eau. Ajoutez le bouquet garni, les couennes et le poivre. Laissez bouillir pendant 10 min puis baissez le feu et poursuivez la cuisson à petits bouillons.

- Pendant ce temps, faites chauffer les cuisses de canard. Récupérez 2 c. à s. de graisse fondue et faites-y dorer les saucisses dans une sauteuse. Une fois cuites, coupez celles-ci en rondelles.

- Faites revenir le porc. Ajoutez les oignons émincés, l'ail, la tomate, les rondelles de carotte et le concentré de tomate. Remuez, puis versez sur les haricots. Couvrez et laissez mijoter pendant 2 h.

- Préchauffez le four à 180 °C.

- Déposez tous les ingrédients dans un plat en terre. Faites cuire au four pendant 1 h 30. Surveillez et à chaque fois qu'une croûte dorée se forme sur le dessus, enfoncez-la dans la préparation. Montez la température du four à 210 °C. Saupoudrez le plat de chapelure et faites gratiner pendant 15 min. Servez dans le plat de cuisson.

Chili végétarien
Remplacez la viande par 300 g de pois chiches en boîte, 250 g de lentilles vertes, 2 carottes coupées en cubes et 3 pommes de terre taillées en morceaux.

Chili au porc
Vous pouvez remplacer le bœuf par la même quantité de côtes de porc désossées.

Guacamole
Mixez la chair de 3 avocats, 1 échalote, 1 tomate et le jus d'1 citron. Salez et poivrez. Réservez au réfrigérateur de 2 à 3 h et servez à l'apéritif, avec des nachos.

Gelée mexicaine à la goyave
Versez 25 cl d'eau dans une casserole, ajoutez 15 g de gelée en poudre et portez à ébullition. Hors du feu, mélangez avec la chair mixée de 2 goyaves, 3 c. à s. de sucre en poudre et 50 cl de lait. Laissez prendre au réfrigérateur pendant 6 h. Servez en dessert.

CHILI CON CARNE

Préparation : 10 min • **Cuisson** : 1 h 30 • **Pour 6 personnes**

3 gousses d'ail • 3 oignons • 1 kg de viande de bœuf hachée
2 c. à s. d'huile d'olive • 1 c. à c. de cumin en poudre
20 g de piment rouge en poudre • 1 c. à c. de piment fort en poudre
500 g de tomates pelées entières • 100 g de concentré de tomate
1 c. à c. de Tabasco • 20 g de fond de viande
700 g de haricots rouges en boîte • sel

- Épluchez l'ail et les oignons puis hachez-les.
- Faites revenir la viande dans une sauteuse, sans matière grasse, pendant 10 min, puis retirez-la à l'aide d'une écumoire.
- Faites revenir l'ail et les oignons pendant 5 min dans la sauteuse, avec l'huile d'olive.
- Ajoutez la viande, le cumin, les piments, les tomates, le concentré de tomate, le Tabasco, le fond de viande et les haricots rouges. Salez. Laissez cuire à feu très doux pendant 1 h 15.
- Goûtez en cours de cuisson et rectifiez l'assaisonnement si nécessaire.
- Servez très chaud.

Choucroute bavaroise
Remplacez la palette de porc fumée par 4 boudins noirs et les saucisses de Strasbourg par des saucisses de Francfort ou des leberwüste (saucisses de foie).

Salade de choucroute crue
Réservez 250 g de choucroute crue rincée et mélangez-la avec 2 carottes et 2 pommes râpées ainsi que 3 échalotes hachées. Servez en entrée légère.

Choucroute à la bière
Remplacez le vin blanc par 25 cl de bière blonde.

Liqueur de mirabelle
Mettez 1 kg de noyaux de mirabelles dans un bocal avec 75 cl d'eau-de-vie blanche et 25 cl d'eau-de-vie de mirabelle. Laissez macérer pendant 45 jours en remuant toutes les semaines. Filtrez puis mélangez à un sirop fait avec 250 g de sucre et 25 cl d'eau. Laissez refroidir et mettez en bouteille. Servez en digestif, après la choucroute.

CHOUCROUTE

Préparation : 15 min • **Cuisson** : 2 h 30 • **Pour 4 personnes**

1 kg de choucroute crue • 1 oignon • 2 carottes • 10 g de graisse d'oie
25 cl de vin blanc sec d'Alsace • 1 jambonneau • 200 g de poitrine fumée
½ palette de porc fumée • 2 clous de girofle • 1 c. à c. de grains de poivre
1 c. à c. de baies de genièvre • 1 feuille de laurier • 2 branches de thym
400 g de pommes de terre • 4 saucisses de Strasbourg • sel

- Lavez la choucroute à l'eau courante à plusieurs reprises, puis égouttez-la.

- Épluchez l'oignon et émincez-le.

- Pelez les carottes et coupez-les en tronçons.

- Préchauffez le four à 180 °C.

- Faites fondre la graisse d'oie dans une cocotte allant au four. Ajoutez l'oignon et faites-le revenir pendant quelques minutes, puis mouillez avec le vin et ajoutez les carottes, la choucroute, le jambonneau, la poitrine fumée, la palette, les épices et les herbes aromatiques. Salez très légèrement. Versez 50 cl d'eau et portez à ébullition. Couvrez, enfournez et laissez cuire pendant 2 h.

- Pelez les pommes de terre et rincez-les. Mettez-les dans la cocotte et prolongez la cuisson pendant encore 30 min.

- Dix minutes avant la fin de la cuisson, faites pocher les saucisses.

- Sortez la cocotte du four. Prélevez les viandes et tranchez-les.

- Servez la choucroute garnie des saucisses, des viandes et des pommes de terre.

COLOMBO DE POULET

Préparation : 15 min • **Cuisson :** 50 min • **Pour 4 personnes**

4 gousses d'ail • 2 échalotes • 1 piment • 1 poulet de 1,5 kg coupé en morceaux
3 pincées de coriandre en poudre • 3 pincées d'anis en poudre
le jus de 3 citrons • 3 tomates • 3 c. à s. d'huile d'arachide
2 c. à s. de colombo • 12 cl de lait de coco • 250 g de riz
1 c. à s. de graines de pavot • quelque brins de ciboulette • sel et poivre

- Épluchez l'ail et les échalotes. Écrasez l'ail et émincez-les échalotes. Lavez le piment et hachez-le.
- Mettez-les dans un plat creux avec les morceaux de poulet salés, la coriandre et l'anis. Arrosez le tout du jus de 2 citrons et laissez mariner au frais pendant 1 h.
- Lavez les tomates, épépinez-les et coupez-les en petits dés. Égouttez le poulet et épongez-les. Réservez la marinade.
- Faites chauffer l'huile dans une cocotte et faites-y dorer les morceaux de poulet en les retournant plusieurs fois.
- Délayez le colombo dans la marinade et versez le tout sur le poulet, mélangez. Mouillez avec un peu d'eau et le jus du citron restant, couvrez et laissez mijoter pendant 30 min.
- Ajoutez le lait de coco et les dés de tomate, salez et poivrez. Laissez mijoter encore de 10 à 15 min.
- Faites cuire le riz en suivant les indications sur le paquet.
- Juste avant de servir, ajoutez-le dans la cocotte, avec les graines de pavot. Mélangez.
- Servez aussitôt le colombo avec le riz. Décorez avec la ciboulette.

Poudre pour colombo maison

Écrasez au pilon 2 c. à s. de coriandre en poudre, 2 c. à s. de curcuma, 1 c. à s. de cumin, 1 c. à c. de graines de moutarde, 1/2 c. à c. de fenugrec, 1 clou de girofle et 1 gousse d'ail.

Colombo de poulet aux légumes

Faites cuire le poulet avec 2 courgettes et 2 pommes de terre coupées en cubes. Ajoutez 2 ciboules émincées revenues à la poêle avec 2 c. à s. d'huile. Supprimez le riz.

Colombo de poisson et de crevettes

Remplacez le poulet par 1 kg de filet de cabillaud et 500 g de crevettes décortiquées. Laissez mijoter pendant 30 min.

Bananes à la cannelle et au rhum

Faites revenir 4 bananes coupées en rondelles dans 25 g de beurre puis réservez-les. Versez 5 c. à s. de rhum dans la poêle, ajoutez 1 c. à c. de cannelle en poudre et 2 c. à s. de miel. Laissez épaissir. Versez sur les bananes chaudes. Servez en dessert.

COQ AU VIN JAUNE

Préparation : 25 min • **Cuisson :** 1 h 40 • **Pour 6 personnes**

1 coq de 2 kg • 2 c. à s. de farine • 80 g de beurre
50 cl de crème fraîche • 200 g de champignons de Paris
12 pommes de terre • 6 oignons grelots • 2 c. à s. d'huile de tournesol
200 g de lardons fumés • quelques brins de persil plat • sel et poivre
Pour la marinade : 3 oignons • 2 carottes • 1 branche de céleri
50 cl de vin jaune • 1 bouquet garni • 10 grains de poivre

- La veille, découpez le coq en morceaux. Préparez la marinade : pelez les oignons et émincez-les. Pelez les carottes et coupez-les en rondelles. Lavez le céleri et coupez-le en tronçons. Placez les légumes et la viande dans un saladier. Ajoutez le vin, le bouquet garni et le poivre. Laissez mariner au frais pendant 24 h.

- Le jour même, retirez la viande de la marinade et épongez les morceaux. Farinez-les. Filtrez la marinade.

- Préchauffez le four à 210 °C. Faites chauffer le beurre dans une cocotte. Faites-y revenir les morceaux de volaille à feu modéré. Couvrez et faites cuire au four pendant 1 h.

- Sortez la cocotte du four, versez-y la marinade, puis la crème et les champignons coupés en morceaux. Salez et poivrez. Mélangez et poursuivez la cuisson à découvert pendant 40 min.

- Pendant ce temps, pelez les pommes de terre. Faites-les cuire dans de l'eau bouillante salée pendant 25 min.

- Épluchez les oignons grelots. Faites-les revenir dans une sauteuse avec l'huile et les lardons.

- Mélangez tous les ingrédients et versez la sauce filtrée par-dessus. Servez aussitôt le coq au vin, décoré de brins de persil.

Coq au vin rouge
Remplacez le vin jaune par 1 l de vin rouge. Ajoutez 20 baies de genièvre et 30 grains de poivre à la marinade. Supprimez la crème fraîche.

Coq au riesling
Faites revenir le coq coupé en morceaux dans 40 g de beurre avec 3 échalotes hachées. Ajoutez 2 c. à s. de farine, puis 75 cl de riesling, 20 cl d'eau, 1 bouquet garni, un peu de céleri, du sel et du poivre. Laissez mijoter de 1 h 30 à 2 h. Faites réduire le jus de cuisson, filtrez-le puis ajoutez 250 g de champignons de Paris cuits à l'eau et 200 g de crème fraîche. Servez chaud.

Coq à la bière
Suivez la recette ci-dessus, en remplaçant le riesling par de la bière blonde.

Salade frisée composée
En entrée, proposez une salade frisée agrémentée de lardons, de croûtons aillés et de dés de comté.

Coquelet forestière

Supprimez la jardinière de légumes. Faites réchauffer 24 châtaignes cuites en conserve à la poêle. Faites cuire dans une sauteuse 200 g de champignons de Paris émincés avec 10 g de beurre. Servez le tout avec le coquelet.

Coquelet rôti

Mettez le coquelet dans un plat à four et faites-le cuire pendant 35 min au four préchauffé à 210 °C, en le retournant 2 fois.

Petits pois à la française

Mettez 2 kg de petits pois écossés dans une cocotte avec 30 g de beurre, 6 oignons blancs, 1 cœur de laitue, 1 branche de cerfeuil, 1 morceau de sucre, du sel et du poivre. Laissez cuire à couvert pendant 45 min. Servez avec le coquelet.

Petits pois à la paysanne

Reprenez la recette ci-dessus avec 1,5 kg de petits pois, en ajoutant 3 carottes coupées en rondelles, 1 c. à s. de farine et 200 g de lardons fumés.

COQUELET EN JARDINIÈRE

Préparation : 15 min • **Cuisson :** 45 min • **Pour 3 ou 4 personnes**

*1 kg de petits pois frais • 200 g de haricots verts extra-fins
1 botte de petits oignons nouveaux • 1 barquette de minicarottes
1 barquette de mininavets • 350 g de pommes de terre grenailles
2 gousses d'ail • 1 beau coquelet • 2 feuilles de laurier
quelques brins de thym • 2 c. à s. d'huile d'olive • sel et poivre*

- Écossez les petits pois. Équeutez les haricots verts.
- Pelez les oignons et coupez les tiges en conservant un peu de vert.
- Épluchez les carottes et les navets. Laissez leurs fanes.
- Nettoyez les pommes de terre, sans les peler.
- Pelez les gousses d'ail, coupez-les en 2 et dégermez-les.
- Salez et poivrez l'intérieur du coquelet. Introduisez-y les gousses d'ail, 1 feuille de laurier et 3 brins de thym. Faites dorer le coquelet dans une sauteuse avec l'huile, puis placez-le dans un panier de cuit-vapeur et commencez la cuisson.
- Au bout de 20 min, intercalez le deuxième panier vapeur contenant les petits pois, les pommes de terre, les oignons, quelques brins de thym et la feuille de laurier restante.
- Dix minutes plus tard, ajoutez les carottes, les navets et les haricots verts. Salez et poivrez. Poursuivez la cuisson pendant 15 min environ.
- Servez bien chaud.

COURGETTES FARCIES

Préparation : 20 min • **Cuisson** : 30 min • **Pour 4 personnes**

8 courgettes rondes • 2 échalotes • 1 gousse d'ail • 2 c. à s. d'huile d'olive
200 g de viande de veau hachée • 1 pincée de piment d'Espelette
½ bouquet de persil plat • 1 œuf • 40 g d'emmental râpé
30 g de parmesan râpé • sel et poivre

- Coupez un chapeau au sommet des courgettes et évidez-les. Coupez la chair en petits dés.
- Faites précuire les courgettes pendant 10 min à la vapeur. Salez-les et retournez-les sur une grille pour qu'elles rendent leur eau.
- Pelez les échalotes et l'ail. Émincez les premières ; hachez l'ail.
- Faites suer les échalotes pendant 3 min dans l'huile d'olive. Ajoutez la viande hachée et remuez. Ajoutez les dés de courgette et l'ail. Salez, poivrez et pimentez. Continuez à remuer jusqu'à ce que la viande soit bien colorée et les dés de courgette fondants.
- Préchauffez le four à 200 °C.
- Lavez le persil, épongez-le et ciselez-le.
- Battez l'œuf en omelette. Salez, poivrez, puis mélangez avec l'emmental râpé et les 3/4 du parmesan. Incorporez la viande et les courgettes, puis le persil.
- Remplissez les courgettes de cette farce. Saupoudrez du reste de parmesan.
- Faites cuire au four pendant 20 min.
- Laissez reposer pendant 2 min avant de servir.

Tomates farcies
Remplacez les courgettes par 8 tomates. Il n'est pas nécessaire de les précuire.

Champignons farcis
Remplacez les courgettes par 12 gros champignons de Paris. Taillez les pieds en lamelles et ajoutez-les à la farce. Garnissez les chapeaux.

Courgettes farcies au porc
Remplacez le veau haché par de la chair à saucisse. Remplacez, éventuellement, les fromages par 1/2 poivron rouge taillé en tout petits cubes.

Courgettes farcies à la ricotta et aux herbes
Mélangez 500 g de ricotta avec 10 brins de coriandre et autant de persil plat, de menthe et de basilic, 40 g de parmesan râpé, 2 œufs, 2 c. à s. d'huile d'olive, du sel et du poivre. Garnissez les courgettes de ce mélange. Râpez la chair des courgettes et faites-la revenir à la poêle pendant 1 min avec 1 c. à s. d'huile d'olive. Servez avec les courgettes farcies.

Couscous au gingembre
Pour parfumer le plat, ajoutez 1 pincée de gingembre à la préparation.

Semoule traditionnelle
Étalez la semoule rincée et égouttée dans un grand plat. Laissez gonfler puis travaillez avec la paume de la main. Faites cuire à la vapeur puis versez dans un plat et ajoutez 20 cl d'huile et 50 cl d'eau salée. Séparez les grains entre les doigts. Faites cuire pendant 30 min. Étalez dans le plat et travaillez les grains.

Couscous royal
Remplacez le poulet entier par 2 filets et 2 cuisses de poulet, 800 g de gigot d'agneau et 4 tranches de collier d'agneau.

Couscous aux légumes
Remplacez le poulet par 6 pommes de terre moyennes, 400 g de fonds d'artichaut coupés en cubes et 4 poivrons rouges taillés en lanières.

COUSCOUS AU POULET

Préparation : 30 min • **Cuisson** : 1 h 10 • **Pour 8 personnes**

200 g de pois chiches • 1 poulet • 2 oignons • 2 tomates • 4 carottes 4 navets • 3 courgettes • 1 bouquet de coriandre • 1 piment 2 c. à s. d'huile • 150 g de beurre • 1 c. à c. de safran moulu 1 c. à c. de paprika • 1 pincée de cumin en poudre • 4 merguez 500 g de semoule • 20 g de beurre • 100 g de raisins secs • sel et poivre

- La veille, faites tremper les pois chiches dans de l'eau.
- Le jour même, coupez le poulet en morceaux. Épluchez les oignons et émincez-les. Lavez les tomates et coupez-les en morceaux. Pelez les carottes, les navets et les courgettes et coupez-les en morceaux. Lavez la coriandre, épongez-la et ciselez-la. Lavez le piment et hachez-le.
- Faites chauffer l'huile dans une cocotte. Faites-y revenir les morceaux de poulet avec les oignons. Versez ensuite les tomates, puis les épices, la coriandre et le piment. Ajoutez 2 l d'eau. Salez et poivrez. Laissez cuire pendant 20 min.
- Incorporez les carottes, les navets et les courgettes. Laissez cuire pendant 30 min.
- Faites cuire les merguez sur un gril pendant environ 10 min. Parallèlement, préparez la semoule en suivant les indications sur le paquet puis incorporez-y le beurre en parcelles.
- Prélevez un peu de bouillon du couscous pour y faire cuire, d'une part les pois chiches, pendant 5 min, d'autre part les raisins secs, pendant 5 min.
- Mettez dans un plat la préparation au poulet, les pois chiches, les raisins secs et les merguez. Servez aussitôt, avec la semoule.

Crumble aux carottes
Remplacez les pommes par 4 petites carottes taillées en dés. Faites-les cuire pendant 10 min avant de les faire caraméliser.

Crumble à la patate douce
Remplacez les pommes par 1 grosse patate douce taillée en dés. Faites-les cuire pendant 10 min, sans les faire caraméliser.

Crumble breton
Remplacez les pommes par un poids équivalent de pommes de terre rattes, que vous ferez cuire à l'eau et mélangerez avec 2 oignons de Roscoff émincés et revenus à la poêle. Remplacez le confit de canard par des rondelles d'andouille de Guéméné.

Crumble en croûte de parmesan
Pour l'appareil à crumble, remplacez les amandes par 50 g de parmesan.

CRUMBLE GASCON

Préparation : 25 min • **Cuisson :** 30 min • **Pour 4 personnes**

20 g d'amandes grillées • 20 g de cerneaux de noix • 60 g de beurre ramolli
120 g de farine • 3 c. à c. de cassonade • 1 pincée de fleur de sel
2 cuisses de canard confit • 4 petites pommes • poivre du moulin

- Hachez les amandes et les noix.
- Coupez le beurre en petits dés. Mélangez-les avec la farine, les amandes, les noix, 1 c. à c. de cassonade et la fleur de sel. Travaillez avec les doigts pour obtenir des miettes. Réservez au réfrigérateur pendant 30 min.
- Faites chauffer doucement les cuisses de canard dans une casserole. Égouttez-les et effilochez la chair.
- Pelez les pommes et coupez-les en dés.
- Prélevez 1 c. à s. de la graisse rendue par le confit et faites-la chauffer dans une poêle. Ajoutez les dés de pomme et saisissez-les pendant 2 min, puis saupoudrez du reste de cassonade et faites caraméliser en remuant. Retirez du feu.
- Préchauffez le four à 180 °C.
- Badigeonnez 4 cercles à pâtisserie de graisse de canard et posez-les sur une plaque recouverte de papier sulfurisé. Garnissez-les de dés de pomme. Ajoutez une couche de canard confit, poivrez, puis recouvrez d'une couche de la préparation précédente émiettée.
- Enfournez la plaque et laissez cuire pendant 30 min.
- Faites glisser les crumbles dans les assiettes, retirez les cercles et servez aussitôt.

Curry d'agneau à l'indonésienne
Remplacez le bœuf à braiser par la même quantité d'épaule d'agneau désossée.

Curry de bœuf aux fruits
Pour un léger goût sucré-salé, ajoutez 1 banane écrasée et 1 pomme pelée et coupée en lamelles dans le wok en même temps que la viande.

Curry de bœuf au yaourt
À défaut de lait de coco, vous pouvez utiliser 2 yaourts brassés nature ou 40 cl de crème liquide.

Curry de bœuf à la noix de coco
Parsemez le plat de 50 g de noix de coco râpée juste avant de servir.

CURRY DE BŒUF À L'INDONÉSIENNE

Préparation : 20 min • **Cuisson** : 3 h • **Pour 4 personnes**

5 gousses d'ail • 1 oignon • 1 petit piment rouge frais
800 g de bœuf à braiser • 1 c. à s. de gingembre râpé
2 c. à c. de cumin en poudre • 2 c. à s. de coriandre en poudre
½ c. à c. de curcuma • 2 c. à s. de sauce soja
3 c. à s. de sauce de poisson thaï • 2 c. à s. d'huile végétale
2 boîtes de lait de coco • 5 clous de girofle • 1 bâton de cannelle
2 étoiles de badiane • 250 g de riz basmati • sel et poivre

- Pelez et dégermez les gousses d'ail. Pelez l'oignon et coupez-le en morceaux. Ôtez le pédoncule et les graines du piment. Coupez-le en morceaux. Coupez la viande en cubes.

- Mixez l'ail, l'oignon et le piment avec le gingembre, le cumin, la coriandre, le curcuma, la sauce soja, la sauce de poisson, l'huile et 20 cl de lait de coco.

- Versez la sauce et le reste du lait de coco dans un wok placé sur feu moyen. Ajoutez les morceaux de viande, les clous de girofle, la cannelle et la badiane. Remuez bien. Portez à ébullition, puis baissez le feu et poursuivez la cuisson à frémissements sans couvrir pendant 3 h. La viande est alors bien tendre et la sauce n'est presque plus liquide.

- Vingt minutes avant de servir, faites cuire le riz en suivant les indications sur le paquet.

- Poivrez le curry et servez-le bien chaud, avec le riz.

Curry de porc à l'ananas
Remplacez les raisins secs par 3 rondelles d'ananas au sirop taillées en cubes. Vous pouvez aussi utiliser de l'ananas frais.

Curry de porc aux tomates
Ajoutez 5 tomates pelées, épépinées et concassées dans la cocotte en même temps que les morceaux de viande.

Curry de porc au pastis
Une fois la viande cuite, retirez-la de la cocotte et ajoutez-y 10 cl de lait de coco et 1 c. à s. de pastis. Laissez réduire avant de remettre la viande dans la cocotte et de servir.

Crème à la mangue
Mixez 1 mangue bien mûre avec 50 g de sucre en poudre et 10 cl de lait. Incorporez 20 cl de crème fraîche fouettée et battez. Parsemez d'amandes effilées grillées à sec.

CURRY DE PORC AUX RAISINS

Préparation : 15 min • **Cuisson :** 1 h 15 • **Pour 4 personnes**

1 gousse d'ail • 800 g de palette désossée • 1 yaourt brassé nature 2 pincées de piment fort • 1 oignon • 20 g de beurre • 2 c. à s. d'huile végétale • 1 bâton de cannelle • 1 feuille de laurier • 2 clous de girofle 2 capsules de cardamome • 1 c. à s. de gingembre râpé ½ c. à c. de curcuma • 1 c. à c. de cumin en poudre • 1 petit piment frais 2 c. à s. de raisins secs • 1 c. à c. de garam masala • sel et poivre

- Pelez l'ail, dégermez-le et écrasez-le.

- Coupez la palette en morceaux.

- Salez le yaourt, mélangez-le à l'ail et ajoutez 1 pincée de piment. Mettez la viande à mariner dans cette sauce pendant 20 min au frais.

- Épluchez l'oignon et émincez-le.

- Faites chauffer le beurre et l'huile dans une cocotte. Ajoutez la cannelle, le laurier, les clous de girofle et la cardamome et faites sauter pendant 30 s, puis ajoutez l'oignon et faites revenir pendant 3 min. Ajoutez alors les morceaux de viande, le gingembre, le curcuma, le cumin, le reste de piment fort et le piment entier.

- Quand la sauce est presque asséchée, ajoutez les raisins secs, versez 50 cl d'eau bouillante et mélangez. Laissez mijoter à couvert de 1 h à 1 h 15 en saupoudrant de garam masala vers la fin. Ajoutez un peu de liquide si nécessaire.

- Rectifiez l'assaisonnement et servez.

PR
Welé
ULED

FILET MIGNON DE VEAU AU CHOU ROUGE

Préparation : 10 min • **Cuisson :** 30 min • **Pour 4 personnes**

1 oignon rouge • 30 g de beurre • 3 c. à s. d'huile d'olive
1 filet mignon de veau • 1 c. à c. de fond de veau déshydraté
1 chou rouge • noix muscade râpée • 1 c. à c. de miel • sel et poivre

- Épluchez l'oignon et hachez-le.
- Dans une sauteuse, faites chauffer 10 g de beurre et 1 c. à s. d'huile et faites-y revenir l'oignon et le filet mignon sur toutes les faces. Ajoutez le fond de veau et 20 cl d'eau. Salez, poivrez. Laissez mijoter à feu doux pendant 25 min, en retournant la viande de temps en temps.
- Parallèlement, retirez les premières feuilles du chou rouge et le cœur. Coupez-le en lanières à l'aide d'un couteau à longue lame.
- Faites-les blanchir pendant 5 min dans de l'eau bouillante salée, puis égouttez-les.
- Faites-les revenir dans une poêle avec le reste de beurre et d'huile. Salez, poivrez, puis ajoutez un peu de noix muscade râpée et le miel. Laissez mijoter à feu doux pendant 25 min en remuant régulièrement.
- Coupez le filet mignon cuit en morceaux.
- Versez le chou dans un plat creux. Déposez les morceaux de viande par-dessus et poivrez.
- Servez aussitôt.

Filet mignon de porc

Remplacez le filet mignon de veau par 1 filet mignon de porc. Prolongez la cuisson de 5 à 10 min.

Filet mignon de veau au chou vert

Remplacez le chou rouge par du chou pommé vert.

Filet mignon de veau aux châtaignes et aux morilles

Faites revenir à la poêle 2 oignons émincés, 200 g de morilles et 100 g de lardons fumés. Ajoutez 40 cl de bouillon de volaille. Laissez réduire puis ajoutez 25 cl d'eau et 400 g de châtaignes en boîte. Laissez mijoter pendant 30 min. Servez à la place du chou.

Filet mignon de veau en croûte

Répartissez le chou cuit sur 1 pâte feuilletée, déposez par-dessus le filet mignon de veau juste saisi et enrobez-le de pâte en soudant les bords. Faites cuire au four préchauffé à 240 °C pendant 35 min.

FONDUE BOURGUIGNONNE

Préparation : 15 min • **Cuisson** : 1 min • **Pour 6 personnes**

1,5 kg de viande de bœuf • 1 gousse d'ail
2 l d'huile d'arachide ou de tournesol • herbes de Provence
épices (paprika, cumin, curry, etc.) • sauces pour fondue (sauce bourguignonne, béarnaise, tartare, etc.) • sel et poivre

- Coupez la viandes en cubes. Mettez-les dans un plat de service et laissez-le à température ambiante pendant au moins 30 min.
- Pelez la gousse d'ail et frottez-en l'intérieur d'un caquelon à fondue.
- Faites chauffer l'huile dans une casserole puis versez-la dans le caquelon. Placez celui-ci sur le réchaud.
- Les convives piqueront la viande au bout de longues brochettes et la feront cuire à leur convenance dans le caquelon.
- Servez accompagné des herbes, des épices, de sel et de poivre et des sauces.

Fondue aux aiguillettes de canard
Remplacez le bœuf par des aiguillettes de canard.

Fondue savoyarde
Faites fondre dans le caquelon 600 g de beaufort, 600 g de comté et 600 g d'emmental râpés. Ajoutez 60 cl de vin blanc sec et 1 pincée de noix muscade. Trempez des morceaux de pain rassis dans le fromage.

Fondue et grenailles
Faites cuire 1 kg de pommes de terre grenailles lavées mais non pelées dans de l'eau bouillante salée. Servez-les avec la fondue, en complément de la viande.

Sauce tartare
Mélangez le jaune de 3 œufs durs écrasés avec 1 jaune d'œuf et 1 c. à s. de moutarde. Salez et poivrez. Incorporez l'huile au fur et à mesure en fouettant. Ajoutez 1 c. à s. de jus de citron, 1 oignon émincé, 100 g de cornichons hachés, 2 c. à s. de câpres écrasées et mélangez aux œufs.

Flageolets et haricots
Faites cuire 1 kg de flageolets et 1 kg de haricots verts en boîte puis mélangez-les. Servez à la place des pommes de terre.

Purée d'ail
Faites bouillir les gousses pelées de 4 têtes d'ail avec 10 cl d'eau et 10 cl de crème liquide, du sel et du poivre, pendant environ 20 min, à couvert. Écrasez avec 25 g de beurre. Servez à la place des pommes de terre.

Gigot à l'anglaise
Faites cuire 750 g de carottes, 750 g de navets, 2 oignons piqués de clous de girofle dans de l'eau avec 1 bouquet garni, du sel et du poivre. Ajoutez le gigot et laissez bouillir pendant 1 h 30. Servez-le avec les carottes et les navets.

Sauce à la menthe
Mixez 3 c. à s. de menthe ciselée avec 30 g de sucre et 20 cl de vinaigre de vin blanc. Servez avec le gigot à l'anglaise.

GIGOT D'AGNEAU À LA BOULANGÈRE

Préparation : 30 min • **Cuisson** : 45 min • **Pour 8 personnes**

6 gousses d'ail • 1 gigot d'agneau de 3 kg environ
1,5 kg de pommes de terre bintjes • 5 oignons • 60 g de beurre
1 branche de thym • 25 cl de bouillon dégraissé • sel et poivre

- Préchauffez le four à 210 °C.
- Épluchez les gousses d'ail, puis coupez-les en 2. Retirez le germe. Pratiquez 12 incisions dans le gigot et piquez-y les demi-gousses d'ail. Épluchez les pommes de terre. Taillez-les en bâtonnets et lavez-les, puis égouttez-les. Pelez les oignons et émincez-les.
- Faites fondre le beurre dans une petite casserole.
- Mettez les oignons dans un grand saladier avec les pommes de terre, du sel, du poivre, le beurre fondu et le thym. Mélangez bien.
- Versez la préparation dans un plat creux. Posez le gigot dessus.
- Enfournez et faites rôtir de 30 à 35 min.
- Sortez le gigot du four, enveloppez-le dans une grande feuille de papier d'aluminium et réservez-le au chaud pendant 10 min avant de le découper pour que le jus se diffuse dans les muscles.
- Ajoutez le bouillon dégraissé préalablement chauffé sur les pommes de terre et poursuivez la cuisson pendant 10 min.
- Disposez les pommes de terre cuites dans un grand plat de service. Coupez le gigot en tranches et placez celles-ci dessus. Salez, poivrez et servez très chaud.

Goulache de dinde

Remplacez le veau par la même quantité de filet de dinde.

Goulache de bœuf pimenté

Remplacez le veau par la même quantité de paleron de bœuf. Ajoutez 1 piment vert et 2 c. à s. de cumin. Laissez mijoter pendant 30 min supplémentaires.

Crème aigre

Mélangez 250 g de crème fraîche épaisse avec le jus d'1 citron. Salez et poivrez. Servez avec le goulache.

Fromage blanc à la hongroise

Mélangez 1 kg de fromage blanc, 20 cl de crème fraîche, 1 c. à s. de sel, 1 c. à s. de paprika, 1 pincée de piment fort, 1 oignon émincé, 1 c. à c. de poivre blanc et 1 c. à c. de cumin. Battez et laissez reposer pendant 24 h. Servez à l'apéritif, avec du pain de campagne.

GOULACHE

Préparation : 20 min • **Cuisson :** 2 h • **Pour 4 personnes**

800 g de viande de veau • 4 oignons • 3 c. à s. d'huile d'arachide
1,5 c. à s. de fond de veau déshydraté • 4 c. à s. de concentré de tomate
6 c. à c. de paprika • 2 c. à c. de fécule de pomme de terre
8 pommes de terre bintjes • ½ poivron rouge • ½ poivron vert
½ poivron orange • 10 cl de crème fraîche épaisse
le jus d'1 citron • sel et poivre

- Taillez la viande en cubes réguliers. Pelez les oignons et émincez-les.

- Faites chauffer l'huile dans une cocotte. Faites-y revenir les oignons. Ajoutez la viande et faites-la dorer. Ajoutez le fond de veau et 40 cl d'eau. Portez lentement à ébullition.

- Pendant ce temps, mélangez le concentré de tomate, le paprika et la fécule dans un bol. Délayez avec 3 c. à s. de bouillon prélevé dans la cocotte.

- Versez cette liaison dans la cocotte, mélangez et portez de nouveau à ébullition. Couvrez et baissez le feu. Laissez mijoter doucement pendant 1 h 45 en remuant de temps en temps.

- Épluchez les pommes de terre et lavez-les. Lavez les demi-poivrons, épépinez-les et taillez-les en lanières. Ajoutez-les dans la cocotte 30 min avant la fin de la cuisson.

- Vingt minutes avant de servir, mélangez la crème fraîche et le jus de citron dans un bol.

- Juste avant de servir, dégraissez au maximum la cuisson de la viande en écumant le dessus avec une petite louche. Versez la crème aigre, mélangez délicatement et servez dans la cocotte.

Jambon braisé à l'ananas

Remplacez les pommes par 2 ananas frais coupés en tranches, que vous ferez revenir à la poêle avec 1 noix de beurre.

Sauce au chablis

Faites étuver 1 kg de champignons de Paris avec 30 g de beurre. Ajoutez 1 filet de citron vert, du sel, du poivre, puis la chair de 4 tomates et 1 l de crème liquide. Faites cuire pendant 15 min. Ajoutez 50 cl de chablis et laissez réduire. Servez avec le jambon.

Purée de carottes à l'orange

Faites cuire dans de l'eau bouillante 1,5 kg de carottes pelées et coupées en cubes avec le jus de 3 oranges pendant 50 min. Écrasez-les avec 40 cl de lait, 100 g de beurre, du sel et du poivre. Servez à la place des pommes.

Côtes de porc aux pommes

Pour une recette plus rapide, remplacez le jambon par 12 côtes de porc grillées au barbecue pendant environ 15 min.

JAMBON BRAISÉ AUX POMMES

Préparation : 30 min • **Cuisson :** 3 h 30 min • **Pour 10 à 12 personnes**

1 jambon frais de 4 kg • 15 clous de girofle • 250 g de sucre en poudre
2 kg de pommes • 25 cl de vinaigre de vin rouge
15 grains de poivre noir • 25 cl de bouillon de bœuf
15 cl de rhum • 60 g de beurre • sel et poivre blanc

- Mettez le jambon dans un faitout, couvrez d'eau froide, portez à frémissements et laissez cuire pendant 2 h.
- Préchauffez le four à 220 °C.
- Retirez la couenne en laissant une fine épaisseur de graisse. Répartissez les clous de girofle sur le jambon. Posez-le sur une plaque de cuisson et saupoudrez-le de 125 g de sucre.
- Enfournez à mi-hauteur et faites cuire pendant 1 h 30.
- Pelez les pommes et coupez-les en lamelles.
- Versez le vinaigre dans une casserole, ajoutez les grains de poivre écrasés et faites bouillir pendant 5 min, puis ajoutez le bouillon et faites bouillir de nouveau.
- Préparez un caramel, avec le reste de sucre, dans une casserole. Versez le bouillon filtré sur le caramel. Salez et poivrez. Ajoutez le rhum et faites réduire.
- Faites chauffer le beurre dans une sauteuse et faites-y revenir les pommes.
- Disposez les pommes dans un plat, déposez le jambon par-dessus. Servez aussitôt.

LAPIN AU VIN BLANC

Préparation : 20 min • **Cuisson :** 45 min • **Pour 6 personnes**

250 g d'oignons grelots • 300 g de champignons de Paris
1 lapin coupé en morceaux • 1 c. à s. de farine • 3 c. à s. d'huile
30 cl de vin blanc • 1 bouquet garni • 150 g de lardons
1,2 kg de petites pommes de terre • sel et poivre

- Épluchez les oignons.
- Coupez le pied terreux des champignons, rincez-les rapidement et épongez-les. Émincez-les.
- Saupoudrez les morceaux de lapin de farine.
- Faites chauffer l'huile dans une cocotte. Faites-y dorer les morceaux de lapin sur toutes les faces, de 2 à 3 min. Salez et poivrez.
- Versez le vin blanc, ajoutez le bouquet garni, les oignons et les lardons. Couvrez et faites cuire pendant 20 min à feu doux.
- Retirez le couvercle, ajoutez les champignons et poursuivez la cuisson pendant 20 min.
- Pendant ce temps, lavez les pommes de terre. Faites-les cuire à la vapeur de 15 à 20 min.
- Servez le lapin accompagné des pommes vapeur.

Lapin à l'estragon
Faites chauffer 8 c. à s. de crème fraîche avec les sucs de cuisson du lapin et ajoutez 3 c. à s. d'estragon haché. Nappez le lapin de cette sauce.

Lapin au four
Enrobez 6 râbles de lapin de lard. Parsemez d'herbes de Provence et faites cuire au four préchauffé à 210 °C pendant 30 min en arrosant de vin blanc régulièrement. Servez avec des tomates à la provençale.

Lapin aux pommes de terre et aux tomates
Faites cuire 1 lapin coupé en morceaux avec 12 pommes de terre et 12 tomates dans une grande sauteuse avec 4 c. à s. d'huile d'olive et du sel pendant environ 20 min. Remuez souvent.

Lapin à la moutarde
Nappez les morceaux de lapin de moutarde forte avant de les faire cuire, de façon que leur chair reste tendre.

LAPIN CONFIT AUX CAROTTES ET AUX CHAMPIGNONS

Préparation : 20 min • **Cuisson** : 1 h 30 • **Pour 6 personnes**

4 échalotes • 2 gousses d'ail • 2 carottes • 140 g de shiitakes
1 lapin d'1,5 kg • 1 foie de lapin • 2 c. à s. d'huile d'olive
10 g de beurre • 2 pincées de piment d'Espelette • 1 c. à s. de miel
2 c. à s. de sauce soja • 1 petite branche de romarin frais
1 feuille de laurier • 1 bâton de cannelle • sel et poivre

- Épluchez les échalotes et l'ail et émincez-les. Pelez les carottes et coupez-les en rondelles. Lavez et égouttez les shiitakes. Coupez-les en tranches au dernier moment.

- Coupez le lapin en morceaux. Dégagez les rognons et réservez-les au frais avec les 2 foies.

- Chauffez l'huile avec le beurre dans une cocotte. Faites-y revenir les échalotes pendant 3 min, puis ajoutez les morceaux de lapin et saupoudrez-les du piment d'Espelette. Lorsque la viande commence à se colorer, faites couler le miel en filet et ajoutez la sauce soja.

- Laissez dorer les morceaux de lapin sur toutes les faces. Quand ils sont caramélisés, mouillez avec 30 cl d'eau. Ajoutez l'ail, le romarin, le laurier, la cannelle, du sel et du poivre, et couvrez. Laissez mijoter à feu très doux pendant environ 1 h 30, jusqu'à ce que la chair soit bien confite et commence à se détacher des os. Retournez les morceaux de lapin de temps en temps et mouillez lorsque c'est nécessaire.

- Au bout d'1 h de cuisson, ajoutez les carottes.

- Dix minutes avant la fin de la cuisson, mettez les foies, les rognons et les shiitakes dans la cocotte. Servez chaud.

Lapin aux pruneaux
Remplacez les shiitakes par 100 g de pruneaux dénoyautés. Ajoutez-les dans la cocotte en fin de cuisson.

Lapin aux navets
Remplacez les carottes par 3 navets pelés et coupés en cubes.

Lièvre confit
Remplacez le lapin par 1 lièvre de même poids. Augmentez le temps de cuisson de 30 min, car la chair du lièvre est plus dure que celle du lapin.

Lapin à la flamande
Faites revenir 1 lapin coupé en morceaux dans une cocotte avec 3 échalotes émincées et 30 g de beurre. Ajoutez 1 c. à s. de farine, 15 cl de bière brune, 25 cl de bouillon de volaille et 1 bouquet garni et laissez mijoter pendant 25 min. Servez avec des pommes de terre à l'eau.

MÉDAILLONS DE FILET MIGNON AUX PATATES DOUCES

Préparation : 15 min • **Cuisson :** 30 min • **Pour 4 personnes**

1 filet mignon de porc • 2 c. à s. de farine • 3 échalotes
2 patates douces • 25 g de beurre • 1 c. à s. d'huile d'olive
15 cl de bière ambrée • sel et poivre

- Tranchez le filet mignon en médaillons et farinez-les.
- Épluchez et émincez les échalotes.
- Pelez les patates douces et coupez-les en cubes. Faites-les cuire pendant 25 min à la vapeur, puis salez, poivrez et ajoutez 1 noisette de beurre.
- Faites fondre 15 g de beurre avec l'huile dans une poêle et saisissez les médaillons de porc. Faites-les dorer des deux côtés. Assurez-vous qu'ils sont cuits à cœur. Salez, poivrez et réservez au chaud.
- Filtrez la matière grasse de la poêle, essuyez celle-ci et reversez-y le mélange beurre-huile. Faites-y suer les échalotes jusqu'à ce qu'elles soient tendres et colorées. Mouillez avec la bière et faites réduire à feu vif. Saupoudrez d'1 c. à c. de farine et mélangez. Retirez du feu et incorporez 10 g de beurre.
- Servez aussitôt les médaillons de filet mignon, recouverts d'échalotes et accompagnés de cubes de patate douce.

Patates douces sautées
Faites cuire les cubes de patate douce dans une sauteuse, avec 2 c. à s. d'huile, pendant 20 min.

Médaillons à la moutarde
Supprimez la préparation aux échalotes. Badigeonnez les médaillons de moutarde avant de les faire cuire. Allongez avec 15 cl de crème fraîche juste avant de servir.

Médaillons en croûte
Enroulez le filet mignon entier dans un rectangle de pâte feuilletée. Faites cuire au four préchauffé à 180 °C pendant 30 min. Coupez en médaillons et servez.

Haricots verts à l'espagnole
Faites cuire 800 g de haricots verts frais effilés dans de l'eau additionnée de 2 c. à s. de vinaigre, de 3 à 4 min. Égouttez-les puis faites-les revenir à la poêle avec 4 c. à s. d'huile d'olive et 2 oignons émincés pendant 4 min. Salez et poivrez et laissez mijoter de 5 à 6 min. Servez à la place des patates douces.

MIJOTÉE DE PINTADE AUX CHAMPIGNONS

Préparation : 20 min • **Cuisson :** 50 min • **Pour 4 personnes**

quelques brins de thym • quelques brins de cerfeuil
2 c. à s. d'huile d'olive • 1 pintade de 1 à 1,5 kg • 20 cl de vin blanc
3 c. à s. de fond de volaille • 3 c. à s. de concentré de tomate
1 grosse boîte de champignons de Paris entiers • sel et poivre

- Lavez le thym et le cerfeuil puis épongez-les. Émiettez le thym ; ciselez le cerfeuil.
- Dans une cocotte, faites chauffer l'huile d'olive. Faites-y revenir la pintade sur toutes les faces jusqu'à coloration et parsemez-la de thym. Ajoutez le vin blanc, le fond de volaille et le concentré de tomate. Salez et poivrez. Couvrez et laissez cuire pendant 40 min, à feu doux.
- Rincez les champignons puis versez-les dans la cocotte. Poursuivez la cuisson pendant 10 min.
- Juste avant de servir, parsemez la pintade de cerfeuil.
- Servez très chaud.

Faisan aux champignons
Remplacez la pintade par 1 faisan de même poids. Le goût de ces 2 viandes est assez proche.

Pintade aux girolles
Remplacez les champignons de Paris par 1 kg de girolles revenues à la poêle. Remplacez le thym et le cerfeuil par 2 c. à s. de persil ciselé.

Pintade aux lentilles
Faites cuire 250 g de lentilles à l'eau avec 1 oignon clouté, 1 carotte fendue en 2 et 1 bouquet garni pendant 50 min. Salez à mi-cuisson. Ajoutez les lentilles dans la cocotte à la place des champignons.

Pintade aux choux de Bruxelles
Faites cuire 1 kg de choux de Bruxelles à la vapeur pendant 15 min. Ajoutez-les dans la cocotte à la place des champignons.

MOUSSAKA À LA GRECQUE

Préparation : 20 min • **Cuisson :** 1 h • **Pour 4 personnes**

1 échalote • 2 oignons • 1/2 botte de persil • 400 g de viande de mouton hachée
2 tomates • 4 gousses d'ail • 1 noix de beurre + supplément pour le moule
1 kg d'aubergines • 30 g de farine • 20 cl d'huile • 1 œuf
100 g de fromage râpé • sel et poivre

- Épluchez l'échalote et les oignons et émincez-les. Lavez le persil, épongez-le puis hachez-le. Mélangez ces ingrédients dans un saladier avec la viande.
- Ébouillantez les tomates pendant 30 s puis rafraîchissez-les, pelez-les et coupez-les en 2. Coupez-les en dés. Épluchez les gousses d'ail puis écrasez-les.
- Faites dorer les oignons dans une cocotte avec le beurre. Jetez-y le hachis de viande. Saisissez-le puis ajoutez les tomates, l'ail, du sel et du poivre. Laissez cuire à feu moyen pendant 15 min en remuant souvent.
- Préchauffez le four à 180 °C.
- Lavez les aubergines puis coupez-les en rondelles, sans les peler. Farinez-les. Faites-les frire à la poêle dans l'huile chaude, de 1 à 2 min sur chaque face. Salez et poivrez.
- Retirez le hachis du feu. Incorporez-y l'œuf entier battu.
- Beurrez un moule à four. Superposez-y les couches d'aubergine et de hachis. Parsemez de fromage râpé.
- Faites cuire au bain-marie, au four, de 30 à 40 min.
- Servez très chaud.

Moussaka végétarienne
Remplacez la viande hachée préparée par 400 g de pois chiches en boîte, que vous ajouterez dans la cocotte avec les tomates et l'ail.

Moussaka à la turque
Ajoutez 2 poivrons verts taillés en lamelles et revenus à la poêle avec 3 c. à s. d'huile à la préparation. Versez tous les ingrédients mélangés dans le moule.

Moussaka à la bulgare
Remplacez les aubergines par la même quantité de pommes de terre taillées en rondelles, préalablement cuites à l'eau pendant 15 min.

Tzatziki
Faites dégorger 2 concombres râpés pendant 20 min puis mélangez avec 2 gousses d'ail écrasées, 2 bouquets de menthe hachée, 2 yaourts grecs, 8 c. à s. d'huile, du sel du poivre. Servez en entrée.

Navarin de mouton
Remplacez l'épaule d'agneau par la même quantité de collier ou de poitrine de mouton.

Navarin d'agneau au vin blanc
Remplacez l'eau par 50 cl de vin blanc. Vous pouvez aussi utiliser 25 cl d'eau et 25 cl de vin blanc.

Navarin d'agneau au ras-el-hanout
Remplacez le bouquet garni par 1 c. à c. de ras-el-hanout. Vous pouvez aussi utiliser du cinq-épices.

Navarin d'agneau aux pommes de terre
N'utilisez que 4 oignons nouveaux, 3 carottes et 3 navets et ajoutez 6 pommes de terre moyennes pelées et coupées en dés.

NAVARIN D'AGNEAU

Préparation : 20 min • **Cuisson :** 1 h 30 • **Pour 4 personnes**

1 kg d'épaule d'agneau désossée • 1 oignon • 2 gousses d'ail
8 oignons nouveaux • 300 g de petits pois • 5 carottes • 4 jeunes navets
2 tomates • 15 g de beurre • 2 c. à s. d'huile d'olive • 2 c. à s. de farine
1 bouquet garni • sel et poivre

- Coupez la viande en morceaux.
- Épluchez l'oignon et émincez-le grossièrement. Pelez et dégermez l'ail. Coupez-le en lamelles. Pelez les oignons nouveaux et coupez leur tige à 3 cm.
- Écossez les petits pois. Pelez les carottes et les navets. Coupez 4 carottes en tronçons et la dernière en dés. Coupez les navets en 2 ou en 4. Lavez les tomates, épépinez-les et concassez-les.
- Faites fondre le beurre avec l'huile dans une cocotte. Mettez-y les morceaux d'agneau et faites-les revenir sur toutes les faces.
- Salez et poivrez, puis saupoudrez-les de farine. Remuez pendant 1 min, puis mouillez avec 50 cl d'eau.
- Ajoutez les tomates, le bouquet garni, l'ail, la carotte en dés et l'oignon émincé. Portez à ébullition, écumez, couvrez et laissez mijoter pendant 45 min.
- Débarrassez les morceaux d'agneau sur une assiette, filtrez le bouillon et reversez-le dans la cocotte. Placez-y les légumes et les morceaux d'agneau. Couvrez et remettez sur le feu pour 30 min : les légumes doivent être fondants.
- Servez chaud.

OIGNONS ROUGES FARCIS

Préparation : 15 min • **Cuisson** : 30 min • **Pour 2 personnes**

4 beaux oignons rouges • 1 gousse d'ail • 1 tranche de jambon cru
2 feuilles de sauge • 150 g de chair à saucisse • 1 pincée de piment doux
30 g de parmesan râpé • 1 c. à s. de crème fraîche épaisse
1 c. à s. d'huile d'olive • sel et poivre

- Faites précuire les oignons entiers à la vapeur pendant 5 min. Ils doivent être tendres mais encore fermes. Coupez un chapeau sur le dessus, au tiers de la hauteur, puis évidez-les. Hachez la chair prélevée.
- Préchauffez le four à 180 °C.
- Pelez, dégermez et hachez la gousse d'ail.
- Coupez le jambon en dés minuscules.
- Hachez finement les feuilles de sauge.
- Faites revenir la chair à saucisse avec l'ail. Ajoutez le piment et poivrez. Hors du feu, mélangez avec le parmesan râpé, la crème fraîche, la chair des oignons hachée et la sauge. Salez.
- Garnissez les oignons de cette préparation. Alignez-les dans un plat à four huilé et recouvrez-les de leur chapeau. Mouillez légèrement le fond du plat.
- Enfournez et laissez cuire pendant 15 min.
- Servez bien chaud.

Oignons farcis à l'espagnole

Faites griller à la poêle 2 c. à s. de pignons de pin avec 2 c. à s. d'huile d'olive. Ajoutez 3 gousses d'ail hachées, 100 g de mie de pain, 2 c. à s. d'estragon ciselé et 100 g de pulpe de tomates. Garnissez les oignons de ce mélange. Servez en accompagnement d'un poulet rôti.

Oignons farcis au veau et au lard

Remplacez la chair à saucisse par 150 g de viande de veau et le jambon par 100 g de lard frais. Remplacez la sauge par du persil plat ciselé.

Oignons farcis au thon

Remplacez la chair à saucisse et le jambon par 200 g de miettes de thon au naturel. Remplacez la sauge par 1 c. à s. de câpres et la crème fraîche par 2 c. à s. de concentré de tomate.

Piquillos farcis

Remplacez les oignons par 4 ou 8 piquillos (piments rouges du Pays basque), selon leur taille.

OSSO BUCCO

Préparation : 20 min • **Cuisson** : 2 h 15 • **Pour 4 personnes**

3 carottes • 1 petite branche de céleri • 2 oignons • 4 tomates
10 pétales de tomates confites • 40 g de farine
4 tranches de jarret de veau • 4 c. à s. d'huile d'olive
20 cl de vin blanc sec • 30 cl de bouillon de veau • sel et poivre

- Épluchez les carottes et râpez-les. Nettoyez la branche de céleri, fendez-la et coupez-la en petits dés. Pelez et émincez les oignons. Mondez les tomates et concassez-les en ôtant les graines. Coupez les tomates confites en morceaux.

- Versez la farine dans un plat creux, avec du sel et du poivre. Passez les tranches de jarret de veau dans la farine. Tapotez-les pour en retirer l'excédent et réservez-les sur une assiette.

- Préchauffez le four à 160 °C.

- Faites chauffer l'huile d'olive dans une cocotte allant au four. Mettez-y les tranches de viande et faites-les dorer des 2 côtés. Retirez la viande et réservez-la.

- Mettez les carottes, le céleri et les oignons dans la cocotte et faites-les suer pendant quelques minutes. Mouillez avec le vin blanc et portez à ébullition, puis laissez réduire pendant 5 min.

- Ajoutez la viande, les tomates fraîches et confites et le bouillon. Portez à ébullition. Couvrez la cocotte, placez-la dans le four et laissez cuire pendant 2 h.

- Au bout de ce temps, retirez la viande et réservez-la au chaud. Placez la cocotte sur le feu et faites épaissir la sauce de 5 à 8 min.

- Servez la viande confite nappée de sauce.

Osso bucco alla gremolata
Mélangez 1 gousse d'ail écrasée, les feuilles de 6 branches de persil plat hachées et le zeste haché d'1 citron. Réservez à l'abri de l'air et parsemez-en l'osso bucco au moment de servir.

Osso bucco aux agrumes
Quinze minutes avant la fin de la cuisson au four, parsemez l'osso bucco des zestes d'1 citron et d'1 orange en lanières.

Osso bucco à l'ail et aux fines herbes
Quinze minutes avant la fin de la cuisson, parsemez l'osso bucco de 2 c. à s. de basilic ciselé, de 2 gousses d'ail hachées et de 2 c. à s. de persil plat haché. Ajoutez, éventuellement, 1 c. à c. de piment doux.

Osso bucco aux spaghetti
Une fois l'osso bucco cuit, déposez-le dans un plat à four sur un lit de spaghetti cuits à l'eau. Ajoutez la sauce, parsemez d'emmental râpé et faites gratiner sous le gril du four pendant 10 min.

Papillotes de dinde au citron et au miel

Faites mariner les lamelles de dinde pendant 30 min dans le jus d'1 citron, 2 c. à s. de miel liquide, 1 pincée de piment doux, du sel et du poivre. Faites cuire sans la ratatouille.

Saltimbocca de dinde

Utilisez des escalopes fines de dinde. Déposez 1 tranche de jambon de pays, 2 rondelles de mozzarella et 1 feuille de sauge sur chacune. Roulez et mettez en papillote. Faites cuire pendant 12 min. Servez avec la ratatouille à part.

Ratatouille au cumin

Ajoutez 1 c. à c. de cumin dans la ratatouille en fin de cuisson.

Ratatouille aux herbes de Provence

Ajoutez 2 c. à s. d'herbes de Provence dans la ratatouille en fin de cuisson.

PAPILLOTES DE DINDE BASQUAISE

Préparation : 30 min • **Cuisson :** 1 h • **Pour 6 personnes**

*4 courgettes • 2 aubergines • 4 tomates • 1 poivron rouge • 2 oignons
2 gousses d'ail • 2 tiges de basilic • 2 branches de thym
5 c. à s. d'huile d'olive • 6 filets de dinde • sel et poivre*

- Lavez les courgettes, les aubergines, les tomates et le poivron. Épépinez ce dernier. Coupez tous ces légumes en cubes.
- Pelez les oignons et l'ail. Émincez les oignons, hachez l'ail. Lavez le basilic, épongez-le et ciselez-le. Effeuillez le thym.
- Faites chauffer l'huile dans une grande cocotte. Faites-y revenir l'oignon, l'ail et le poivron pendant 2 min. Ajoutez les aubergines et poursuivez la cuisson à feu vif pendant 5 min. Ajoutez les courgettes, salez et poivrez. Couvrez, baissez le feu et laissez cuire doucement pendant 15 min en remuant. Ajoutez les tomates, le basilic et le thym. Mélangez de nouveau, couvrez et poursuivez la cuisson pendant 10 min en mélangeant régulièrement.
- Préchauffez le four à 210 °C.
- Coupez les filets de dinde en lamelles épaisses.
- Répartissez la ratatouille et les lamelles de dinde sur 6 grands carrés de papier sulfurisé. Refermez le papier de manière à former des papillotes.
- Faites cuire au four pendant 20 min.
- Servez aussitôt.

Parmentier au potiron
Remplacez les pommes de terre par 700 g de chair de potiron, que vous ferez cuire à la vapeur de 12 à 15 min. Remplacez la noix muscade par 1 pincée de curry.

Parmentier au céleri
Divisez la quantité de pommes de terre par 2. Complétez par 350 g de céleri boule coupé en cubes, que vous ferez cuire avec les pommes de terre.

Parmentier au bœuf
Remplacez les cuisses de canard par 600 g de bœuf haché. Vous pouvez également utiliser du veau haché.

Parmentier au jambon et aux tomates
Supprimez la préparation au canard. Étalez toute la purée dans le plat, recouvrez de 6 tranches de jambon blanc, puis de 4 tomates taillées en rondelles épaisses. Terminez par 6 à 8 tranches de fromage à raclette.

PARMENTIER DE CANARD CONFIT

Préparation : 30 min • **Cuisson :** 40 min • **Pour 4 personnes**

700 g de pommes de terre • 1 feuille de laurier
1 pointe de noix muscade râpée • 80 g de beurre • 30 cl de lait entier
3 cuisses de canard confit • 1 oignon • 1 gousse d'ail • 5 brins de ciboulette
quelques feuilles de persil plat • 20 g de poudre d'amandes
20 g de chapelure • sel et poivre

- Épluchez les pommes de terre et coupez-les en morceaux. Faites-les cuire dans de l'eau bouillante salée agrémentée du laurier pendant 20 min. Égouttez-les puis écrasez-les au presse-purée. Ajoutez la noix muscade et poivrez généreusement. Incorporez 30 g de beurre en parcelles et le lait. Réservez à couvert.

- Faites chauffer doucement les cuisses de canard dans une casserole, à couvert. Retirez la peau et effilochez la chair.

- Épluchez l'oignon et émincez-le finement. Pelez l'ail, dégermez-le et hachez-le. Lavez les herbes, épongez-les et ciselez-les.

- Versez un peu de graisse de canard dans une poêle et faites-y suer l'oignon. Ajoutez l'ail et remuez pendant 1 min. Mélangez la viande, l'oignon et les herbes hors du feu.

- Préchauffez le four à 200 °C.

- Graissez un plat à gratin. Étalez une couche de purée, recouvrez-la de viande et terminez par une couche de purée. Lissez à la spatule. Parsemez de la moitié du beurre restant en parcelles et faites fondre le reste. Mélangez la poudre d'amandes et la chapelure. Parsemez-en le plat puis badigeonnez de beurre fondu.

- Faites gratiner au four pendant 20 min puis servez.

Paupiettes au jambon
Remplacez les tranches de poitrine fumée par des tranches de jambon de pays.

Paupiettes de dinde
Pour un repas plus économique, remplacez les escalopes de veau par 4 escalopes de dinde.

Jardinière de légumes
Faites cuire séparément 400 g de haricots verts, 400 g de petits pois frais, 2 carottes et 2 navets taillés en bâtonnets. Faites chauffer les légumes mélangés avec 30 g de beurre et 10 cl de crème fleurette. Servez à la place des pois et haricots mange-tout.

Sauce madère
Faites un roux blanc avec 40 g de beurre et 40 g de farine. Ajoutez 25 cl de vin blanc, du sel et du poivre. Laissez mijoter pendant 15 min en ajoutant 1 petite boîte de champignons de Paris en fin de cuisson. Hors du feu, ajoutez 10 cl de madère. Servez avec les paupiettes.

PAUPIETTES DE VEAU

Préparation : 25 min • **Cuisson :** 25 min • **Pour 4 personnes**

4 escalopes de veau • 3 échalotes • 200 g de champignons de Paris
1/2 botte de persil • 30 g de beurre • 2 c. à s. de concentré de tomate
200 g de chair à saucisse • 4 tranches de poitrine fumée
30 cl de vin blanc sec • 500 g de pois mange-tout
500 g de haricots mange-tout • sel et poivre

- Aplatissez les escalopes de veau au rouleau à pâtisserie.
- Épluchez les échalotes et hachez-les. Lavez les champignons et hachez-les grossièrement. Lavez le persil, épongez-le et ciselez-le.
- Dans une poêle, faites fondre la moitié du beurre. Faites-y revenir les échalotes et les champignons pendant 5 min.
- Hors du feu, ajoutez le concentré de tomate et le persil. Versez le tout dans un saladier. Ajoutez la chair à saucisse et mélangez.
- Salez et poivrez les escalopes. Déposez 1/4 du mélange sur chacune d'elles. Roulez les escalopes. Enroulez 1 tranche de poitrine fumée autour de chaque paupiette. Maintenez-les avec de la ficelle.
- Dans une cocotte, faites fondre le reste de beurre. Faites-y dorer les paupiettes de chaque côté puis ajoutez le vin blanc et laissez cuire pendant 20 min à couvert.
- Pendant ce temps, épluchez les pois et les haricots mange-tout, lavez-les et égouttez-les.
- Faites-les cuire pendant 15 min dans une grande quantité d'eau bouillante salée, sans couvrir. Égouttez-les.
- Servez les paupiettes accompagnées des légumes.

Petit salé amélioré
Pour enrichir le plat, ajoutez, 30 min avant la fin de la cuisson du petit salé, 1 saucisson fumé taillé en rondelles et 6 tranches de lard fumé.

Petit salé aux lentilles corail
Remplacez les lentilles par des lentilles corail, que vous ferez cuire dans le bouillon de légumes pendant seulement 15 min.

Petit salé au chou
Remplacez les lentilles par 2 choux blancs débarrassés du trognon et taillés en lamelles.

Petit salé aux poireaux et aux pommes de terre
Supprimez les lentilles préparées. Ajoutez 800 g de pommes de terre et 500 g de blancs de poireau coupés en rondelles au petit salé 30 min avant la fin de la cuisson.

PETIT SALÉ AUX LENTILLES

Préparation : 20 min • **Cuisson** : 2 h 20 min • **Pour 6 personnes**

1,5 kg de petit salé (morceaux variés) • 600 g de petites lentilles
2 oignons • 2 clous de girofle • 1 grosse carotte • 1 bouquet garni
sel et poivre

- Faites dessaler la viande à l'eau froide de 1 à 2 h.
- Rincez les morceaux de petit salé et égouttez-les. Mettez-les dans une grande marmite, couvrez d'eau froide et faites cuire à petits bouillons pendant 2 h.
- Parallèlement, triez les lentilles.
- Épluchez les oignons, piquez-en un des clous de girofle et coupez l'autre en quartiers.
- Pelez la carotte et coupez-la en tronçons.
- Mettez ces légumes et les lentilles dans une casserole, couvrez largement d'eau froide et ajoutez le bouquet garni. Salez et poivrez. Portez lentement à ébullition et laissez cuire doucement pendant 40 min.
- Égouttez les lentilles, jetez l'oignon piqué de clous de girofle et le bouquet garni.
- Égouttez les morceaux de viande en réservant l'eau de cuisson.
- Prélevez 4 c. à s. de la cuisson du petit salé et versez-les dans une casserole à fond épais. Ajoutez les lentilles et les morceaux de viande, poivrez et couvrez. Laissez mijoter pendant 20 min.
- Servez très chaud.

Pigeons aux litchis

Remplacez les petits pois par 20 litchis frais, dont vous aurez retiré l'écorce et le noyau. Faites cuire pendant seulement 5 min, sans ajouter d'eau.

Pigeons farcis

Mélangez 100 g de chair à saucisse, 100 g de pâté de foie, 2 c. à s. de cognac et 12 grains de raisin blanc. Salez et poivrez. Farcissez les pigeons de ce mélange.

Duxelle de champignons

Faites revenir 2 échalotes hachées et 400 g de champignons mixés à la poêle avec 40 g de beurre, du sel et du poivre, en remuant, jusqu'à ce que les champignons aient rendu toute leur eau. Servez avec les pigeons.

Pigeons laqués aux noisettes

Mélangez 30 cl de miel liquide, 2 c. à s. d'huile de sésame et 150 g de noisettes grossièrement hachées. Faites mariner les pigeons dans cette préparation avant de les faire cuire.

PIGEONS AUX PETITS POIS

Préparation : 30 min • **Cuisson** : 55 min • **Pour 2 personnes**

300 g de petits pois frais • 10 oignons grelots • 2 gousses d'ail
2 branches d'estragon • 2 feuilles de laurier • 1 branche de thym
2 tranches de lard fumé • 50 g de beurre • 2 pigeons ramiers
3 c. à s. d'huile de tournesol • 1 c. à c. de quatre-épices
2 c. à c. de sucre en poudre • quelques brins de persil plat • sel et poivre

- Écossez les petits pois.
- Épluchez les oignons et l'ail. Écrasez l'ail.
- Effeuillez l'estragon. Ficelez le laurier et le thym ensemble.
- Coupez le lard en petits dés.
- Faites fondre le beurre dans une cocotte et faites-y cuire les pigeons à feu doux, à couvert, pendant 30 min.
- Faites chauffer l'huile dans une sauteuse puis faites-y revenir les oignons, l'ail, le lard et les herbes pendant 5 min.
- Versez le contenu de la sauteuse dans la cocotte. Ajoutez les petits pois, le quatre-épices et le sucre. Arrosez de 20 cl d'eau. Mélangez et laissez mijoter à couvert pendant 20 min.
- Lavez le persil et épongez-le.
- Servez les pigeons aux petits pois parsemés de brins de persil.

Pilons de poulet aux pois chiches
Remplacez les haricots par la même quantité de pois chiches secs.

Pilons de poulet aux flageolets
Pour une préparation plus rapide, remplacez les haricots par la même quantité de flageolets en boîte. Faites-les cuire en suivant les indications sur la boîte.

Pilons parfumés
Écrasez 2 gousses d'ail, 1 c. à c. de sel et 4 c. à s. de feuilles de coriandre. Ajoutez 1/2 c. à c. de cumin, 1/2 c. à c. de graines de carvi, 1 pincée de poivre, 2 c. à s. d'huile d'olive et 2 c. à s. de jus de citron. Laissez mariner les pilons dans cette sauce pendant 12 h.

Travers de porc aux haricots
Remplacez les pilons de poulet par 600 g de travers de porc, badigeonnés d'huile et parsemés de thym. Faites-les cuire sur un gril, pendant 15 min, en les retournant régulièrement.

PILONS DE POULET AUX HARICOTS BLANCS

Préparation : 15 min • **Cuisson :** 2 h • **Pour 4 personnes**

400 g de haricots blancs secs • 1 carotte • 1 branche de thym
1 feuille de laurier • 1 cube de bouillon de volaille • 1 oignon
1 gousse d'ail • 2 c. à s. d'huile d'olive • 4 pilons de poulet
1 pincée de cinq-épices • 2 pincées de piment d'Espelette
15 cl de bière ambrée • sel

- La veille, faites tremper les haricots dans de l'eau.

- Le jour même, épluchez la carotte et coupez-la en tronçons.

- Égouttez les haricots et versez-les dans une casserole. Ajoutez la carotte, le thym, le laurier et le cube de bouillon. Couvrez d'eau à hauteur et portez à ébullition. Écumez, salez et faites cuire à petits bouillons pendant 45 min. Laissez ensuite gonfler les haricots hors du feu dans leur eau de cuisson.

- Épluchez l'oignon et émincez-le. Pelez la gousse d'ail et émincez-la après avoir retiré le germe.

- Faites chauffer l'huile d'olive dans une cocotte. Faites-y revenir l'oignon pendant 3 min, puis ajoutez les pilons de poulet. Assaisonnez-les des deux côtés avec le cinq-épices, le piment d'Espelette, du sel et l'ail. Dès que les oignons commencent à brunir, mouillez avec un peu de bière. Faites dorer les pilons en rajoutant un peu de bière lorsque le fond de la cocotte s'assèche, puis versez 15 cl d'eau. Portez à ébullition et laissez mijoter à couvert pendant 50 min. Versez les haricots dans la cocotte et remuez.

- Poursuivez la cuisson pendant encore 10 min avant de servir.

PORC SAUTÉ AUX POUSSES DE BAMBOU

Préparation : 25 min • **Cuisson :** 20 min • **Pour 4 personnes**

600 g de filet porc • 3 c. à s. de Maïzena • 3 c. à s. de sauce soja
50 g de champignons noirs • 2 gousses d'ail
400 g de pousses de bambou en boîte • 250 g de carottes
1 poivron rouge • 4 c. à s. d'huile d'arachide • 2 c. à c. de vinaigre
2 c. à c. de sucre en poudre • sel et poivre

- Coupez le porc en lamelles. Dans un saladier, mélangez la moitié de la Maïzena et la sauce soja. Ajoutez les lamelles de porc et laissez mariner pendant 30 min en mélangeant régulièrement.

- Mettez les champignons noirs dans un bol d'eau chaude et laissez-les gonfler pendant 5 min.

- Épluchez les gousses d'ail et écrasez-les. Égouttez les pousses de bambou et rincez-les. Pelez les carottes et coupez-les en fins bâtonnets. Lavez le poivron, épépinez-le et taillez-le en lanières.

- Faites chauffer l'huile dans un wok. Ajoutez-y l'ail, puis les lamelles de porc égouttées. Faites revenir à feu vif. Ajoutez les carottes et le poivron. Laissez cuire à feu vif pendant 5 min. Ajoutez les pousses de bambou et laissez cuire pendant encore 10 min à feu moyen.

- Pendant ce temps, mettez le reste de Maïzena délayée dans un peu d'eau, 1 c. à c. de sel, le vinaigre, le sucre et 20 cl d'eau dans une casserole.

- Portez doucement à ébullition et laissez cuire pendant 2 min.

- Au moment de servir, incorporez la sauce au contenu du wok. Servez bien chaud.

Porc sauté au gingembre
Ajoutez 5 cm de gingembre frais pelé et finement émincé à la marinade. À défaut, utilisez 5 c. à c. de gingembre en poudre.

Porc sauté aux noix de cajou
Faites griller 100 g de noix de cajou à sec dans une poêle et ajoutez-les au plat en même temps que la sauce.

Porc sauté au pak-choï miniature
Remplacez les pousses de bambou par 400 g de chou miniature pak-choï. Vous pouvez aussi utiliser du chou chinois émincé.

Beignets à l'ananas
Mélangez 200 g de farine, 1 sachet de levure, 30 g de sucre, 1 œuf et 20 cl de lait. Trempez des rondelles d'ananas dans cette pâte et faites-les frire dans un bain d'huile. Flambez au rhum et servez en dessert.

POT-AU-FEU DE BŒUF

Préparation : 20 min • **Cuisson** : 3 h 30 • **Pour 4 personnes**

4 poireaux • 1 bouquet garni • 1 branche de céleri • 5 carottes • 2 oignons 4 clous de girofle • 2 gousses d'ail • 1,5 kg de bœuf (macreuse, paleron et plat de côtes) • 2 c. à c. de grains de poivre noir • 1/4 de chou frisé 4 navets jaunes ou blancs • 4 pommes de terre • sel

- La veille, ficelez le vert des poireaux avec le bouquet garni et les feuilles du céleri. Pelez 1 carotte et coupez-la en rondelles. Épluchez les oignons et piquez-les des clous de girofle. Pelez les gousses d'ail.

- Placez les morceaux de viande dans une marmite et couvrez-les d'eau à hauteur. Portez à ébullition et salez. Ajoutez le bouquet garni, la carotte, les oignons, l'ail et le poivre. À l'ébullition, baissez le feu, couvrez et laissez frémir pendant 2 h.

- Quinze minutes avant la fin de la cuisson de la viande, lavez les blancs de poireau et coupez-les en 2. Pelez les carottes et les navets et coupez-les en morceaux. Ôtez les feuilles de chou abîmées. Mettez ces ingrédients dans la marmite et portez à ébullition. Laissez mijoter à couvert pendant 1 h 30. Retirez les poireaux lorsqu'ils sont cuits.

- Ôtez le bouquet garni et laissez refroidir le pot-au-feu.

- Le jour même, retirez la couche de graisse qui s'est formée.

- Faites cuire les pommes de terre à l'eau. Pelez-les et coupez-les en quartiers.

- Réchauffez le pot-au-feu et présentez la viande en morceaux avec les légumes et le bouillon à part.

Pot-au-feu et os à moelle

Appliquez du gros sel sur 4 os à moelle. Portez à ébullition du bouillon de cuisson du pot-au-feu dans une casserole et faites-y cuire les os à moelle pendant 10 min. Servez avec le pot-au-feu parsemé de fleur de sel.

Pot-au-feu d'agneau

Remplacez la viande de bœuf par 1,5 kg de morceaux d'agneau. Choisissez de préférence du collier, du jarret et de l'épaule. Faites cuire pendant environ 2 h 30.

Pot-au-feu de lapin

Remplacez la viande de bœuf par un lapin de 1,5 kg coupé en morceaux.

Gratin de pâtes au pot-au-feu

Faites cuire 500 g de macaroni dans le bouillon de cuisson du pot-au-feu. Égouttez-les puis versez-les dans un plat à gratin, parsemez de fromage râpé et faites gratiner sous le gril du four pendant 10 min.

Potée à la saucisse de Morteau
Remplacez le saucisson à l'ail par 1 saucisse de Morteau.

Punch lorrain (pour 4 personnes)
Mélangez 10 cl d'eau-de-vie de mirabelle, 1 l d'eau pétillante, 10 cl de sirop de citron et 10 cl de sirop de canne. Servez très frais, à l'apéritif.

Bouillon au vermicelle
Retirez le bouquet garni du bouillon de cuisson de la potée et faites-le chauffer avec une poignée de vermicelle pour potage. Servez en entrée.

Tarte aux mirabelles
Étalez 1 pâte sablée dans un moule à tarte, recouvrez de 750 g de mirabelles dénoyautées et d'1 sachet de sucre vanillé. Ajoutez quelques parcelles de beurre. Faites cuire au four préchauffé à 210 °C pendant 30 min. Servez tiède, en dessert.

POTÉE LORRAINE

Préparation : 30 min • **Cuisson** : 3 h • **Pour 6 personnes**

2 gousses d'ail • 12 petits oignons • 6 carottes • 4 navets
6 poireaux • 50 g de lard gras • 1 bouquet garni
600 g de palette de porc fumée • 1 chou vert
300 g de poitrine de porc fumé • 1 saucisson à l'ail • poivre

- Épluchez l'ail et les oignons. Écrasez l'ail. Pelez les carottes et les navets et taillez-les en morceaux. Lavez les poireaux et émincez-les.
- Coupez le lard en dés.
- Faites fondre ceux-ci dans une cocotte puis ajoutez l'ail, les oignons, les poireaux, les carottes, les navets, le bouquet garni. Couvrez et laissez cuire à feu doux pendant 15 min.
- Ajoutez la palette, mouillez d'eau à hauteur et poivrez. Laissez cuire à feu doux pendant 1 h.
- Coupez le chou en 4, retirez le trognon, puis mettez-le dans la cocotte avec la poitrine fumée. Ajoutez un peu d'eau puis laissez mijoter pendant encore 1 h 30.
- Au bout de ce temps, ajoutez le saucisson préalablement piqué avec une fourchette. Rajoutez de l'eau si nécessaire et laissez cuire pendant 15 min.
- Servez bien chaud.

Curry de poulet aux raisins secs
Ajoutez 1 poignée de raisins secs préalablement trempés dans de l'eau dans la cocotte en même temps que le lait de coco.

Curry de poulet aux légumes
Divisez les quantités de poulet par 2. Faites revenir 1 gros oignon, 2 courgettes, 1 poivron rouge et 1 poivron vert taillés en lamelles dans une sauteuse avec 2 c. à s. d'huile d'olive. Servez les légumes avec le poulet.

Curry de pétoncles et de crevettes
Remplacez le poulet par 400 g de noix de pétoncle et 400 g de crevettes cuites décortiquées. Faites-les revenir pendant seulement 2 à 3 min.

Poulet au curcuma
Remplacez le curry par 2 c. à s. de curcuma et la coriandre par de la ciboulette.

POULET AU CURRY

Préparation : 10 min • **Cuisson** : 20 min • **Pour 4 personnes**

800 g de blancs de poulet • 1 oignon • 1 gousse d'ail
2 c. à s. d'huile végétale • 40 cl de lait de coco
1 c. à c. de gingembre râpé • 1 c. à s. de curry de Madras
250 g de riz blanc • quelques feuilles de coriandre • sel et poivre

- Coupez la viande en gros dés.
- Épluchez l'oignon et émincez-le.
- Pelez l'ail, dégermez-le et écrasez-le.
- Faites chauffer l'huile dans une cocotte et faites-y revenir l'oignon. Ajoutez les dés de poulet et faites-les dorer de tous les côtés. Versez le lait de coco, salez et ajoutez le gingembre et le curry. Remuez bien et laissez cuire pendant 10 min à petits frémissements. Poivrez à la fin de la cuisson.
- Parallèlement, faites cuire le riz en suivant les indications sur le paquet, puis égouttez-le.
- Lavez la coriandre, épongez-la et ciselez-la.
- Parsemez-en le plat et servez aussitôt, accompagné du riz.

Poulet cacciatore au jambon de Parme
Remplacez le lard par la même quantité de jambon de Parme, que vous effilocherez.

Poulet cacciatore à la sauge
Remplacez le laurier par 4 ou 5 feuilles de sauge fraîche.

Poulet cacciatore aux olives
Supprimez 100 g de champignons et remplacez-les par 50 g d'olives vertes et 50 g d'olives noires dénoyautées et coupées en 2.

Poulet cacciatore aux câpres
Supprimez le sucre et le laurier de la recette. Remplacez-les par 3 c. à s. de câpres.

POULET CACCIATORE

Préparation : 15 min • **Cuisson :** 50 min • **Pour 4 personnes**

3 gousses d'ail • 1 gros oignon • 1 branche de céleri
400 g de champignons de Paris • 150 g de lard • 4 c. à s. d'huile d'olive
4 morceaux de poulet • 10 cl de vin blanc sec • 2 boîtes de tomates pelées et concassées • 1 c. à c. de sucre en poudre • 25 cl de bouillon de volaille
1 feuille de laurier • 4 tiges d'origan • sel et poivre

- Épluchez l'ail et l'oignon puis émincez-les finement.
- Lavez la branche de céleri. Coupez la partie dure des champignons puis rincez-les. Émincez le tout.
- Taillez le lard en tranches fines.
- Faites chauffer 2 c. à s. d'huile dans une grande casserole. Ajouter l'oignon, l'ail, le céleri et le lard puis faites cuire à feu doux de 6 à 8 min, en remuant de temps en temps.
- Ajoutez les champignons et faites cuire à feu moyen de 4 à 5 min, en remuant régulièrement. Versez le contenu de la casserole dans un plat et réservez.
- Ajoutez le reste d'huile dans la casserole et faites-y dorer les morceaux de poulet sur toutes les faces. Versez l'excédent de matière grasse. Ajoutez le vin, augmentez le feu et faites cuire jusqu'à ce que le liquide se soit presque totalement évaporé.
- Incorporez les tomates concassées, le sucre, le bouillon et le laurier. Salez et poivrez. Portez à ébullition et ajoutez le mélange aux champignons dans la casserole. Couvrez, baissez le feu et laissez mijoter pendant 30 min.
- Décorez le plat avec l'origan et servez chaud.

POULET CRÉOLE

Préparation : 25 min • **Cuisson :** 40 min • **Pour 6 personnes**

1 poulet de 1,5 à 2 kg • 1 ananas • 5 citrons verts non traités
3 c. à s. d'huile d'olive • 1 c. à c. de curry • 1/2 c. à c. de gingembre en poudre • 1 petit bouquet de persil plat • 1 oignon rouge
350 g de riz basmati • sel et poivre

- Préchauffez le four à 210 °C.
- Coupez le poulet en morceaux. Pelez l'ananas et coupez la chair en cubes. Brossez les citrons puis essuyez-les. Pressez le jus d'1 citron. Coupez les autres en rondelles.
- Huilez un plat à four. Déposez-y les morceaux de poulet et les dés d'ananas, arrosez du jus de citron et du reste d'huile. Salez, et poivrez, puis ajoutez le curry et le gingembre. Mélangez. Répartissez les rondelles de citron autour des morceaux de poulet. Mouillez avec 3 c. à s. d'eau.
- Faites cuire au four pendant environ 40 min, en retournant les morceaux de poulet à mi-cuisson et en rajoutant un peu d'eau s'il n'y a plus de jus au fond du plat.
- Parallèlement, faites cuire le riz en suivant les indications sur le paquet, puis égouttez-le.
- Lavez le persil, épongez-le et ciselez-le. Épluchez l'oignon et coupez-le en fines lamelles.
- Mettez le riz cuit et égoutté au fond d'un plat creux. Versez le poulet créole par-dessus. Décorez avec le persil ciselé et les lamelles d'oignon.
- Servez aussitôt.

Poulet créole au lait de coco

Ajoutez 20 cl de lait de coco dans le plat avant de faire cuire le poulet. Il sera alors inutile de mouiller avec de l'eau.

Poulet créole à la tomate

Supprimez les citrons verts et l'ananas. Remplacez-les par 1 kg de tomates pelées et concassées. Ajoutez 1 c. à s. de curcuma à la préparation.

Bananes plantains sautées

Épluchez 6 bananes plantains et taillez-les en rondelles. Faites-les revenir à la poêle avec de l'huile de tournesol puis égouttez-les sur du papier absorbant. Salez et servez avec le poulet.

Mousse à la mangue

Mixez 6 c. à s. de sucre en poudre et le jus d'1 citron avec 2 mangues. Mélangez avec 30 cl de crème fleurette fouettée et le zeste d'1 citron vert. Réservez au frais pendant 2 h. Servez en dessert.

Agneau tikka masala
Remplacez les blancs de poulet par 500 g de gigot d'agneau.

Garam masala maison
Faites griller sous le gril du four 24 gousses de cardamome égrainées, 4 c. à s. de graines de cumin, 2 c. à s. de grains de poivre noir, 2 c. à c. de clous de girofle et 1 bâton de cannelle. Réduisez en poudre au moulin.

Riz Madras
Faites cuire 250 g de riz basmati avec 1/2 oignon émincé, 50 cl de bouillon de volaille, 1/2 c. à c. de cannelle et du sel, au four préchauffé à 210 °C pendant 15 min à couvert. Ajoutez 2 tranches d'ananas taillées en dés, 30 g d'amandes effilés, et 30 g de noix de coco râpée.

Masala chaï
Portez à ébullition 40 cl d'eau avec 5 gousses de cardamome, 1/2 c. à s. de gingembre râpé, 1/4 de bâton de cannelle et 2 clous de girofle. Hors du feu, ajoutez 6 c. à c. de sucre en poudre et 4 c. à c. de thé noir. Laissez infuser pendant 3 min, puis ajoutez 40 cl de lait.

POULET TIKKA MASALA

Préparation : 20 min • **Cuisson :** 20 min • **Pour 4 personnes**

500 g de blancs de poulet • 1 pouce de gingembre frais • 1 gousse d'ail • 1 bouquet de persil • 10 brins de coriandre • 1 c. à c. de chili en poudre • 1 c. à c. de garam masala • 1 pincée de curcuma • 2 yaourts • 4 c. à s. de jus de citron • 1 c. à s. de maïs • 2 c. à s. d'huile d'arachide • 250 g de riz • sel

- Coupez les blancs de poulet en gros dés.
- Pelez le gingembre et râpez-le. Épluchez la gousse d'ail puis écrasez-la. Lavez le persil et la coriandre, épongez-les. Ciselez le persil et hachez la coriandre.
- Dans un saladier, mélangez les dés de poulet avec le gingembre, l'ail, la coriandre, le chili, le garam masala, le curcuma, les yaourts, le jus de citron, le maïs et 1 c. à s. de sel. Couvrez d'un film étirable et laissez mariner pendant au moins 1 h 30 au réfrigérateur.
- Préchauffez le gril du four.
- Badigeonnez les dés de poulet d'huile. Déposez-les bien à plat dans un plat à four tapissé de papier d'aluminium.
- Faites-les cuire sous le gril du four pendant 20 min, en les retournant 2 ou 3 fois et en les badigeonnant d'huile à chaque fois.
- Pendant ce temps, faites cuire le riz en suivant les indications sur le paquet. Égouttez-le.
- Versez le riz dans un plat creux. Déposez les dés de poulet par-dessus. Parsemez de persil et servez.

Ragoût d'agneau à la romaine

Remplacez les petits pois et les fonds d'artichaut par 250 g d'aubergines, 250 g de courgettes et 250 g de poivrons verts, le tout coupé en morceaux.

Ragoût d'agneau aux haricots verts

Remplacez les petits pois par 500 g de haricots verts frais ou surgelés. Vous pouvez remplacer la moitié des haricots par 250 g de flageolets.

Ragoût d'agneau aux épices

Remplacez le harissa et le persil par 2 c. à c. de coriandre en poudre, 2 c. à c. de cumin et 1 c. à c. de cardamome en poudre.

Ragoût de bœuf

Remplacez l'agneau par la même quantité de collier de bœuf coupé en morceaux. Prolongez la cuisson de 30 min.

RAGOÛT D'AGNEAU AUX PETITS POIS

Préparation : 15 min • **Cuisson :** 1 h 15 • **Pour 4 personnes**

800 g de collier d'agneau • 2 c. à s. d'huile d'olive • 1 oignon • 3 tomates
1 gousse d'ail • 1 feuille de laurier • 1/2 c. à s. de harissa artisanale
1 c. à s. de concentré de tomate • 8 fonds d'artichaut
500 g de petits pois écossés, frais ou surgelés
quelques brins de persil plat • sel et poivre

- Coupez l'agneau en tranches. Salez-les et poivrez-les.
- Faites chauffer l'huile dans une cocotte et mettez-y la viande à dorer.
- Pelez l'oignon et émincez-le. Dès que la viande est colorée des deux côtés, ajoutez l'oignon et faites-le revenir quelques minutes.
- Lavez les tomates et concassez-les.
- Pelez l'ail, dégermez-le et écrasez-le.
- Mettez les tomates, l'ail et le laurier dans la cocotte.
- Délayez la harissa et le concentré de tomate dans 20 cl d'eau et versez dans la cocotte. Salez légèrement, portez à ébullition et couvrez. Baissez le feu et laissez mijoter pendant 30 min.
- Coupez les fonds d'artichaut en 2. Ajoutez-les avec les petits pois au contenu de la cocotte. Mélangez et poursuivez la cuisson à couvert pendant encore 30 min. Rectifiez l'assaisonnement.
- Lavez le persil, épongez-le et ciselez-le.
- Servez le ragoût parsemé de persil.

Écrasée de pommes de terre à la moutarde

Écrasez à la fourchette 500 g de pommes de terre cuites à l'eau et pelées. Ajoutez 40 g de beurre demi-sel et 2 c. à c. de moutarde à l'ancienne. Salez et poivrez. Servez avec le rôti.

Rôti de veau Orloff

Pratiquez 8 entailles dans le rôti. Garnissez chacune d'1 tranche de jambon sec et d'1 morceau d'emmental. Salez et poivrez. Faites cuire au four.

Rôti de veau au paprika

Supprimez la moutarde, l'ail, le laurier et le chou. Parsemez le rôti de 2 c. à s. de paprika et faites cuire au four. Juste avant de servir, ajoutez 20 cl de crème liquide. Servez avec des tagliatelles.

Rôti de veau à la choucroute

Remplacez le chou par la même quantité de choucroute crue.

RÔTI DE VEAU À LA MOUTARDE ET AU CHOU

Préparation : 15 min • **Cuisson :** 1 h 10 • **Pour 4 personnes**

1 rôti de veau paré de 800 g • 2 c. à s. de moutarde • 4 échalotes
1 gousse d'ail • 800 g de feuilles de chou frisé • 20 g de beurre
2 c. à s. d'huile d'olive • 1 os de veau • 1 feuille de laurier
15 cl de vin blanc • ½ c. à s. de graines de moutarde • sel et poivre

- Salez et poivrez le rôti sur toutes ses faces puis enduisez-le de moutarde.
- Pelez les échalotes et coupez-les en petits morceaux. Pelez l'ail, dégermez-le et écrasez-le.
- Lavez et égouttez les feuilles de chou.
- Faites fondre le beurre avec l'huile dans une cocotte en fonte. Saisissez le veau sur toutes ses faces. Mettez l'os de veau dans la cocotte.
- Lorsque la viande est bien dorée, ajoutez les échalotes, l'ail et le laurier. Mouillez avec le vin et portez à ébullition.
- Retirez le rôti de la cocotte, tapissez le fond de celle-ci avec les feuilles de chou. Déposez le rôti dessus, entouré de feuilles. Parsemez des graines de moutarde. Fermez la cocotte et laissez cuire à feu très doux pendant 1 h. Mouillez avec un peu d'eau si nécessaire.
- Servez bien chaud.

SAUTÉ DE DINDE AUX CHAYOTTES

Préparation : 15 min • **Cuisson :** 25 min • **Pour 4 personnes**

600 g de blancs de dinde • 1 gros oignon blanc • 800 g de chayottes
2 c. à s. d'huile • 1 cube de bouillon de volaille • 1 c. à c. de curry
½ c. à c. de curcuma • sel et poivre

- Coupez les blancs de dinde en cubes.
- Épluchez l'oignon et émincez-le.
- Coupez les chayottes en deux, ôtez le cœur et coupez-les en cubes.
- Faites chauffer l'huile dans une poêle et faites-y revenir la viande pendant 5 min environ, jusqu'à ce qu'elle soit dorée. Ajoutez l'oignon et les chayottes puis poursuivez la cuisson pendant 5 min.
- Couvrez la préparation d'eau, ajoutez le cube de bouillon et les épices et portez à ébullition, puis baissez le feu et laissez mijoter à feu doux, à couvert, pendant 20 min. Salez et poivrez.
- Servez chaud.

Sauté de dinde aux courgettes

Si vous ne trouvez pas de chayottes (aussi appelées cristophines), vous pouvez les remplacer par la même quantité de courgettes.

Gratin de chayottes à la dinde

Une fois la dinde aux chayottes cuite, versez le tout dans un plat à gratin, nappez de béchamel et parsemez de gruyère râpé. Faites dorer sous le gril du four pendant 10 min.

Sauté de dinde aux chayottes pimenté

Ajoutez 1/2 poivron rouge épépiné et coupé en fines rondelles à la préparation en même temps que les épices. Pour un goût plus doux, utilisez 1 pincée de piment d'Espelette.

Sauté de dinde aux chayottes et au lait de coco

Cinq minutes avant la fin de la cuisson du plat, ajoutez 15 cl de lait de coco.

SAUTÉ DE VEAU AUX GRIOTTES ET AUX SPÄETZLE

Préparation : 15 min • **Cuisson** : 1 h 30 • **Pour 4 personnes**

1 oignon • 2 échalotes • 10 brins de cerfeuil • 1 kg de veau pour sauté 15 g de beurre • 2 c. à s. d'huile végétale • 1 c. à s. de farine 20 cl de vin blanc sec • 1 feuille de laurier • 2 c. à c. de concentré de tomate • 2 c. à c. de baies de genièvre • 150 g de griottes en bocal 2 c. à s. de pistaches mondées • 250 g de späetzle • sel et poivre

- Pelez l'oignon et les échalotes puis émincez-les. Effeuillez le cerfeuil et réservez les tiges.
- Coupez la viande en morceaux.
- Faites fondre le beurre avec l'huile dans une cocotte. Ajoutez l'oignon et les échalotes et faites-les revenir pendant 3 min, puis ajoutez les morceaux de veau et faites-les dorer sur toutes les faces.
- Salez, poivrez et saupoudrez de farine. Remuez, puis mouillez avec le vin blanc, ajoutez le laurier, les tiges de cerfeuil, le concentré de tomate délayé dans 10 cl d'eau et les baies de genièvre.
- Portez à ébullition puis couvrez et laissez mijoter à petit feu pendant 1 h 30. Retournez de temps en temps les morceaux de viande et rajoutez un peu d'eau si la préparation s'assèche.
- Au bout d'1 h de cuisson, ajoutez les griottes égouttées et les pistaches.
- Faites cuire les späetzle en suivant les indications sur le sachet.
- Servez la sauté de veau avec les späetzle.

Sauté de veau aux griottes fraîches
Remplacez les cerises en bocal par des griottes fraîches équeutées. Vous pouvez les dénoyauter, ou non.

Sauté de veau aux olives
Remplacez les griottes par la même quantité d'olives vertes dénoyautées. Supprimez les pistaches.

Sauté de veau aux airelles
Remplacez les griottes par la même quantité d'airelles. Si celles-ci sont difficiles à trouver fraîches, on peut s'en procurer aisément au rayon des surgelés des supermarchés.

Späetzle maison
Mélangez 500 g de farine avec 5 œufs battus puis ajoutez de l'eau chaude jusqu'à ce que la pâte ne colle plus à la spatule. Salez et poivrez. Coupez la pâte en filets, à l'aide d'un presse-purée ou d'un couteau à fine lame, et faites-les cuire dans de l'eau bouillante salée. Retirez les späetzle dès qu'ils remontent à la surface et égouttez-les.

TAGINE D'AGNEAU AUX CITRONS CONFITS

Préparation : 15 min • **Cuisson** : 1 h 10 • **Pour 4 personnes**

1 gousse d'ail • 1 oignon • 800 g d'épaule d'agneau désossée
20 g de beurre • 2 c. à s. d'huile d'olive • ½ c. à c. de curcuma
½ c. à c. de coriandre en poudre • 1 c. à c. de cumin en poudre
1 feuille de laurier • 2 navets jaunes • 3 pommes de terre à chair ferme
4 petits citrons confits • 150 g d'olives dénoyautées • gros sel et poivre

- Épluchez l'ail et l'oignon. Écrasez l'ail, émincez l'oignon.
- Coupez la viande en morceaux.
- Faites chauffer le beurre et l'huile dans une cocotte. Ajoutez l'oignon et faites-le revenir pendant 4 min. Ajoutez ensuite les morceaux de viande et faites-les dorer pendant 10 min.
- Lorsque toutes les faces sont bien colorées, ajoutez l'ail et assaisonnez de curcuma, coriandre et cumin. Remuez pour bien répartir les épices et laissez revenir pendant 1 min, puis salez, ajoutez la feuille de laurier et mouillez avec 50 cl d'eau.
- Portez à ébullition, puis couvrez et laissez mijoter pendant 45 min. Remuez de temps en temps.
- Épluchez les navets et les pommes de terre. Coupez-les en quartiers. Mettez-les dans la cocotte et poursuivez la cuisson pendant 15 min.
- Coupez les citrons confits en quartiers en retirant les pépins. Ajoutez-les au tagine avec les olives. Laissez cuire pendant encore 10 min. Poivrez en fin de cuisson.

Tagine d'agneau aux clémentines
Remplacez les citrons confits par 6 clémentines fraîches dont vous aurez séparé les quartiers.

Citrons confits maison
Coupez 4 citrons non traités bien lavés en 8 quartiers. Superposez-les dans un bocal, ajoutez 250 g de gros sel et recouvrez de 50 cl d'huile d'olive. Fermez hermétiquement et laissez macérer au réfrigérateur pendant 5 semaines.

Betteraves à la marocaine
Écrasez au mortier 1 gousse d'ail, 1 pincée de sel, 3 feuilles de menthe, 1 c. à s. de coriandre hachée, 1/2 c. à s. de thym. Mélangez avec 1 c. à c. de miel, 1 c. à c. d'huile d'olive et le jus d'1/2 orange. Servez en entrée avec 500 g de betteraves cuites coupées en dés.

Salade fraîche
Mettez 1 oignon émincé ainsi que 500 g de tomates, 150 g de poivrons verts et 100 g de concombre épépinés et taillés en dés dans un saladier. Arrosez de jus de citron.

Tagine de dinde aux abricots secs et aux raisins
Remplacez la moitié des pruneaux par 250 g d'abricots secs et 50 g d'amandes effilées par 50 g de raisins blonds secs.

Tagine de dinde à l'orange confite et aux olives
Remplacez les pruneaux et les amandes par 200 g d'écorces d'orange confites en lamelles, 200 g d'olives vertes et 200 g d'olives violettes.

Tagine de dinde aux artichauts
Remplacez la moitié des pruneaux par 250 g de fonds d'artichaut en boîte coupés en 4, et les amandes par des pistaches concassées.

Tagine de dinde à l'huile d'argan
Ajoutez 1 c. à s. d'huile d'argan sur le tagine juste avant de servir.

TAGINE DE DINDE AUX AMANDES ET AUX PRUNEAUX

Préparation : 30 min • **Cuisson :** 1 h 30 • **Pour 6 personnes**

1 dinde de 1,2 kg environ • 2 gousses d'ail • 3 oignons
2 tomates • 4 c. à s. d'huile d'olive • 1 bâton de cannelle
1 c. à c. de graines de coriandre • 1 c. à c. de graines de cumin
500 g de pruneaux dénoyautés • 150 g d'amandes effilées
sel et poivre

- Découpez la dinde en morceaux.
- Épluchez l'ail et les oignons et émincez-les.
- Lavez les tomates, épépinez-les et coupez-les en cubes.
- Faites chauffer l'huile dans une cocotte. Mettez-y les morceaux de dinde à dorer pendant 10 min, en les retournant souvent. Lorsqu'ils sont colorés, retirez-les de la cocotte et remplacez-les par l'ail et l'oignon. Faites-les dorer pendant 10 min.
- Remettez les morceaux de dinde dans la cocotte, ajoutez les tomates et les épices. Mélangez bien. Versez 25 cl d'eau, salez et poivrez, couvrez et laissez cuire à feu doux pendant 30 min.
- Ajoutez les pruneaux et les amandes dans la cocotte et prolongez la cuisson pendant 40 min en remuant de temps en temps et en rajoutant un peu d'eau en cours de cuisson si nécessaire.
- Versez dans un plat à tagine et servez très chaud.

TARTARE DE BŒUF À LA CHINOISE

Préparation : 20 min • **Cuisson** : aucune • **Pour 4 personnes**

600 g de filet de bœuf • 4 ciboules • 1 petit bouquet de coriandre
1 c. à s. de câpres • 4 cornichons • 4 œufs extra frais
sauce soja • sauce au piment et au gingembre • fleur de sel et poivre

- Hachez la viande au couteau.
- Lavez les ciboules et hachez-les finement, y compris la partie verte.
- Lavez la coriandre et épongez-la. Détachez les feuilles et ciselez-les très finement.
- Égouttez les câpres et les cornichons et hachez-les.
- Séparez les blancs des jaunes d'œufs.
- Partagez le tartare en 4 portions, auxquelles vous donnerez une forme ronde. Faites un trou au centre pour accueillir le jaune d'œuf, que vous présenterez dans une demi-coquille.
- Proposez à part tous les assaisonnements : ciboule, coriandre, câpres, cornichons, sauces, sel et poivre.

Tartare classique

Supprimez la ciboule et la coriandre. Proposez à la place du ketchup, de la mayonnaise, du Tabasco, de la moutarde, du persil haché et des échalotes hachées.

Tartare aller-retour

Mélangez la viande avec les divers accompagnements choisis. Faites cuire à feu vif dans une poêle de 30 s à 1 min sur chaque face.

Chips maison

Taillez 8 pommes de terre pelées en très fines rondelles. Faites-les frire dans un bain d'huile jusqu'à ce qu'elles commencent à dorer. Laissez-les égoutter sur du papier absorbant. Servez avec le tartare.

Tartare à la japonaise

Mélangez 1 c. à c. de gingembre râpé, 2 c. à c. d'huile de sésame, 2 c. à c. de sauce soja Kikkoman, 2 cebettes et 15 brins de coriandre hachés avec 1 c. à s. de graines de sésame. Servez le bœuf cru mélangé à cette préparation.

TRAVERS DE PORC TEX MEX

Préparation : 20 min • **Cuisson** : 1 h • **Pour 6 personnes**

1,8 kg de travers de porc • 1 gousse d'ail • 20 cl de Ketchup
2 c. à s. de sauce soja • 2 c. à s. de vinaigre de vin • 2 c. à s. de miel
2 c. à s. d'huile d'olive • 600 g de haricots rouges en boîte
1 poivron rouge • 2 tomates • 2 brins de coriandre • 25 g de beurre
2 gouttes de Tabasco • sel et poivre

- Faites cuire le travers de porc dans de l'eau bouillante salée pendant 30 min. Égouttez-le, laissez-le refroidir et coupez-le en morceaux.

- Épluchez l'ail et hachez-le. Dans un saladier, mélangez l'ail, le Ketchup, la sauce soja, le vinaigre, le miel, l'huile d'olive, du sel et du poivre. Mélangez bien. Faites mariner les travers de porc dans ce mélange pendant 1 h au frais.

- Préchauffez le gril du four.

- Versez les morceaux de viande dans un plat à four et faites-les griller pendant 30 min, en les retournant de temps en temps, jusqu'à ce qu'ils soient caramélisés.

- Parallèlement, faites chauffer les haricots rouges en suivant les indications sur la boîte.

- Lavez le poivron et les tomates. Épépinez-les et coupez-les en morceaux. Lavez la coriandre, épongez-la et hachez-la.

- Faites revenir les morceaux de poivron et de tomate à la poêle avec le beurre pendant 15 min, en remuant souvent. Ajoutez les haricots rouges cuits, le Tabasco et la coriandre.

- Servez avec la viande.

Marinade au cinq-épices
Faites mariner les travers de porc dans 5 cl de jus d'ananas mélangé à 5 cl de jus d'orange, 3 c. à s. de miel, 2 c. à s. de sauce soja claire, 5 cl de xérès et 2 c. à c. de cinq-épices.

Haricots au maïs
Ajoutez 100 g de grains de maïs égouttés dans la poêle contenant les morceaux de poivron et de tomate après 10 min de cuisson.

Ketchup maison
Faites mijoter pendant 45 min dans une sauteuse 1 kg de tomates taillées en dés, 2 oignons émincés, 1 gousse d'ail hachée, 1 c. à c. de clous de girofle, 1 pincée de piment doux, du sel et du poivre. Ajoutez 200 g de sucre et 20 cl de vinaigre et poursuivez la cuisson pendant 1 h 30.

Salade tex mex
Mélangez 400 g de crevettes cuites décortiquées avec 1 gousse d'ail hachée, 1 oignon rouge émincé, la pulpe d'1 citron vert, 2 tomates taillées en dés, la chair de 2 avocats taillée en dés, du sel et du poivre. Servez en entrée.

YAKITORI AU SÉSAME

Préparation : 5 min • **Cuisson** : 15 min • **Pour 6 brochettes**

2 c. à s. de sauce yakitori • 2 c. à s. de miel • 1 c. à s. de vinaigre
3 escalopes de poulet • 2 c. à s. d'huile de sésame
2 c. à s. de graines de sésame • 1 c. à c. de piment doux • sel

- Préchauffez le gril du four.
- Dans un bol, mélangez la sauce yakitori, le miel et le vinaigre. Salez.
- Découpez les escalopes de poulet en cubes réguliers.
- Faites-les sauter rapidement dans une poêle avec l'huile de sésame. Dès que la viande change de couleur, salez, retirez du feu et badigeonnez de sauce à l'aide d'un pinceau.
- Piquez les morceaux de poulet sur des brochettes en bambou.
- Faites-les cuire sous le gril du four en les retournant régulièrement, de façon qu'ils dorent sur toutes les faces. Badigeonnez-les fréquemment de sauce en cours de cuisson, pour qu'ils soient bien caramélisés.
- Avant de servir, mélangez les graines de sésame et le piment et parsemez-en les brochettes.
- Servez sans attendre.

Sauce yakitori maison
Faites chauffer, dans une petite casserole, 2 c. à s. de sauce soja, 2 c. à s. de saké, 2 c. à s. de mirin et 2 c. à s. de sucre de canne. Laissez réduire pendant quelques minutes à feu doux.

Yakitori aux cacahuètes
Remplacez les graines de sésame par 2 c. à s. de cacahuètes grillées non salées concassées.

Yakitori de champignons
Remplacez les escalopes par des champignons de Paris moyens coupés en 2. Comptez 4 demi-champignons par brochette.

Yakitori de saumon
Remplacez les escalopes par 3 filets de saumon taillés en cubes. Vous pouvez également utiliser du thon.

TABLE DES MATIÈRES

SUR LE POUCE

PÂTES, RIZ ET LÉGUMES

POISSONS ET FRUITS DE MER

VIANDES ET VOLAILLES

CRÉDITS PHOTOGRAPHIQUES

Alain Caste : p. 5, 15, 19, 31, 39, 49, 51, 53, 57, 59, 65, 67, 69, 79, 81, 83, 85, 89, 95, 97, 99, 101, 107, 109, 115, 117, 119, 121, 123, 129, 131, 135, 137, 141, 143, 145, 149, 151, 161, 163, 169, 171, 173, 175, 179, 187, 189, 191, 193, 195, 199, 203, 211, 213, 219, 221, 223, 225, 227, 231, 233, 235, 237, 249, 255, 259, 263, 269, 271, 273, 275, 277, 285, 299, 301, 305, 315, 329, 331, 335, 337, 339, 353, 355, 361, 363, 365, 369, 377, 381, 385, 393, 395, 399, 401, 405.

Corbis : p. 2-3, 7, 9, 11, 13, 17, 21, 23, 25, 27, 29, 33, 35, 37, 41, 43, 45, 47, 55, 61, 63, 71, 73, 75, 77, 87, 91, 92-93, 105, 111, 113, 125, 127, 133, 139, 147, 153, 155, 157, 159, 165, 167, 177, 181, 183, 197, 201, 205, 206-207, 209, 217, 229, 239, 241, 245, 247, 251, 253, 257, 261, 265, 267, 279, 281, 283, 291, 292-293, 295, 309, 311, 313, 319, 321, 323, 325, 327, 333, 341, 343, 345, 347, 349, 351, 357, 367, 371, 373, 375, 379, 383, 389, 391, 403, 407, 409.

Istockphoto : p. 185, 215, 359.

Oredia : couverture, p. 103, 243, 287, 289, 297, 303, 307, 317, 387, 397.

Dans la collection 1001 recettes
La Cuisine familiale
La Cuisine légère
La Cuisine rapide
Apéritifs dînatoires
La Cuisine économique
Desserts

Conçu et réalisé par **Copyright**
pour les **Éditions Solar**

Rédaction des recettes correspondant aux photographies d'Alain Caste : Faïza Mebazaa
Rédaction et coordination éditoriale : Anne-Laure Estèves
Mise en pages : Bertrand Loquet
Création graphique : Jean-Louis Massardier
Photogravure : Peggy Huynh-Quan-Suu
Fabrication : Thomas Lemaître

ISBN : 978-2-263-04968-2
Code éditeur : S04968
Dépôt légal : septembre 2009

Achevé d'imprimer en août 2009
Imprimé en Chine